Über dieses Buch

Beruf, Haushalt und Kinder, die Bedeutung des kleinen Unterschieds, die alltägliche Doppelbelastung und die alltägliche Anstrengung, das Leben in Gang zu halten, das sind Sorgen, von denen die Frauen in der Sowjetunion ebenso berichten können wie die Frauen der westlichen Welt. Die Einführung des Sozialismus hat trotz aller offiziellen Proklamationen nicht zwangsläufig zur praktischen Verwirklichung der Gleichberechtigung von Mann und Frau auf allen Gebieten geführt. Dennoch haben die Frauen in der Sowjetunion in den Jahrzehnten seit der Oktoberrevolution spezifische Erfahrungen gemacht und ein spezifisches Selbstbewußtsein entwickelt, das sich von dem der Frauen in den westlichen Ländern unterscheidet. In den Erzählungen und Gedichten dieses Bandes spiegeln sich ihre Erfahrungen und Gefühle wider. Die Beiträge sind alle von Frauen geschrieben. Klassikerinnen der Moderne wie Anna Achmatowa gehören ebenso dazu wie Texte aus der jungen Frauenbewegung, die es auch in der Sowjetunion gibt.

Frauen in der Sowjetunion
Erzählungen und Gedichte

Herausgegeben von Andrea Wörle

Deutscher
Taschenbuch
Verlag

dtv

Ebenfalls im Deutschen Taschenbuch Verlag erschienen:
Frauen in der DDR (1174)
Frauen in Lateinamerika 1 (10084)
Frauen in Lateinamerika 2 (10522)
Frauen in China (10532)
Frauen in Persien (10543)
Frauen in Afrika (10777)
Frauen in der Türkei (10856)
Frauen in Indien (10862)
Frauen in der arabischen Welt (10934)
Frauen in Japan (11039)
Frauen in Spanien (11094)
Frauen in Frankreich (11128)
Frauen in New York (11190)
Frauen in Italien (11210)
Frauen in Irland (11222)
Frauen in der Schweiz (11329)
Frauen in Südafrika (11347)
Frauen in Skandinavien (11384)
Frauen in Griechenland (11396)

Originalausgabe
September 1987
4. Auflage Mai 1991
Deutscher Taschenbuch Verlag GmbH & Co. KG,
München

(Siehe auch Quellenhinweise S. 254ff.)
Umschlaggestaltung: Celestino Piatti
Umschlagbild: Siggi Grunow
Gesamtherstellung: C. H. Beck'sche Buchdruckerei,
Nördlingen
Printed in Germany · ISBN 3-423-10790-1

Inhalt

Alexandra Kollontai
Die Liebe der drei Generationen

Eines Morgens fand ich im Amt unter einem Haufen geschäftlicher und privater Briefe ein dickes Kuvert, das meine Aufmerksamkeit erregte. Ich vermutete darin einen Zeitungsartikel und öffnete es. Aber es war ein viele Seiten langer Brief. Ich suchte die Unterschrift, – Olga Wesselowskaja. Was mochte das bedeuten?

Die Genossin Olga Sergejewna Wesselowskaja war mir gut bekannt als Organisatorin, die einen verantwortungsvollen Posten in der verstaatlichten Industrie innehatte. Sie interessierte sich überhaupt nicht für die Frauenfrage, was also hatte sie mir in einem so endlosen Brief mitzuteilen?

Ich warf einen Blick auf den Briefumschlag und bemerkte erst jetzt die große Aufschrift »streng persönlich«.

Persönlich? »Persönlich« bedeutet bei meinen Briefschreiberinnen gewöhnlich: Mitteilung einer Ehetragödie. Sollte auch Olga Sergejewna eine Ehetragödie erlebt haben? Das ist kaum denkbar ...

Im Augenblick ist es mir nicht möglich, den Brief zu lesen. Unaufschiebbare Dinge warten auf mich. Aber unwillkürlich kehren die Gedanken zu dem langen Brief und Olga Sergejewna zurück.

Ich denke an einige Begegnungen mit ihr, es waren nur wenige, geschäftliche, ich denke an ihre trockene, zurückhaltende Art den Menschen gegenüber und an ihre außergewöhnliche, »Frauen sonst nicht eigene«, viel gerühmte Geschäftstüchtigkeit. Mir fällt ein, daß sie mit einem jungen Mann lebt, einem früheren Fabriksarbeiter; ein ausgezeichneter Genosse mit etwas kränklichem, aber sympathischem, gutmütigem Gesicht. Die Parteigenossen lieben ihn, aber geschätzt wird er weit weniger als seine Frau, Olga Sergejewna. In der Staatsinstitution der Räterepublik, in der sie beide tätig sind, ist sie seine Vorgesetzte. Der Mann ist viel jünger als Olga Wesselowskaja. Aber das gibt doch noch nicht Anlaß zu einer Ehetragödie? Soviel ich beurteilen konnte, standen sie sich sehr nahe als Kameraden und als Parteigenossen und so oft ich sie zusammen gesehen habe, habe ich immer völlige Übereinstimmung zwischen ihnen beobachtet.

Mir fällt ein, der junge Mann hat einmal vorwurfsvoll zu mir gesagt: ›Warum soll man die Sache noch weiterdiskutieren? Wissen Sie denn nicht, daß auch Olga Sergejewna dieser Ansicht ist?‹ Also ist sie ihm anscheinend die höchste Autorität.

Ich erinnere mich auch an einen anderen Fall: während eines Rätekongresses wurde Olga Sergejewna plötzlich die Nachricht gebracht, ihr Mann sei ohnmächtig geworden. Ich erinnere mich deutlich, wie das gewöhnlich etwas strenge und hochmütige Gesicht der Genossin Wesselowskaja mit einemmale so weiblich weich und menschlich wirkte. Der Mann ist nämlich tuberkulös. Vielleicht ist die Krankheit ihres Gatten und Freundes, ihre stete Angst um sein Leben die Ursache einer Seelentragödie Olga Sergejewnas? Nein, aus solchem Grunde schreibt man nicht so viele Bogen voll ...

Erst abends, in meinem Zimmer, nehme ich den Brief vor, der meine Gedanken den ganzen Tag über beschäftigt hat.

Was kann nur darin stehen?

»Ich schreibe Ihnen privat, ganz privat – wie nur ein Parteigenosse einem andern Parteigenossen und Kameraden schreiben kann. Ich schreibe Ihnen aber auch als einer Frau, die öfter als ich mit solchen Fragen zu tun hat und mir vielleicht helfen kann, einen Ausweg aus dieser unerträglichen und niederdrückenden Stimmung zu finden.

Ich bin in eine Sackgasse geraten. In meinem ganzen 43jährigen Leben war ich nicht in einer so närrischen, unwürdigen Lage. Es ist eben eine Sackgasse und ich sehe keinen Ausweg.

Sie kennen mich nur als tüchtigen Arbeitsmenschen, der noch dazu den Ruf hat, trocken und pedantisch zu sein. Sie können sich wohl kaum vorstellen, daß ich, noch dazu in meinen Jahren, eine »Weibertragödie« durchmache. Eine vaudevilleartig banale, häßlich triviale und deshalb ganz besonders schmerzliche und kränkende Tragödie.

Und dennoch scheint es mir, als ob in diesem Fall die

Banalität nur in äußeren Erscheinungen und nicht im Wesen der Sache liege. Mir kommt vor, als sei diese ganze Geschichte nur ein unmittelbares Resultat der Umwälzung aller Begriffe und Lebensverhältnisse, die sich jetzt in Rußland vollzieht, wo neben Großem und Schöpferischem auch viel Gemeines, Dunkles und Böses geschieht.

Manchmal graut mir selbst vor der Berührung mit solchen Dingen. Schon der Gedanke, daß ähnliche Erscheinungen nicht vereinzelt dastehen, erregt mir einen rein physischen Ekel. Aber zuweilen scheint es mir, daß ich diejenige bin, die unrecht hat. Daß der Mensch mit der alten Weltauffassung aus mir spricht, daß die Vorurteile der Bourgeoisie tatsächlich in mir vorherrschen, wie meine Tochter Genia behauptet, und daß ich selbst das ganze Bild verzerre, wie mein Mann, Genosse Rjabkow, sagt. Wer hat recht? Die andern oder ich? Helfen Sie mir, mich zurechtzufinden. Und erklären Sie mir, wenn ich unrecht habe, wenn noch die eingewurzelten Begriffe der Bourgeois-Erziehung aus mir sprechen, wie vom Standpunkt der neuen Moral aus das alles aufzufassen ist.«

Hier bricht der Brief ab. Auf einem neuen Blatt und mit einer ruhigeren und leserlicheren Handschrift setzt Olga Sergejewna ihn fort.

»Ich würde gern den Kern der Sache berühren, das Wesentliche meiner Seelentragödie. Aber wenn ich Ihnen nur meine jetzigen Erlebnisse erzählen wollte, und Sie von meinem früheren Leben nichts wüßten, würden Sie ein falsches Bild gewinnen. Sie könnten äußere Vorgänge berücksichtigen und außer acht lassen, daß das Leid nicht in ihnen wurzelt, sondern viel tiefer, komplizierter ist, daß ich die Erscheinungen verstehen kann, aber die Motive, die Motive ... Mit einem Wort, ich bitte Sie, Geduld zu haben und meinen Brief zu Ende zu lesen. Bedenken Sie, daß Ihnen ein Kamerad schreibt, der kameradschaftliche Hilfe von Ihnen erhofft.«

Teile des Briefes sind durchstrichen. Die Fortsetzung folgt auf einem anderen Blatt.

»Erinnern Sie sich noch meiner Mutter? Sie lebt und hat die Leitung der Wanderbibliothek im N.schen Gouvernement noch nicht aus den Händen gegeben und arbeitet im Volksbildungskomitee. Sie kannten meine Mutter persönlich, daher brauche ich sie Ihnen nicht zu schildern.«

Ja, ich kannte sie und erinnere mich ihrer genau. Marja Stepanowna Olschewitsch war eine typische Kulturarbeiterin der 90er Jahre, Herausgeberin populärwissenschaftlicher Bücher, bekannte Übersetzerin sozialer Broschüren und unermüdliche Arbeiterin auf dem Gebiet der »Volksaufklärung«. Unter den liberalen Politikern jener Zeit genoß sie große Achtung. Aber auch die Kreise der »unterirdisch« arbeitenden Revolutionäre schätzten sie. Sie hatte den ›Illegalen‹, den Revolutionären manchen wertvollen Dienst geleistet. Der Kreis ihrer Freunde und Bekannten war groß und sehr vielgestaltig.

Ihren politischen Anschauungen nach näherte sie sich den Narodniki*, ohne sich doch politisch zu betätigen. Bücher, Bibliotheken, Aufklärungsarbeit auf dem Lande und in den Armenkreisen der Stadt waren ihre Leidenschaft. Als sie (einige Monate, nachdem ich Olga Sergejewnas Schreiben erhielt) vor kurzem beerdigt wurde, folgten ihrem Sarg die meisten lokalen Arbeiterorganisationen: Vertreter der Sowjets, der Gewerkschaften und der Partei, obwohl sie bis zu ihrem Tod nicht der Partei angehört hatte.

Sie war eine hochgewachsene, schlanke Erscheinung mit hübschem, stolzem Kopf, klugen Augen und feinem, ausdrucksvollem Gesicht. Ihr Wesen weckte Ehrerbietung. Vielleicht wirkte sie sogar etwas einschüchternd. Ihre Stimme klang fest und klar. Sie sprach kurz, überlegt und sachlich und hielt beim Sprechen die Zigarette im Mund. Sie ging stets einfach angezogen und war nicht nach der Mode gekleidet, aber ihre Hände waren schön, gepflegt, die einer »Dame« – am Ringfinger trug sie einen schweren, goldenen Ring mit dunklem Rubin.

»Aber, was Ihnen vielleicht nicht bekannt ist«, setzte Olga Sergejewna ihren Brief fort, »ist die Tatsache, daß meine Mutter in ihrer Jugend auch eine ›Liebestragödie‹ erlebt hat. Und danach hat sie sich in Liebesfragen ihren eigenen, festen Moralkodex gebildet. Wer diesem Kodex nicht folgt, den verurteilt sie schonungslos in ihrem In-

* Revolutionäre Volkspartei der neunziger Jahre

nern, ja sie verachtet ihn. Dabei ist meine Mutter gutherzig und in jeder Beziehung eine hervorragende Persönlichkeit. Aber in Dingen der Sexualmoral ist sie bis zur Pedanterie streng und unerbittlich.

Nicht politische Meinungsverschiedenheiten trennten uns beide, wie Sie vielleicht annehmen könnten, sondern meine Mutter und ich wurden einander entfremdet, weil wir das Erlaubte, das Zulässige verschieden bewerteten, als es sich um mein persönliches Liebesdrama handelte.

Meine Mutter hatte aus Liebe und gegen den Willen ihrer Eltern einen Offizier geheiratet. Sie lebte in einer kleinen Provinzstadt als Frau des Regimentskommandeurs. Nach ihren eigenen Worten war sie eine Zeitlang glücklich. Sie hatte zwei Söhne und galt als mustergültige Hausfrau. Ihr Mann vergötterte sie.

Aber allmählich begann diese passive, nur von Wohlleben geprägte Form der Existenz sie zu bedrücken. Sie wissen ja, was für eine unerschöpfliche Energiequelle meine Mutter Marja Stepanowna gewesen ist. Sie hatte eine für jene Zeit sehr gute Erziehung genossen, war sehr belesen, oft im Ausland gewesen und hatte einen Briefwechsel mit Tolstoi geführt. Sie werden begreifen, daß ihr der Regimentskommandeur nicht genügen konnte.

Das Schicksal führte sie mit dem Kreisarzt Sergej Iwanowitsch Wesselowsky zusammen.

Sergej Iwanowitsch, mein Vater, war ein Mensch wie aus einer Tschechowschen Erzählung, mit dem unklaren Idealismus, dem unruhigen, unbestimmten, ins unbekannte Ferne gerichteten Streben des russischen Intellektuellen, besaß aber dabei eine starke Vorliebe für gutes Essen und gutes Leben und eine noch größere Unbeholfenheit allen Übeln und Ungerechtigkeiten des praktischen Lebens gegenüber. Er war ein hübscher, kräftiger Mann, liebte dieselben Bücher wie meine Mutter, konnte stimmungsvoll und mit Gefühl über Not und Elend des Bauernstandes reden, trauerte über das arme, in Finsternis lebende Volk und träumte platonisch von der Möglichkeit, Bibliotheken und Schulen einzurichten und Aufklärungsarbeit zu leisten.

Es kam, wie es kommen mußte. An einem heißen Sommerabend, als der Regimentskommandeur im Manöver war, fand sich meine Mutter in den Armen meines Vaters ... Das Buch über die ›Wanderbibliotheken in Neuseeland‹ blieb ungelesen im Grase liegen ...

Es scheint, als sei mein Vater nicht geneigt gewesen, den ›poetischen Traum‹ eines Sommerabends als Ereignis anzusehen, das sein Leben von Grund aus verändern sollte. Er schätzte seine Freiheit, und außerdem hatte er eine gesunde, junge Bauernwitwe als ›Wirtschafterin‹ im Hause.

Meine Mutter aber hatte, wie ich Ihnen schon sagte, in bezug auf Moral ihre ›besonderen Regeln‹. Sie hat mir später selbst erzählt, daß sie ihre Liebe zu meinem Vater nicht bekämpft hat. Sie war der Ansicht, daß die Rechte der Liebe stärker seien als die Pflichten der Ehe. Die Liebe war ihr etwas Großes und Heiliges, sie verstand nicht, mit Gefühlen zu spielen, und fand das auch unter ihrer Würde.

In Sergej fand meine Mutter, wie sie behauptete, die Verkörperung alles dessen, was ihr Herz, ihre Seele und ihr Geist suchten: Den leidenschaftlich geliebten Mann, den Menschen, den sie achten konnte, und den Freund, mit dem zusammen sie für die Aufklärung des Volkes arbeiten wollte.

Es blieb nur übrig, mit dem Obersten zu brechen, stolz über das Gerede und Getratsche der Gevatterinnen hinwegzusehen und sich ein neues Leben nach eigenem Geschmack aufzubauen.

Am nächsten Tag rief meine Mutter Sergej Iwanowitsch schon am Morgen zu sich, und in der Lindenallee, während die Grillen zirpten, las sie ihm einen kurzen, entschiedenen Brief an ihren Mann vor, in dem sie nichts verheimlichte und die Scheidung forderte.

Sergej Iwanowitsch war wie vor den Kopf geschlagen. Solche Eile und solches Drängen hatte er nicht erwartet. Er versuchte, etwas davon zu stammeln, daß meine Mutter ihren Ruf wahren solle, sprach auch von Pflichten ihren Söhnen gegenüber, aber obgleich seine Worte sie erstaunten, blieb meine Mutter unbeugsam. Und da sie damals bezaubernd schön und mein Vater im Honigmond der Verliebtheit war, endete die Unterredung mit neuen Umarmungen, die meine Mutter in dem Entschluß bestärkten, sofort Klarheit in die gegebene Lage zu bringen.

Es war aber gar nicht so einfach, Klarheit zu schaffen. Der arme Regimentskommandeur, der meine Mutter leidenschaftlich liebte, kam voll Empörung und seiner kaum mächtig nach Hause. Er weigerte sich brüsk, in die Scheidung einzuwilligen. Er überschüttete seine Frau mit Vorwürfen; bald drohte er, sie, bald sich selbst und den Verbrecher, den Doktor, zu töten, bald geriet er in eine weiche Stimmung und flehte seine Frau an, im Hause zu bleiben, wenn auch nur als Mutter und Hausfrau.

Er tat meiner Mutter leid. Aber ihre Liebe zu ihrem Herzenshelden, zu dem Menschen mit der ›gleichgestimmten‹ Seele, war stärker als ihr Mitleid. Nachdem sie sich überzeugt hatte, daß keine Gründe auf ihren Mann wirkten, packte sie ihre Sachen, Geld und Bücher, küßte ihre Knaben und reiste ab, ohne sich vom Obersten zu verabschieden ...

Das Gouvernement sprach lange von diesem Skandal. Die Liberalen standen auf seiten meiner Mutter und wollten in ihrem Fortgehen von ihrem Mann, dem Offizier, und in der Wahl des Kreisarztes eine Art Protest gegen das Regime sehen. Das Lokalblatt brachte Verse an sie; bei einem vom Kreisamt gegebenen Mittagessen brachte jemand ein Hoch auf die ›Heldenfrauen‹ aus, die ›sich aus traditioneller Ehe lösen und sich zum arbeitenden Volke gesellen, um für das Volkswohl zu wirken ...‹

Meine Mutter zog zu Sergej Iwanowitsch und ging sofort an die Verwirklichung ihrer alten Idee, für die auch der Tschechowsche Held, mein Vater, schwärmte, an die Errichtung einer Wanderbibliothek. Die Verwirklichung dieses Planes brauchte ungeheure Energie und Anstrengung, denn es waren damals Jahre der heftigsten Reaktion. Aber meine Mutter kämpfte mit der ihr eigenen Hartnäckigkeit und verhandelte mit den Landräten und dem Gouverneur, fuhr nach Petersburg, benutzte alle freundschaftlichen Beziehungen, gab nicht nach, brachte immer neue Argumente vor.

Als der Plan sich seiner Verwirklichung näherte, wurden meine Mutter und der ganz konfuse und verängstigte Sergej Iwanowitsch verhaftet und nach einer nicht sehr entfernten Gegend verbannt. Dort bin ich auch geboren.

Aber auch in der Verbannung behielt meine Mutter ihren Tätigkeitswillen. Sie rief auch dort eine Vereinigung für Selbstbildung ins Leben, legte den Grund zu Bibliotheken, dozierte, klärte auf ...

Mein Vater fühlte sich sehr unglücklich, wurde dick und kam geistig immer mehr herunter.

Aber als er aus der Verbannung zurückkehrte, hatte er den Ruf eines Revolutionärs und betätigte sich auf dem Lande. Meine Mutter wirkte mit neuem Eifer für die Aufklärung im Kreisbezirk. Es schien, als sei das Leben meiner Eltern in ruhige, feste Bahnen gekommen.

Da ereignete sich ein kleiner, unangenehmer Zwischenfall: Meine Mutter traf ihren schon ziemlich kahlen, aber immer noch hübschen Gatten in einer absolut unzweideutigen Situation mit der Viehmagd Arischa an.

Der Vater versuchte, sich zu verteidigen. Die Lage war aber komplizierter, als er annahm: Arischa war schwanger.

Da packte meine Mutter ohne lange Erklärungen ihre Sachen und zog mit mir in die Gouvernementsstadt. Meinem Vater hinterließ sie einen Brief, ganz sachlich, ohne Vorwürfe und Klagen. Unter anderm bestand sie darin auf die Sicherstellung von Arischas Kind und ermahnte ihn, Alkohol, nach dem er ein immer stärkeres Verlangen hatte, zu vermeiden. Alle diese Einzelheiten erfuhr ich viel später von meiner Mutter, als sie hoffte, mich durch ihre Offenheit zu beeinflussen und auf den rechten Weg zu bringen.

Ich erinnere mich gut, daß meine Mutter ihren Kummer mit großer Fassung trug. Ich sah sie nie Tränen vergießen, obgleich sie nach ihren eigenen Worten nicht aufgehört hatte, Sergej Iwanowitsch zu lieben, und ihm ihr ganzes Leben treu blieb.

In der Gouvernementsstadt begann meine Mutter die Herausgabe von populärwissenschaftlichen Büchern zu organisieren, womit sie sich ihren Namen erworben hat.

Ich wohnte bei ihr. Von frühester Jugend an waren mir die Gedanken und die Tätigkeit des revolutionären Kreises vertraut; als Halbwüchsige las ich ›geheime Literatur‹ und gewöhnte mich an die ›Illegalen‹ und an das ›Illegale‹.

Wir lebten sehr bescheiden, sogar etwas asketisch. Im Hause herrschte immer eine Arbeitsatmosphäre. Man lebte in Ideen und strebte nach ›neuen Zielen und Anfängen‹. Ich war noch nicht sechzehn Jahre alt, als man mich zum erstenmal verhaftete, und meine Mutter war sehr stolz darauf.

Meine Ansichten unterschieden sich schon damals von denen meiner Mutter. Ich neigte zu den Marxisten, sie blieb bei den Narodniki.

Während der Revolutionierungsarbeit innerhalb des städtischen Proletariats wurde ich mit einem schon damals hervorragenden Mitglied unserer Kampforganisation bekannt. Er war bedeutend älter als ich und hatte eine gute, revolutionäre ›Vergangenheit‹. Unter seinem Einfluß wurde ich Marxistin und später steinharte Bolschewistin.

Wir lebten zusammen, schlossen jedoch aus Prinzip keine Ehe. Meine Mutter schüttelte zwar den Kopf, fand mich viel zu jung, meinte, daß ich noch warten könnte, mein väterliches Erbteil verspräche Unbeständigkeit in der Liebe, aber schließlich fand sie sich mit der Tatsache ab. Wir zogen zu meiner Mutter und setzten unsere Arbeit fort.

Da mein Mann aber ›illegal‹ war, endete es mit einer allgemeinen Verhaftung. Freunde setzten die Befreiung meiner Mutter durch. Ich ging mit meinem Mann in die Verbannung.

Ich fürchte, das Lesen dieser endlosen Einleitung wird Sie langweilen, aber Sie werden meine jetzige Qual sonst nicht verstehen können. Ich will aber, daß Sie mich verstehen und eines nicht vergessen: Ich bin die Tochter und die Schülerin meiner Mutter, der Ihnen wohlbekannten Marja Stepanowna! Was man in der Kindheit aufnimmt, was einem in der Jugend eigen wird, kann man durch keine Logik austreiben. ...

Also haben Sie Geduld, und lesen Sie meinen langen Brief weiter. Ich komme jetzt zur Tragödie der zweiten Generation.

Es gelang mir, aus der Verbannung zu entfliehen. Mein

Mann blieb dort. Ich kam nach Petersburg. Um meine Spuren zu verwischen, brachten meine Freunde mich als Hauslehrerin in das Haus des gutgestellten Ingenieurs M. In seiner Studienzeit hatte er sich den Marxisten genähert.

Es war ein wohlhabendes Haus, in dem jeder seinen Neigungen lebte. Man interessierte sich für Politik nicht mehr als für das Künstlertheater und die Bilder von Wrubel; Politik war ein anregendes Thema für Salongespräche.

Ich kannte diese Kreise überhaupt nicht, sie lagen mir fern und waren mir innerlich fremd. Gleich am ersten Abend geriet ich mit dem Hausherrn aneinander, ich glaube über Bernstein, und zwar mit einer Hitze, die dem Salonmilieu nicht entsprach. Nachher quälte und ärgerte mich meine Unbeherrschtheit die ganze Nacht, und besonders kränkte mich aus irgendeinem Grunde der spöttisch-schelmische Blick des Ingenieurs. Etwas an diesem Menschen brachte mich von vornherein in Erregung. Er schien mir äußerst unsympathisch, weit entfernt von ideellen Bestrebungen, und doch wollte ich gerade ihm die Richtigkeit unserer Anschauungen nachweisen, ihn überzeugen und zur Anerkennung unserer Grundsätze zwingen.

Seine Frau, ein zerbrechliches, hübsches Püppchen in Spitzen und Pelzen, die es trotzdem zuwege gebracht hatte, fünf kräftige Kinder in die Welt zu setzen, sah zu dem Mann anbetend auf und versicherte lachend, daß sie sich gegen alle Regeln mehr und mehr in ihn verliebe, je länger sie mit ihm zusammen lebe.

Mich ärgerte diese Atmosphäre der Zufriedenheit, dieses so übertrieben zur Schau getragene Familienglück. Die Aufmerksamkeit des Mannes für seine niedliche Frau, seine ewige Sorge um ihre Gesundheit erregten in mir Ärger, beinahe Bosheit. Absichtlich sagte ich ihm böse, beleidigende Worte über die ›sorgenfreien, wohlgenährten Liberalen‹, über das üppige, satte Dasein dieser bürgerlichen Kreise, über die Trivialität ihrer Lebensinteressen, erzählte ihm vom Leben in der Verbannung und brachte die niedliche, nervöse Lydia Andrejewna zu hysterischen Tränen.

›Aber warum tun Sie so etwas?‹ fragte Ingenieur M.

vorwurfsvoll und sah mich dabei mit traurigen, aber doch schmeichelnden Augen an.

Zuweilen schien es mir, als ginge mein Haß gegen die beiden so weit, daß ich imstande sei, Unvorsichtigkeiten zu begehen, nur um sie durch das Eingreifen der Polizei aus ihrer glücklichen Ruhe aufzurütteln.

Es war mir nicht möglich, sie zu verlassen. Ihre Wohnung war nicht nur ein Zufluchtsort für mich, sondern diente auch als bequemer Treffpunkt für meine illegalen Parteigenossen.

Als ich davon sprach, daß ich wegziehen wolle, wurden meine Kameraden böse und konnten meine Gründe nicht verstehen.

›Warum verkehren Sie denn mit den Leuten? Halten Sie sich doch abseits.‹ Doch daran war nicht zu denken. Mir schien, als hasse ich die hübsche, satte Gestalt des Ingenieurs M., seine weiche Stimme mit dem rollenden »R« und seinen nachlässigen Gang. Wenn ich ihn aber einige Tage nicht sah, wurde ich nervös. Es quälte mich, daß ich in seinem Hause eine Fremde, eine Überflüssige war. Die geringste Vernachlässigung von ihm verursachte mir heftigen Schmerz.

Und doch gerieten wir jedesmal, wenn wir zusammen waren, in heftige Diskussionen. Wir stritten über alle Fragen, die wir berührten, wir stritten, bis wir heiser wurden, und gebrauchten dabei nicht immer gewählte Ausdrücke. Außenstehende konnten glauben, daß wir einander unerträglich waren.

Aber mitten in der heißesten Diskussion trafen sich zuweilen unsere Blicke, und sie führten ihre eigene Sprache, die ich aus Furcht weder zu verstehen noch zu deuten wagte.

Einmal hielten mich Parteiangelegenheiten in der Vorstadt länger auf, als ich gedacht hatte. Ich kam spät nachts nach Hause. M. öffnete mir selbst.

›Zurückgekehrt? ... Und ich hatte schon alle Hoffnung verloren!‹

Und ehe ich mich besinnen konnte, lag ich in seinen Armen unter einem Schauer von wilden Küssen.

Aber das sonderbarste war, daß ich davon nicht überrascht wurde; als hätte ich es längst erwartet ...

Als der Morgen graute, ging ich in mein Zimmer, und er behielt sein Nachtlager in seinem Arbeitszimmer, wo er auch schlief, wenn die Arbeit ihn zu lange aufhielt.

Am nächsten Abend in Gegenwart der anderen diskutierten wir wieder leidenschaftlich, unversöhnlich ... Und wieder mußte es scheinen, als seien wir Feinde.

Aber als die Gäste gegangen waren, forderte M. mich zu einer Spazierfahrt auf den ›Inseln‹* auf. Es war im Frühling, die Zeit der Petersburger weißen Nächte. Seine Frau bestand lachend darauf, daß ich fahren solle. Es schien ihr komisch ... Ich war ihrer Eifersucht nicht wert.

Und so schürzte sich der Knoten meines Lebens.

Es war eine schwere Zeit für die Partei. Ich steckte tief in Sorgen und Arbeit. Indem ich mich damit entschuldigte, daß ich keine Zeit habe, und weil die Abreise von Frau M. mit ihren Kindern nach dem Süden bevorstand, verschob ich zaghaft die Lösung immer wieder.

Sie werden es vielleicht nicht glauben können, aber trotzdem dachte ich gerade zu der Zeit mit besonderer Zärtlichkeit an meinen Mann, der in der Verbannung lebte, und ich tat alles, um ihn freizubekommen.

Wenn man mich damals gefragt hätte, wen ich liebte, ohne Besinnen hätte ich geantwortet: Ihn, meinen Mann und Freund. Und doch, hätte man von mir gefordert, mich vom Ingenieur M. zu trennen, so wäre ich gewiß lieber gestorben. Er war mir innerlich fremd und doch wieder unaussprechlich verwandt; seine Anschauungen, seine Gewohnheiten, seine ganze Lebensart waren mir verhaßt und ekelhaft, – und doch liebte ich ihn leidenschaftlich mit all seinen Schwächen, seinen Unzulänglichkeiten und all den Eigenschaften, die dem widersprachen, was ich an Menschen gewöhnlich schätzte und verehrte ...

Glück fanden weder er noch ich in unserer Liebe. Und doch konnten wir beide an keine Trennung denken. Ich begriff nicht und begreife es heute noch nicht, was M. so zu mir zog. Ich war damals gar nicht hübsch, verstand nicht, mich geschmackvoll anzuziehen, interessierte mich auch nicht dafür, war schroff und ›unweiblich‹, und doch

* Auf Inseln gebauter Stadtteil Petersburgs, ein beliebter Ausflugsort.

wußte ich, daß M. mich liebte, und zwar liebte, wie er seine niedliche, ihn vergötternde Frau nie geliebt hatte.

Im Sommer blieben wir allein in der Wohnung, der Ingenieur M. und ich ... Es war eine seltsame Zeit, ein Sommer voller Qual, voller Widersprüche in unsern Gefühlen. Glück kannten wir beide nicht. Wir empfanden jedoch keine Scheu, unser Unbefriedigtsein einander zu zeigen, und – merkwürdig – gerade das brachte uns einander näher.

Zu Beginn des Herbstes zeigte es sich, daß ich schwanger war ... Sollte ich mich davon befreien? Dieser Gedanke war uns beiden fremd.

Ich reiste zur Mutter ...«

Hier bricht Olga Sergejewnas Brief ab. Offenbar hat sie ihn mit Unterbrechungen geschrieben, auf einem Amtsbogen, nervös. Jetzt schreibt sie mit Bleistift weiter.

»Ich erzählte meiner Mutter alles, meine Qualen, den Zwiespalt unserer Gefühle: nicht nur ich litt daran, zwei Männer gleichzeitig zu lieben, auch M. wurde von derselben Qual gemartert; er verheimlichte mir nicht seine Gefühle für seine puppenhafte Frau Gemahlin.

Die Mutter hörte mich aufmerksam und ernst bis in die Nacht hinein an und saß noch in ihrem Schlafzimmer, schweigsam und nachdenklich.

Am nächsten Morgen kam sie zu mir, setzte sich auf mein Bett und erklärte mir sehr bestimmt:

›Du liebst M., das ist mir klar. Das erste, was du tun mußt, ist, Konstantin (meinem Mann) zu schreiben.‹

›Was soll ich schreiben?‹

›Wie, was? Daß du einen anderen liebst. Du kannst ihm doch keine Illusionen lassen. Mitleid ist hier nicht am Platz, das macht nur noch mehr Schmerzen.‹

›Es ist aber nicht Mitleid, was ich für Konstantin empfinde. Ich liebe ihn. Ich habe nie aufgehört, ihn zu lieben ...‹

›Wenn du nicht aufgehört hast, ihn zu lieben, wie konntest du dich dann in einen anderen verlieben?‹ fragte die Mutter ungeduldig. ›Du redest den reinen Unsinn!‹

›Absolut keinen Unsinn ... Verstehst du denn nicht, Mutter? Darin liegt ja eben mein Unglück ...‹

Und ich versuchte wieder, meiner Mutter klarzumachen, wie beide Gefühle in mir nebeneinander lebten: Die tiefe Anhänglichkeit, die Zärtlichkeit für Konstantin, das Bewußtsein unserer seelischen Zusammengehörigkeit, – und der stürmische Trieb zu M., den ich als Menschen weder liebte noch achtete.

Meine Mutter verstand mich nicht.

›Wenn du für M. nur den physischen Trieb empfindest, Konstantin aber liebst und achtest, mußt du dich beherrschen und dich von M. trennen . . .‹

›Das ist es ja eben, Mutter, daß es nicht nur der physische Trieb ist, es ist auch Liebe, aber eine andere . . . Würde man mir sagen, M. sei in Gefahr, ich würde mein Leben hingeben, um ihn zu retten . . . Würde man mir aber sagen: ›Gib dein Leben für Konstantin‹, ich wäre dazu nicht imstande . . . Und doch liebe ich Konstantin, ich brauche ihn, meine Seele braucht ihn, ohne ihn ist es kalt, leer; aber siehst du, M. als Menschen kann ich weder achten noch lieben.‹

›Du faselst ungereimtes Zeug‹, sagte meine Mutter ärgerlich. Aber sie wurde selbst bald unentschlossen und verwirrt. Einmal verlangte sie, ich solle sofort Konstantin schreiben und mich von ihm trennen, und dann wieder entschied sie, daß ich mit M. brechen solle.

Zum erstenmal in meinem Leben fühlte ich, daß meine Mutter und ich einander nicht verstanden, und daß ich mich geirrt hatte, als ich hoffte, bei ihr einen Halt zu finden. Der Hauptgrund unseres Zwiespalts lag darin, daß meine Mutter die Trennung entweder von dem einen oder von dem anderen forderte. Ich aber wollte sowohl M. als Konstantin behalten. Und diese Entscheidung schien mir richtiger, menschlicher, mehr dem inneren Wesen entsprechend.

Es endete damit, daß ich Konstantin alles schrieb. Nicht nur die Tatsachen, sondern auch meine Qualen, Zweifel und die Zwiespältigkeit meiner Gefühle. Zuerst bekam ich eine kurze Antwort. Er müsse alles in sich verarbeiten, sich klar werden, dann würde er schreiben, – aber auch diese wenigen Zeilen waren voll Wärme, die mir sofort sagte, Konstantin ist nicht wie Mutter: er wird alles verstehen.

Und Konstantin verstand wirklich. In der Verbannung hat er alle meine Qualen geteilt, den ganzen Zwiespalt meiner Gefühle, hat mich verstanden und in sein Herz geschlossen, wie ich eben war. Er ergab sich in das Unvermeidliche und wußte den Teil meines Ichs, meiner Seele, der zu ihm strebte und ohne ihn nicht leben konnte, an sich zu fesseln.

Ich hatte den Ausweg gefunden. Aber meine Mutter erwartete noch immer eine Entscheidung. Es bedrückte sie, daß ich auf ihren Namen gleichzeitig Briefe von M. und von Konstantin erhielt, und – mich auf beide freute.

Eben in dieser Zeit erzählte sie mir die Tragödie ihrer Liebe. Sie wollte mich zu einer Entscheidung zwingen. Meine ›Unklarheit‹ und ›Willenlosigkeit‹ betrübten und ärgerten sie.

›Sonst hast du doch soviel Charakter, bist fest und entschlossen, ich verstehe nicht, warum du in der Liebe so schwankend bist. Sollte das ein Erbteil von deinem Vater sein?‹

Sie wollte nicht zugeben, daß auch das eine Entscheidung war: völlige Klarheit zu schaffen und den Menschen so zu nehmen, wie er ist.

›Nun, und was wird aus M.'s Frau? Wollt ihr der auch alles erzählen? Und sie zwingen, sich euren Anschauungen anzupassen?‹

›Nein, sie wird es leider nicht verstehen. Ihr kann man es nicht erzählen, aber M. hat ihr auch seelisch nie nahe gestanden, er liebt sie wie ein entzückendes, zartes, zerbrechliches Spielzeug. Sie hat durch seine Liebe zu mir nichts verloren.‹

Meine Mutter wurde ungeduldig und versicherte, wir seien im Grunde doch nur gewöhnliche, triviale Menschen. Solche Ehen zu vieren könnten nur im ganz verdorbenen Paris bestehen, und früher oder später würde ich doch wählen müssen.

Im Frühling wurde ich von einer Tochter entbunden. M. kam zu uns, und diese Woche im Hause meiner Mutter war vielleicht die glücklichste meines Lebens.

Seltsamerweise wurden die Beziehungen zwischen meiner Mutter und M. von vornherein viel herzlicher als zwischen ihr und Konstantin. Sobald M. fortgefahren war, stand es bei meiner Mutter fest, daß die Wahl schon getroffen sei: ›Du mußt beim Vater deines Kindes bleiben.‹

Aber sonderbar, je mehr meine Mutter sich auf M.'s Seite stellte, desto stärker fühlte ich, wie einsam ich ohne Konstantin würde. Als hätten Mutter und M. das eine und ich und Konstantin das andere Lager gebildet. Vielleicht war es auch so – die Kulturträgerin, die Anhängerin der ›Narodniki‹ ging zusammen mit dem Vertreter der liberalen Bourgeoisie, ich und Konstantin standen im Lager des Proletariats ...

Eine neue Verhaftung, eine neue Verbannung schoben die Entscheidung hinaus. Mein Töchterchen wuchs bei der Großmutter auf, und ich setzte den Briefwechsel mit M. und mit Konstantin fort, bis es mir gelang, schließlich mit Konstantin zusammenzukommen.

Zum Entsetzen meiner Mutter lebten wir wieder zusammen. Wir lebten zusammen ohne dramatische Versöhnung, ohne großmütiges Verzeihen seitens Konstantin, natürlich und freudig, wie zwei seelisch verbundene Menschen. Damals hatte meine Mutter gar kein Verständnis für mich. Sie schrieb mir Briefe voller Vorwürfe, Bitterkeit und tiefer Gekränktheit. Sie stellte sich auf Seite M.'s in der Meinung, daß ich um eines verbrecherischen Mitleids mit Konstantin willen den zugrunde richtete, den ich liebte.

Nachdem M. mir einige Briefe als Ultimatum geschrieben hatte, brach er seinerseits die Beziehungen brüsk ab. Ich blieb bei Konstantin.

Es kam der Frühling des Liberalismus und der Bankette unter dem wohlwollenden Auge von Swjatopolk-Mirskij. Wir kehrten aus der Verbannung zurück. Das Schicksal führte mich wieder nach Petersburg. Hier war eine Begegnung mit M. unvermeidlich. Ich will es Ihnen nicht verbergen: ich wollte sie, ich suchte sie.

Wir trafen uns, und es war, als ob die drei Jahre der Trennung nicht gewesen wären. Alles begann von neuem. Die ganze Qual und die ganze Freude. Alles Fremdsein, alle Zweifel und die ganze Macht der gegenseitigen Liebe. Ich erschrak über die Gewalt, mit der sich M.'s Gefühle für mich jetzt äußerten, um so mehr als er in der neu auflodernden Leidenschaft jetzt mit seiner Frau brechen und eine Ehe mit mir eingehen wollte. Aber mehr als früher noch fühlte ich, wie geistig fremd wir uns waren. Es war ja die Zeit des Aufflackerns revolutionärer Kämpfe. Die Gegensätze zwischen den Parteien wurden immer schroffer; was vor drei Jahren nur theoretischer Streit war, wurde jetzt lebendige Alltagspolitik.

M. war in seinen politischen Anschauungen nicht einmal soweit wie die Liberalen. Wir sprachen zwei verschiedene Sprachen. Ich verachtete mich selbst innerlich nach jeder Begegnung mit ihm und grämte mich doch maßlos, wenn ich ihn nicht traf ... M. verachtete meine politische Tätigkeit, er haßte die Bolschewiki und war bemüht, mich ganz und für immer für sich allein zu gewinnen. Ich haßte den Bürger, den bourgeoisen Liberalismus in ihm und hatte doch nicht die Kraft, mich von ihm loszureißen. Seltsam, in mein Gefühl zu ihm mischte sich etwas Mütterliches, ein sonderbares, zärtliches Mitleid. Es schien mir immer, daß er sich schlechter mache als er sei, und ich müsse ihm helfen, sich selbst zu finden, und dürfe ihn auf dem Wege der politischen Unentschlossenheit nicht weitertaumeln lassen.

Diese Qual zog sich monatelang hin, bis unerwartet Konstantin ankam. Diesmal nahm er meine Beichte schmerzlich auf. Es war deutlich, daß die Eifersucht sich in ihm regte. Trotzdem lebten wir wie Freunde zusammen. Aber das konnte M. wiederum nicht ertragen. Er tobte. Er verlangte, ich solle mit Konstantin brechen, er glaubte nicht, daß wir nur wie ›Freunde‹ lebten. Er hätte beinahe den Bruch mit seiner Frau herbeigeführt ... Mit einem Wort, es verging kaum ein Tag ohne neuen Schmerz und neue Verwirrung. Schließlich geschah etwas ganz Tolles. M. drang bei uns ein, wurde grob gegen Konstantin und stellte die Forderung, ich solle sofort mit ihm abreisen, sonst wäre alles zwischen uns aus. Ich folgte ihm nicht. Wir trennten uns als Feinde. Die Zeit war unerträglich schwer. Konstantin sah, wie ich litt, aber ohne Verständnis, er konnte mir nicht helfen; er war eifersüchtig.

Zum ersten und einzigen Mal in meinem Leben (übrigens geht es mir jetzt ähnlich) konnte ich mich nicht ganz und gar meiner Arbeit widmen ... Der Schmerz überwog alles.

Damals traf meine Mutter ein. M.'s verzweifelte Briefe hatten sie herbeigerufen. Sie brachte mein Töchterchen mit und kam mit der energischen Forderung, ich solle ein Ende machen und endlich einen Entschluß fassen.

›Der Entschluß steht schon lange fest, Mutter‹, antwortete ich ihr.

›Wenn es so ist, dann lebe doch nicht mit ihm. (Sie meinte Konstantin.) Ich glaube dir ja, daß du ihm jetzt nicht Frau bist, aber wozu dann der Schein? Warum quälst du M.?‹

›Du irrst, Mutter. Ich bleibe bei Konstantin.‹

Meine Mutter wollte davon nichts hören. Aus M.'s Briefen kannte sie die Ereignisse der letzten Monate. Auch hatte ich ihr von meiner Unentschlossenheit und meinen Qualen geschrieben.

›Du liebst M. Die Liebe hat ihre Rechte. Du aber verwirrst die Gefühle mit deiner törichten Verstandeslogik!‹ wiederholte sie eigensinnig. ›Quäle dein Herz nicht. Du mußt den Mut haben, um der Liebe willen alle Hindernisse zu überwinden. Auch die Verschiedenheit der politischen Überzeugungen ... Du wirst M. noch zum Marxisten machen. Seine Liebe zu dir ist so stark, daß er zu allem fähig ist, und du bist stärker als er.‹

Mutters Überredungsversuche bewirkten aber bei mir stets das Gegenteil. Es wurde mir immer klarer, daß ich mein Leben mit M. weder verknüpfen konnte noch durfte, es wäre mein geistiger Bankrott gewesen. M.'s und meine Überzeugungen waren unvereinbar.

Es gelang meiner Mutter, zwischen M. und mir eine Begegnung herbeizuführen. Sie versuchte, uns durch die Gegenwart des Kindes zu vereinen, aber das Resultat dieser Begegnung waren nur Qualen und neue Lügen.

Dann kam das historische Jahr 1905. Die Ereignisse vollzogen sich mit solcher Kraft und ergriffen alle so mächtig, daß das Persönliche ganz in den Hintergrund gedrängt wurde. Das eigene kleine Unglück versank im Ozean des Geschehens. Die Revolution warf uns alle durcheinander. Ich fuhr nach dem Süden Rußlands, Konstantin ins Ausland, Mutter beeilte sich, in ihr Gouvernement zu kommen. M. stellte sich an die Spitze eines der vielen neu entstandenen politischen Verbände.

Wir arbeiteten, wir kämpften, wir diskutierten, wir waren voll Erregung und großer Hoffnungen.

Dann kam die trübe Zeit der Reaktion, und wieder hatten wir keine Zeit, an eigene Angelegenheiten zu denken.

Im Herbst 1908 führte mich das Schicksal in einem Fabrikstädtchen mit M. zusammen. Die Reaktion hatte gesiegt, die Revolution war unterdrückt. Ich wurde wieder eine ›Illegale‹. M. aber, der seinen vorübergehenden Radikalismus des Jahres 1905 vergessen hatte, machte einen schnellen Aufstieg in der Industrie- und Finanzwelt. Er war ein ›großes Tier‹ geworden, die lokalen Blätter zeigten seine Ankunft an.

Ich wußte, daß er in derselben Stadt weilte, dieser Gedanke versetzte mich in eine fast schon vergessene Erregung und duldete keine ruhige Arbeit. Aber ich mied ihn. Ich wünschte keine neue Begegnung. Doch kam die Polizei mir auf die Spur. Die Kameraden warnten mich. Ich mußte mich schleunigst retten, wenigstens bis zum Morgen einen sicheren Unterschlupf finden, weniger um meinetwillen als wegen der Papiere, die ich bei mir hatte und nicht verbrennen wollte. Ich kam auf den Gedanken, zu M. zu gehen. In der Direktionswohnung einer großen Fabrik, wo er als Ehrengast lebte, würde ich sicher geborgen sein. Und ich ging zu ihm. Der Diener meldete mich. Ich nannte meinen früheren Namen. M. trat mir aufrichtig erfreut entgegen. Als wir aber allein waren, und ich ihm den Grund meines Besuches sagte, verlor er den Kopf, bekam Angst und sah mich gar nicht mehr freundschaftlich an. Keine Spur der früheren Liebe lag in seinem Blick.

Als zwei völlig fremde Menschen standen wir uns gegenüber und müssen uns wohl beide gefragt haben: Ist es wirklich möglich, daß wir einander einmal geliebt haben und vor Sehnsucht nacheinander vergehen wollten? Mir schien, als stehe nicht M. vor mir, sondern ein entfernter Verwandter von ihm. Irgendeine Ähnlichkeit mit dem Gesicht, das ich geliebt hatte, war vorhanden, aber sonst – ein absolut uninteressanter fremder Herr ...

Ich bedauerte, daß ich gekommen war, aber der Papiere wegen beschloß ich, fest zu bleiben, mochte der Bourgeois innerlich über mich schimpfen und Angst ausstehen. Es schadete ihm nicht. Er würde etwas Fett verlieren.

Er bemühte sich seinerseits, mir höflich zu verstehen zu geben, daß meine Anwesenheit ihm äußerst ungelegen sei; ich tat, als verstünde ich das nicht, und berief mich auf die Rechte der alten Freundschaft.

Es blieb ihm nichts übrig, als mich für die Nacht zu beherbergen. Aber, mein Gott, ich kann mir denken, wie schlecht M. diese Nacht geschlafen hat. Ich habe ausgezeichnet geschlafen.

Ich merkte gar nicht, daß zwei Zimmer weiter der Mensch schlief (oder vielmehr nicht schlief), dessen Schritte, dessen Lachen, dessen flüchtiger Blick mein Herz wie mit einer heißen Welle erfüllt hatten, dessen Anwesenheit ich selbst am anderen Ende des Hauses empfunden hatte. In dieser Nacht wurde es mir klar: Unsere Liebe war gestorben und begraben. Sie hinterließ eine Leere und – meine kleine Tochter. M. hatte nach ihr nicht einmal gefragt.

Wir trennten uns kühl, äußerten keinen Wunsch nach einem Wiedersehen. Das Vergangene war begraben und vergessen.

Aber merkwürdig und mir selbst unverständlich ist folgendes. Bald darauf traf ich mit Konstantin zusammen, den ich lange nicht gesehen hatte. Wir hatten in ganz verschiedenen Teilen Rußlands gearbeitet. Und denken Sie, auch ihm gegenüber empfand ich plötzlich ein Gefühl der Entfremdung. Auch ihn sah ich jetzt mit anderen Augen. Als hätten uns allen die Erlebnisse dieser stürmischen Revolutionsjahre einen Stempel aufgedrückt, der das frühere, bekannte Antlitz ausgelöscht hatte. Wir beurteilten die Ereignisse verschieden, wir gingen anders an die Aufgaben der Gegenwart und sahen die Zukunft aus anderen Gesichtswinkeln.

Konstantin hatte viel Schweres durchmachen müssen. Er hatte Differenzen mit der Partei gehabt. Die Unannehmlichkeiten trugen teils persönlichen Charakter, teils betrafen sie die Parteipolitik, und das machte ihn bitter und pessimistisch. Konstantin hegte nicht den früheren Glauben an die Revolution, er meinte, ein Stillstand für viele Jahre sei unvermeidlich, und mit Jähzorn, mit Bitterkeit, zu der sich noch persönliche Gekränktheit mischte, wies er auf unsere Fehler hin. Er war mehr für Vorsicht und Umsicht, und in seinen Reden und Stimmungen erkannte ich den Menschen, der kampfesmüde ist und, ohne es selbst zu wissen, sich von der Bewegung entfernt, um einen stillen Hafen zu suchen.

Ich stand damals noch in voller Kraft. Die Revolution hatte mich erhoben und beflügelt, ich fühlte ein inneres Wachstum, fühlte mich gerade jetzt besonders arbeitsfähig.

Die Begegnung mit Konstantin war voll Wärme. Wir beabsichtigten, wieder zusammen zu arbeiten, aber sehr bald fühlte ich, wie fremd und fern wir einander innerlich geworden waren. Ich fand eine Gelegenheit, ins Ausland zu reisen. Natürlich auf ungesetzlichem Wege. Und ich fuhr wirklich, auch um mein Studium der Chemie, das die Parteiarbeit unterbrochen hatte, wieder gründlich aufzunehmen. Eine weitere Begegnung mit Konstantin fand nicht mehr statt. Er entfernte sich immer mehr von uns. Während des Krieges arbeitete er in der Etappe und war Lehrer am Gymnasium. Die Herrschaft der Sowjets sabotierte er aktiv, und ich glaube, er hat als Teilnehmer einer weißgardistischen Verschwörung sein Ende gefunden.

M. gelang es noch rechtzeitig, ins Ausland zu entkommen und so der ›rächenden Hand des Proletariats‹ zu entgehen. Diese beiden Menschen sind für mich schon lange tot, und ich nehme keinen Anteil mehr an ihrem Schicksal.

Aber wo ist denn die Tragödie, werden Sie denken, während Sie ungeduldig meine rücksichtslos lange Selbstbiographie lesen. Das ist ja alles überwunden, vergangen... alte Geschichten. Um was handelt es sich denn eigentlich?

Um meinen jetzigen Schmerz zu verstehen, mußten Sie erst wissen, was für ein Mensch ich bin. Meine Beichte sollte Ihnen zeigen, daß ich ebenso ›Weiberqualen‹ kenne wie so viele andere, und daß ich die Mannigfaltigkeit und Kompliziertheit der Gefühle verstehen kann.

Aber das, was ich jetzt bei meiner Tochter erlebe, vermag ich bei aller Duldsamkeit doch nicht zu fassen ...

Ich wiederhole, manchmal tröste ich mich damit, daß ich Genia nicht verstehe, wie auch Marja Stepanowna, meine Mutter, mich nicht verstanden hat. Aber öfter scheint mir das alles eine so maßlose Zügellosigkeit und Gemeinheit zu sein, daß mir graut. Helfen Sie mir, daraus klug zu werden ... Schelten Sie mich, wie es sich gehört, wenn ich nur rückständig bin, wenn die neuen Lebensverhältnisse auch eine andere, neue Psychologie hervorrufen.

Nein, ich kann heute nicht mehr schreiben. Erlauben Sie mir, daß ich zu Ihnen komme. Da Ihnen das Vergangene nun bekannt ist, wird es leichter und einfacher sein, und vor allem kann ich kürzer über das neue Rätsel sprechen, das das Schicksal mir aufgegeben hat, und das ich nicht lösen kann. Rufen Sie die Nummer 20751 an, Apparat 31, und sagen Sie, wann ich Sie ganz allein treffe. Abends ist es mir bequemer, so spät wie möglich. Ich erwarte Ihren Anruf.

Mit kameradschaftlichem Gruß
Olga Wesselowskaja«

Einige Tage später, abends zur verabredeten Stunde, kam Olga Sergejewna zu mir. Es fiel mir auf, daß sie elend aussah, und daß ihre klugen Augen Unruhe verrieten.

Mit neuem Interesse sah ich diese bescheiden angezogene, glatt gekämmte Frau an, die immer zurückhaltend, ruhig und wortkarg war. Sie hatte zweifellos etwas unendlich Anziehendes – den unaussprechlichen Reiz einer reifen Persönlichkeit. Und doch, als ich sie jetzt ansah, und mit ihr über die nächstliegenden politischen Angelegenheiten sprach, die augenblicklich ganz Rußland beschäftigten, war ich nicht imstande, sie, die einen so verantwortungsvollen Posten in der staatswirtschaftlichen Verwaltung einnahm, mit dem Bild der Frau zu vereinen, die mir ihre Beichte geschrieben hatte.

»Aber kommen wir zu meiner Angelegenheit«, unterbrach mich Olga Sergejewna mit ihrer sachlichen, klaren Stimme, die an die entschlossene Marja Stepanowna erinnerte. »Es handelt sich um meine Tochter Genia. Ich will von Ihnen über sie hören. Vielleicht kann ich der Zeit nicht folgen, sie nicht verstehen, vielleicht handelt es sich um die unvermeidliche Tragik zwischen Eltern und Kindern, vielleicht aber ist es auch anders – Genias Verkehrtheit, das Resultat der abnormen Verhältnisse, unter denen sie erzogen wurde. Seit ihrer frühesten Jugend ist das Mädel immer hin- und hergeschoben worden: Erst zur Großmutter, dann zu mir, dann wieder zu Freunden. In den letzten Jahren arbeitete sie in der Fabrik, in einem Großbetrieb, fuhr zur Front, nahm an der Verpflegungskampagne teil und hat da natürlich vieles gesehen, was Mädchen ihres Alters früher kaum ahnten. Vielleicht ist das auch recht, man soll das Leben kennenlernen, wie es ist; aber andererseits ...

Ach, wissen Sie, in diesen Wochen bin ich selbst ganz irre geworden. Ich weiß nicht, was Recht und Unrecht ist. Früher freute ich mich, daß Genia vorurteilslos ist, daß sie dem Leben mutig ins Auge sieht, daß sie imstande ist, sich aus jeder Schwierigkeit herauszuhelfen, daß sie nicht an der bei den Intellektuellen so häufigen Willenlosigkeit krankt, daß in ihr kein Falsch ist, und daß sie, wie mir schien, bis zur Naivität wahrheitsliebend ist, und plötzlich ...

Kurz, die Sache ist folgende:

Sie wissen, daß ich während der Emigrantenzeit im Ausland den Genossen Rjabkow getroffen und in Davos gepflegt habe. Seitdem leben wir wie Mann und Frau. Gewiß, ich bin viel älter als er. Er ist, sozusagen, mein Schüler. Aber während dieser sieben Jahre unseres Zusammenlebens herrschte die reinste Eintracht zwischen uns. Zusammen kehrten wir im Jahre siebzehn zurück. Zusammen setzten wir uns für die Sowjetregierung ein.

Sie wissen, was für ein reiner Mensch der Genosse Rjabkow ist, dem Geist nach ein richtiger Proletarier, ohne Kompromisse, und anders kann er natürlich auch nicht sein. Es ist unnötig, über ihn als Parteiarbeiter zu sprechen, es gibt darüber nur eine Meinung.

Ich habe ihn gepflegt, wie ich es konnte – er ist ja tuberkulös. Mir schien, als sei zwischen uns nicht die leiseste Trübung. Alles war so klar, so licht, so innig ...

Voriges Jahr ließen wir uns in Moskau nieder, da nahm ich Genia zu mir. Trotz ihrer kaum 20 Jahre arbeitet sie sehr eifrig in der Partei. Sie ist entschlossen und fest, unermüdlich und leidenschaftlich wie die Großmutter. Man schätzt sie im Rayon. Sie kennen unsere Wohnungsverhältnisse: ein Zimmer für drei. Es ist eng, aber das ist jetzt unvermeidlich. Übrigens waren wir ja selten zu Hause, besonders ich. Ich fahre oft in unsere chemischen Werke, die außerhalb der Stadt liegen …

Genia und ich fanden nach der langen Trennung sofort gute, freundschaftliche Beziehungen zueinander; ja, freundschaftliche. Ich fühlte mich gar nicht als ›Mutter‹, und im Verkehr mit ihr wurde ich jung. Ihre Unternehmungslust, ihr Lachen, ihr junges Selbstvertrauen wirkten ansteckend.

Genosse Rjabkow stand ausgezeichnet mit ihr. Das freute mich, ich hatte gefürchtet, sie würden sich nicht vertragen, aber Genia und Andrej wurden ausgezeichnete Kameraden, schien es mir. Ich selbst schickte sie zusammen ins Theater, auf Meetings, zur Eröffnung von Kongressen. Unser Leben gestaltete sich freundschaftlich und leicht. Am meisten freute mich, daß Andrej viel munterer geworden war, und daß seine Krankheit sich seltener bemerkbar machte.

So war es bis zum Tag … ja, bis etwas eintrat, das alles veränderte …«

Olga Sergejewna stockte, als hätte sie nicht mehr den Mut, weiter zu sprechen. Ich wartete. Olga Sergejewna sah über meine Schulter hinweg aus dem Fenster und schwieg. Es wurde unheimlich still im Zimmer.

»Ich errate es, Olga Sergejewna. Es geschah, was in solchen Fällen kaum vermeidlich ist: Genia und Genosse Rjabkow gaben sich einander hin. Aber was finden Sie daran so unerträglich Schreckliches, Gemeines, Schmutziges? Eigentlich sollten Sie es verstehen!«

»Nicht das entsetzt mich! Nicht das!« unterbrach mich Olga Sergejewna leidenschaftlich. »Aber was ich nachher in Genias Seele gesehen habe und bei ihm …«

»Was haben Sie bei ihnen denn gesehen?«

»Eine mir unverständliche Herzlosigkeit, eine Ruhe, ein Überzeugtsein von ihrem Recht … etwas Kaltes, Verstandesmäßiges, ... fast Zynisches ... verstehen Sie: nicht Liebe, nicht Leidenschaft, nicht Mitleid, kein Schuldbewußtsein und kein Bestreben, aus dieser Lage herauszukommen ... Als ob das alles so sein müßte, als ob ich allein die Verständnislose, die ›Rückständige‹ sei ... Manchmal scheint es mir, als beherrsche Genia und ihn die allergemeinste Zügellosigkeit, eine unbegreifliche Lüsternheit, – dann wieder zweifle ich, ob ich nicht doch rückständig bin ... Auch meine Mutter, Marja Stepanowna, hat mich nicht verstanden, als ich meine Liebestragödie durchmachte ...

Ich bedarf Ihrer Hilfe, helfen Sie mir, mich zurechtzufinden.«

Olga Sergejewna erzählte weiter, wie ihre Tochter während des Dienstes zu ihr ins Büro gekommen sei und die Mutter um eine Audienz von zehn Minuten gebeten habe.

»Mutter, anders kann ich dich ja nie fassen.«

Und ohne Einleitung, scheinbar kaltblütig und gefaßt, teilte sie der Mutter mit, daß sich eine Schwangerschaft bei ihr bemerkbar mache. Olga Sergejewna war entsetzt.

»Aber von wem denn?« rief sie unwillkürlich aus.

»Ich weiß es nicht«, antwortete die Tochter. Und die Mutter dachte, Genia wolle den Mann nicht kennen, aber dann fühlte sie, wie ein Stich ihr durchs Herz ging, eine Vorahnung.

Genia erbat den Rat der Mutter, wie man es mit der Abtreibung machen solle. Das Gesetz hierüber war in Kraft getreten. Sie wollte dann die betreffenden Einrichtungen aufsuchen und holte sich die nötigen Empfehlungsschreiben. Ein Kind wollte sie nicht haben.

»Ich habe keine Zeit dazu!«

Olga Sergejewna sprach nicht mit ihrem Mann über Genias Mitteilung. Sie hielt das für Genias persönliche Angelegenheit. Wenn sie es will, kann sie es ihm selbst erzählen. Aber eine dunkle Wolke legte sich auf ihre Seele und bedrückte sie schwer. Eine Unruhe machte sich im Unterbewußtsein fühlbar. Zweifel regten sich in ihr, belebten viele kleine Züge des gemeinsamen Lebens zu dritt in einem Zimmer, die sie früher anders gesehen hatte.

Olga Sergejewna verachtete sich wegen dieser Gedanken und verscheuchte sie. Aber sie lebten in ihr und störten sie bei der Arbeit. Sie lebten so beharrlich, daß Olga Sergejewna unter dem Vorwand, sich nicht wohl zu fühlen, aus einer abendlichen Sitzung unerwartet nach Hause eilte ... und Genia in den Armen ihres Mannes fand.

»Sie verstehen, mich entsetzte nicht die Tatsache als solche, wohl aber das, was dann geschah. Andrej nahm ruhig seine Mütze, sagte kein Wort zu mir und ging fort. Unwillkürlich schrie ich Genia an: ›Warum hast du mich belogen, warum hast du mir gesagt, daß du nicht weißt, von wem du schwanger bist?‹ Da antwortete Genia mit erstaunlicher Einfachheit: ›Ich sage auch jetzt dasselbe, ich weiß es nicht, ob es Andrej ist oder der andere.‹

›Wieso der andere?‹

›Nun ja, ich hatte in dieser Zeit auch Beziehungen zu einem Kameraden, den du nicht kennst.‹

Verstehen Sie, wie mich das alles verwirrt und in Verzweiflung bringt? Genia erzählte mir, daß sie schon damals, als sie mit Liebesgaben zur Front fuhr, geschlechtlichen Verkehr gehabt hat. Aber am wenigsten verständlich, beängstigend war mir Genias offene Erklärung, daß sie keinen geliebt habe und keinen liebe.

›Warum gabst du dich dann hin? Ist der physische Trieb in dir so stark? Du bist doch noch so jung. Das ist nicht normal!‹

›Wie soll ich es dir sagen, Mutter, einen eigentlichen physischen Trieb, wie du ihn dir offenbar denkst, habe ich wohl nie gehabt, bis ich den andern traf, mit dem ich in diesen Monaten verkehrte. Jetzt ist auch das vorbei. Aber er gefiel mir, und ich fühlte, daß ich ihm auch gefiel ... das ist doch alles so einfach und dann, es verpflichtet ja zu nichts, ich verstehe nicht, Mutter, was dich so aufregt? Wenn ich mich verkauft hätte, oder wenn man mich vergewaltigt hätte – das ist eine andere Sache –, aber ich war dazu freiwillig bereit. Solange wir einander gefallen – sind wir zusammen, vergeht es – so gehen wir auseinander. Keiner hat etwas dabei verloren ... Nur daß man wegen der Abtreibung die Arbeit auf zwei, drei Wochen unterbrechen muß, das ist gewiß unangenehm. Aber daran bin ich selbst schuld. In Zukunft werde ich mich besser schützen‹.«

Auf die Frage Olga Sergejewnas, warum sie es mit zweien halte, wenn sie doch keinen liebe, antwortete Genia, daß es zufällig gekommen sei. Eigentlich wirke der andere, nicht Andrej, viel stärker auf sie. Er verkehrte aber mit ihr wie mit einem Kind, nahm sie nicht ernst, und das beleidigte sie. Aus Trotz hat sie sich Andrej hingegeben, der doch zu uns gehört, den sie wie einen Kameraden lieb hat, und bei dem sie sich immer froh und leicht fühlt.

»Und beide wissen voneinander?«

»Ja, das Verbergen und Lügen halte ich für unnötig. Wenn es ihnen nicht paßt, ja, dann brauchen sie mich nicht zu küssen, ich werde doch nach meiner Art leben. Andrej nimmt es ruhig hin, ihm macht es nichts. Nun ja, der andere wurde erst böse, stellte mir ein Ultimatum, aber es blieb ihm doch nichts anderes übrig als sich zu beruhigen. Jetzt habe ich ihn endgültig verlassen, er wurde mir langweilig. Er ist ungezogen und grob, das mag ich nicht.«

Olga Sergejewna versuchte, ihr die ganze Unzulässigkeit einer so oberflächlichen Einstellung zur ehelichen Gemeinschaft, zum Leben zu beweisen. Aber Genia bestritt das.

»Du sagst, das ist gemein, Mutter, man soll sich nicht ohne Liebe hingeben, du behauptest, ich bringe dich mit meinen ›zynischen Anschauungen‹ zur Verzweiflung. Aber sage mir offen, Mutter, wenn ich dein zwanzigjähriger Sohn wäre, der an der Front gewesen ist und überhaupt selbständig lebt, würdest du auch entsetzt sein, wenn er Verkehr mit Frauen hätte, die ihm gefallen? Nicht mit Prostituierten, die man kauft, nicht mit Mädchen, die man betrügt (das ist gemein, das bestreite ich nicht), aber mit Frauen, die ihm gefallen und denen er gefällt. Würdest du auch über seine ›Moral‹ entsetzt sein? Also, warum gerätst du in Verzweiflung über meine ›Sittenlosigkeit‹. Ich versichere dir, ich bin genau solch ein Mensch, wie es ein Bruder von mir sein könnte. Und ich bin mir meiner Pflichten völlig bewußt. Ich kenne meine Verantwortlichkeit gegen die Partei. Aber welcher Zusammenhang ist zwischen der Partei, der Revolution, der weißgardistischen Front, dem Zusammenbruch und allem, was du angeführt hast – und dem, daß ich mich mit Andrej und noch einem anderen küsse? Siehst du, ein Kind soll man nicht haben, das geht nicht in dieser Kampfzeit. Ich verstehe das und werde vorläufig um keinen Preis Mutter werden. Und was das andere betrifft ...«

»Aber an mich, Genia, hast du gar nicht gedacht?« fragte Olga Sergejewna. »Wie soll ich deine Beziehungen zu Andrej aufnehmen?«

»Ändert sich denn etwas? Du wolltest doch selbst, daß wir einander näherkommen sollten, du freutest dich, daß wir Freunde wurden ... wo ist die Grenze des Vertrautseins? Und warum dürfen wir seelisch befreundet sein, zusammen sprechen, lachen, denken, nur küssen dürfen wir uns nicht? Wir haben dir nichts gestohlen, nichts genommen, Andrej vergöttert dich, wie er dich immer vergöttert hat ... nicht einen Lichtstrahl seiner Liebe habe ich dir geraubt ... Aber daß wir uns geküßt haben? ... Ja, du hast ja doch keine Zeit, mit ihm lieb zu sein. Und dann, Mutter, willst du wirklich Andrej so an dich fesseln, daß er es nicht wagen sollte, ohne dein Wissen seine Freuden zu haben? Das ist doch ein unschönes Besitzenwollen. Aus dir spricht Großmutters bürgerliche Erziehung, und außerdem ist das ungerecht. Du hast doch zu deiner Zeit auch gelebt, wie es dir gefiel, warum darf Andrej das nicht?«

Olga Sergejewna verwirrte und empörte es, daß weder die Tochter noch ihr Mann einen Funken Reue zeigten. Als ob das alles so natürlich wäre, gesetzmäßig und einfach, daß es sich gar nicht lohne, darüber zu reden, und Andrej und Genia sich nur aus Herablassung zwangen, der Nichtverstehenden einige oberflächliche Phrasen zu sagen, daß sie bedauerten, daß alles so gekommen sei, und sie Olga Sergejewna Ärger gemacht hätten. Sie hatte die Empfindung, daß der zartfühlende, herzensgute Andrej und auch Genia in der Tiefe ihres Herzens sich gar nicht schuldig fühlten. Beide wiederholten Olga Sergejewna auf alle mögliche Weise, daß sich nichts geändert habe, daß sie die ganze Sache unnötigerweise tragisch ansehe, daß keiner ihr einen Schmerz oder eine Beleidigung zufügen wollte. Wenn das alles aber sie so »irritiere«, wären beide bereit, Schluß zu machen, obgleich es ihnen ganz unverständlich sei, was an der Sache geändert würde.

In diesem Chaos von Gedanken und Gefühlen entschloß sich Olga Sergejewna, zu mir zu kommen und mich um Rat und Aufklärung zu bitten.

Was soll das nun sein? Zügellose Lüsternheit, durch kein moralisches Gesetz eingedämmt, oder Anschauungen, hervorgebracht von dem neuen Leben und geboren aus den Aufgaben der aufbauenden Klasse? Neue Moral? ... Wir haben lange über diese Frage nachgedacht.

»Das Allerschmerzlichste für mich«, sagte Olga Sergejewna, indem sie sich auf ihre hübsche Hand stützte, die an Marja Stepanowna erinnerte, »ist, daß ich weder Leidenschaft noch Gefühl sehe ... nur kalt Verstandesmäßiges wie bei Greisen ... keine Gefühlsbewegungen. Wenn Genia Andrej lieben würde und Andrej sie, – dann wäre mir alles klar. Es kann ja sein, daß ich auch leiden würde (ich liebe Andrej), aber ich hätte dann nicht diesen unangenehmen Beigeschmack, diese Qual ... Wie soll ich es ausdrücken? Mit einem Wort, ich habe ein unschönes Gefühl gegen Genia und Andrej, ich kann ihnen ihren Betrug nicht verzeihen, ihre Lüge ... Ich kann es nicht verstehen: Wie konnten sie mir gegenüber so ohne Achtung sein? Gegen meine Gefühle nach allem, was ich durchlebt habe? Verstehen Sie, mein Glaube, daß diese beiden Menschen überhaupt fähig sind zu lieben, ist erschüttert. Beide versichern, daß sie mich lieben, aber was für Liebe ist das, sagen Sie selbst, wenn man einen andern so verwundet und spielend verwundet, ohne Reue, ohne Mitleid! Nein, hier ist eine Stumpfheit, eine Härte des Gemüts ... Ich verstehe beide nicht ... Genia hat mir auf meine unwillkürlichen Vorwürfe als Antwort hingeworfen: ›Hast denn du deine Beziehungen zu meinem Vater nicht seiner Frau verheimlicht? Hast du nicht gelogen?‹ Aber hier liegt eben der große Unterschied, den Genia nicht versteht, nicht verstehen will. Erstens habe ich M.'s Frau nie geliebt, sie war mir fremd. Ich hatte gar keine Berührungspunkte mit ihr. Aus Menschlichkeit habe ich sie geschont. Und zweitens, ich habe doch M. geliebt, und wie habe ich ihn geliebt! ... Nicht weniger als seine

Frau ihn geliebt hat, viel mehr! Unsere Gefühle für ihn gaben uns gleiche Rechte, die Stärke meiner Liebe, meine Leiden rechtfertigten mich. Aber hier ist doch gar nichts: nicht Liebe, nicht Leiden, nicht Reue ... Kaltes Überzeugtsein von ihrem Recht und Bestätigung des Rechtes, Freuden zu pflücken, wo und wie man sie findet ... Sehen Sie, das ist das Schreckliche ... Hier ist kein Funken von Herzenswärme, nicht einmal die elementarste Feinfühligkeit einem Menschen gegenüber, und keine Güte ... Was sind das für Kommunisten?«

Über diesen unerwarteten Schluß mußte ich unwillkürlich lachen. Und Olga Sergejewna gestand, verlegen lächelnd, daß ihre Schlußfolgerung durch die Anklagen nicht begründet war.

Wir schieden voneinander mit dem Entschluß, daß ich in den nächsten Tagen Genia treffen sollte.

Genia kam am frühen Morgen zu mir. Den Tag über bis zum späten Abend hat sie im Bezirk mit Parteiarbeit zu tun.

Sie ist schlank, hochgewachsen, hat ein lebhaftes Gesichtchen und einen kleinen Kopf, dessen stolze Haltung an ihre Großmutter Marja Stepanowna erinnert. Etwas blaß war sie an jenem Morgen, hatte dunkle Ringe unter den Augen, und ihre Hand war kalt und feucht. – Anscheinend hatte sie sich noch nicht ganz von der Abtreibung erholt.

Ihr Benehmen mir gegenüber war schlicht und kameradschaftlich.

»Es erstaunt Sie wohl am meisten, daß ich mich Männern hingeben kann, wenn sie mir nur gefallen, ohne abzuwarten, daß ich mich in sie verliebe? Sehen Sie, zum Verlieben muß man Zeit haben, ich habe viele Romane gelesen und weiß, wieviel Zeit und Kraft das Verliebtsein beansprucht. Aber ich habe keine Zeit. Wir haben soviel Arbeit im Bezirk, soviel wichtige Fragen sind zu lösen, wann hatten wir denn Zeit in all diesen über uns hinwegrasenden Revolutionsjahren? Immer ein Hasten und Jagen, die Gedanken immer voll von tausend brennenden Aufgaben ... Gewiß, es gibt auch ruhige Perioden ... Nun, dann merkt man eben, daß der eine oder andere einem gefällt; aber verstehen Sie mich bitte: Sich zu verlieben, dazu hat man keine Zeit. Es kommt hinzu – kaum freundet man sich mit einem Mann an, bitte schön, so wird er schon an die Front kommandiert oder in eine andere Stadt versetzt. Oder man hat selbst soviel zu tun, daß man ihn vergißt ... Aber gerade deshalb lernt man die Stunden schätzen, wenn man sich zufällig getroffen hat und sich zu zweit glücklich fühlt ... Das verpflichtet zu nichts ... Das einzige, wovor ich mich fürchte, ist eine venerische Krankheit, aber wissen Sie, ich glaube, wenn man einem Menschen aufrichtig in die Augen sieht und ihn fragt, ob er auch gesund ist, dann kann er nicht lügen. Ich habe zwei solche Fälle erlebt, dem einen schien ich sehr zu gefallen, ich glaube, daß er mich noch immer liebt. Als ich ihn fragte, war es ihm sehr schwer zu gestehen, ich sah, wie er litt, aber wir kamen nicht zusammen. Er wußte, ich hätte es ihm nie verziehen.«

Genia hat schöne Augen mit einem offenen und klaren Ausdruck, ihr Benehmen ist voll Unmittelbarkeit und Aufrichtigkeit.

»Aber sagen Sie, Genossin Genia, warum haben Sie Ihrer Mutter nicht gleich alles erzählt? Warum haben Sie Ihre Verbindung mit Andrej monatelang verheimlicht?«

»Ich dachte, es ginge sie nichts an ... Wenn Andrej und ich uns geliebt hätten, hätte ich natürlich der Mutter alles gesagt, oder wahrscheinlicher, ich wäre aus ihrem Leben verschwunden. Ich will nicht, daß sie unglücklich ist. Aber wenn doch gar nichts ist, was ihr Andrejs Gefühl geraubt hätte?! Warum begreift sie denn nicht: Wenn ich es nicht bin, ist es eine andere. Sie kann doch unmöglich Andrej so an sich ketten, daß er keinen Menschen sehen, mit keiner mehr verkehren darf? – Ich kann es nicht begreifen: Daß ich mit Andrej befreundet bin, daß er zu mir viel aufrichtiger ist als zur Mutter, daß er mir sozusagen seelisch näher steht als ihr, kränkt die Mutter gar nicht. Aber daß wir uns geküßt haben – das, meint sie, bedeutet, daß ich ihr Andrej ›geraubt‹ habe. Aber die Mutter selbst hat ja nie Zeit zur Liebe. Glauben Sie mir, sie hat nicht Zeit dazu! Und den Jahren nach steht Andrej mir näher als der Mutter. Wir haben auch gleiche Neigungen, den gleichen Geschmack, und überhaupt, alles ist so natürlich.«

»Aber vielleicht sind Sie sich selbst nicht klar und lieben Andrej doch?«

Genia schüttelt verneinend den Kopf.

»Ich weiß nicht, was Sie Liebe nennen. Aber was ich für ihn fühle, ist meiner Meinung nach bestimmt nicht Liebe. Wenn man liebt, will man immer beisammen sein, man will dem, den man liebt, alles geben, man denkt an ihn, man sorgt sich um ihn ... Wenn man mir aber den Vorschlag machte, immer mit Andrej zusammen zu leben, würde ich bestens danken ... Man fühlt sich wohl bei ihm, froh, mit einem Wort: er ist ein guter Kamerad; und er tut mir leid, er ist so feinfühlend, so ›licht‹, wie Mama sagt. Aber auf die Dauer langweilt er mich. Dann ist Abrascha besser ... Und doch – nein! Den liebe ich auch nicht, habe ihn nie geliebt, obgleich Abrascha eine gewisse Macht über mich hatte ... Ich mußte ihm gehorchen, ich konnte nicht anders.«

Genia zieht die Augenbrauen hoch. Sie ist in ihre Gedanken vertieft. Plötzlich wird sie wieder lebhaft.

»Es empört Mutter, daß ich keinen von ihnen liebe. Sie sagt, es ist unnormal und unsittlich, sich in meinem Alter ohne Liebe hinzugeben. Aber ich glaube, sie hat unrecht. Ich meine, es ist so einfacher und besser. Ich denke an meine Kindheit, wie Mutter damals zwischen Konstantin und meinem Vater hin- und herschwankte, verzweifelt war, wie sehr sie sich quälte ... und alle darunter litten ... Konstantin und Großmutter, noch jetzt höre ich Großmutters Stimme, wie sie verlangte, Mutter müsse sich entscheiden. ›Sei nicht so kleinmütig – du mußt wählen – du mußt dich entschließen.‹ Aber Mutter konnte zu keiner Entscheidung kommen, weil sie beide liebte, und beide liebten sie, und so litten sie und quälten sich immerfort, dann haßten sie sich und gingen schließlich als Feinde auseinander ... Ich werde mich von keinem in Feindschaft trennen. Es ist zu Ende, er gefällt mir nicht mehr – und das ist alles. Wenn man auf mich eifersüchtig wird, muß ich immer an Mutters Leiden denken, an die Eifersucht von Konstantin und meinem Vater, und ich sage mir dann, so etwas will ich nicht durchmachen. Sie sollen es endlich begreifen, daß ich keinem gehöre.«

»Und haben Sie denn wirklich nie jemand geliebt, und lieben Sie keinen? Ich bezweifle das etwas, denn Sie haben das Gefühl der Liebe so richtig beschrieben. Das haben Sie doch nicht aus Büchern?«

»Warum denken Sie denn, daß ich niemanden liebe?« Genia ist ehrlich erstaunt. »Ich habe Ihnen doch nur gesagt, daß ich die Männer nicht liebte, mit denen ich verkehrt habe, aber ich habe doch nie gesagt, daß ich niemanden liebe.«

»Und wen lieben Sie denn, wenn man fragen darf?«

»Wen? Ja, zuallererst und am meisten auf der Welt – Mutter. Einen solchen Menschen gibt es nicht mehr. In gewissem Sinne stelle ich sie sogar über Lenin. Und überhaupt, sie ist etwas ganz Besonderes, ohne sie könnte ich nicht leben, und ihr Glück ist mir das Wichtigste.«

»Und trotzdem haben Sie dieses Glück angetastet und Ihre Mutter so schmerzlich verletzt? Wie können Sie das vereinen?«

»Sehen Sie«, antwortete Genia nachdenklich, »wenn ich gedacht, gewußt hätte, daß Mutter es so auffassen, daß es ihr so schmerzlich sein würde ... ich glaube, ja ich bin gewiß, daß ich es nicht getan hätte ... Aber mir war, als ob Mutter über dem allen stände. Daß sie die Dinge ebenso ansehen würde wie Andrej und ich. Jetzt, da ich sehe, daß ich mich geirrt habe, ist es mir sehr, sehr schmerzlich, viel schmerzlicher, als sie glaubt.«

Zum erstenmal während unseres Gespräches schimmern Tränen in Genias Augen; verstohlen, mit den Fingerspitzen, ich soll es nicht merken, wischt sie sie weg.

»Für Mutter kann ich mein Leben lassen, das ist keine Phrase. Ich fühle es. Mutter kann Ihnen erzählen, wie es war, als wir glaubten, sie habe Typhus ... Wissen Sie, was mich jetzt besonders drückt? Es tut mir so leid um Mutter, ich bin so böse auf mich, daß ich so dumm war und nicht erraten konnte, welchen Eindruck diese Geschichte auf sie machen würde ... Ich würde jetzt, ich weiß nicht was darum geben, die Sache ungeschehen zu machen ... Und doch, ganz im Innersten fühle ich, Mutter hat Unrecht, und Andrej und ich sind im Recht ... Man muß das alles ganz anders einschätzen und verstehen, dann ist alles so klar und einfach, und keiner leidet. Und alle können Freunde bleiben, und keiner wird den andern verachten. Wenn ich Mutter auch noch so liebe, fühle ich doch zum erstenmal in meinem Leben, daß sie unrecht hat ... Und das .. sehen Sie, das ist das Schmerzlichste für mich. Ich habe Mutter für unfehlbar gehalten, und jetzt ist etwas bei mir ins Wanken geraten, ich habe nicht mehr den Glauben, daß Mutter über allem steht, daß sie alles versteht ... Das ist furchtbar schmerzlich ... Ich will nicht aufhören, Mutter zu lieben. Ich will den Glauben an sie nicht verlieren ... Wie soll ich sonst an andere glauben. Sie wissen nicht, wie mich dieser Gedanke zermürbt ... Das ist es, was mich quält, und gar nicht, aber auch gar nicht das, was nach Mutters Meinung mich quälen müßte. Das ist schmerzlich. Das ist sehr schmerzlich.«

Jetzt rinnen die großen Tränen schon ganz offen über Genias Wangen und tropfen auf ihren stark abgetragenen, schwarzen Rock.

Wir sprechen weiter und versuchen, aus dieser peinlichen Lage einen Ausweg zu finden.

Genia hat bereits beschlossen, ins »Heim« zu ziehen, zu ihren Kameradinnen. In den nächsten Tagen wird sie übersiedeln. Es macht ihr nur Sorge, wie Mutter und Andrej ohne ihre Hilfe und Fürsorge leben werden. Die ganze leidige Verpflegungsfrage lag auf ihr.

»Ich bin fest überzeugt, daß Mutter immer hungrig herumlaufen wird«, sagt Genia traurig. »Wenn man sich nicht um sie kümmert, ihr das Essen nicht hinstellt, läuft sie den ganzen Tag so herum, und Andrej ist auch nicht besser. Ich weiß nicht, wie sie ohne mich leben werden. Sie sind beide wie Kinder, vollkommen hilflos. Natürlich werde ich hingehen, werde tun, was ich kann, aber es ist doch nicht das Richtige. Ich bin ja auch beschäftigt; wenn man zusammenlebt, ist alles viel einfacher.«

Sie seufzt. Ihr Ton ist sorglich mütterlich, wenn sie von der Mutter und Andrej spricht, als handle es sich tatsächlich um Kinder, um ihre jüngeren Geschwister.

»Es freut mich«, sagte ich beim Abschied, »daß ich Ihre Mutter beruhigen, ihr sagen kann, wie sehr Sie sie lieben. Es war ihr sehr schmerzlich, daß sie fürchtete, Sie seien keiner gesunden und starken Gefühle fähig, sondern nur ein Verstandesmensch.«

Genia lächelt.

»Mutter soll sich nur beruhigen ... Ich werde gewiß

einmal aus Liebe irgendeine Dummheit machen. Ich bin nicht umsonst ihre Tochter und Großmutters Enkelin ... Und es gibt schon Leute, die ich liebe – und wie liebe ich sie ... Nicht nur Mutter ... auch andere, zum Beispiel Lenin ... lächeln Sie nicht. Das ist sehr ernst. Ich liebe ihn viel mehr als alle die, die mir gefallen haben und mit denen ich verkehrte ... Wenn ich weiß, daß ich ihn hören und sehen kann – dann bin ich tagelang ganz hin ... für ihn könnte ich auch mein Leben lassen. – Dann Genosse Gerassim, kennen Sie ihn? Der Parteisekretär unseres Bezirks. Das ist ein Mensch ... Sehen Sie, den liebe ich. Ganz ehrlich. Ich will mich ihm immer unterordnen, auch wenn er nicht im Recht ist, denn ich weiß, daß seine Absichten immer richtig und gut sind ... Als voriges Jahr, Sie erinnern sich vielleicht, diese empörende Intrige gegen ihn einsetzte, konnte ich keine Nacht schlafen ... Und wie haben wir damals für ihn gekämpft. Den ganzen Bezirk habe ich in Bewegung gesetzt. Ja, ich liebe ihn wirklich!« schließt Genia überzeugt, als habe sie noch einmal sich und ihre Gefühle geprüft.

»Aber jetzt muß ich laufen, wir haben sehr viel im Bezirk zu tun. Ich bin doch zur Sekretärin unserer Zelle gewählt worden«, sagt sie, nicht ohne Stolz. »Und jetzt gibt es noch mehr Arbeit. Das Leben wäre so schön, wenn Mutter alles verstehen und sich beruhigen könnte.«

Wieder folgt ein tiefer, kindlicher Seufzer.

»Ich werde zu Ihnen kommen, um mit Ihnen über Mutter zu sprechen, und dann überzeugen Sie Mutter, daß Andrej ihr ganz gehört, daß ich ihn gar nicht brauche, nicht so viel ... Was meinen Sie, wird Mutter es verstehen? Wird sie mich weiter lieben? Ich fürchte mich so. Ich kann ohne Mutter nicht leben, ohne ihre Liebe. Und dann ist es auch so schmerzlich, daß diese ganze Geschichte ihrer Arbeitsfähigkeit schadet. Nein! ... Ich will nicht so lieben, wie Mutter geliebt hat ... Wann soll man dann arbeiten?«

Mit dieser Frage verschwindet Genia durch die Tür.

Ich aber bleibe mitten im Zimmer stehen und suche die Antwort auf die Frage: Wer ist im Recht – und ist dies das zukünftige Recht einer neuen Klasse mit den neuen Gefühlen, neuen Begriffen und neuen Moralanschauungen?

Hinter der Tür aber ertönt Genias junges Lachen und ihre frohe Stimme: »Bis heute abend, Kameraden! Haltet mich nicht auf! Ich komme schon zu spät. Es gibt noch viel, viel zu tun!«

OLGA FORSCH
Das Weltbad

Sonnabends gingen die Leute aus der Umgebung des Sucharjow-Turms ins Bad, mit Vorliebe ins »Weltbad«, wenn es auch nicht ganz nahe lag, sondern in dem einst von Karamsin besungenen Vorort, der heute kahl ist, beraubt des anmutigen Birkenhains, an dessen Stelle Bierstuben stehen und ein Obstladen. Zur Zarenzeit hieß das Bad »Hofbad«, und da sich der Besitzer scheute, das Schild schlankweg mit »International« zu übermalen, war er auf »Weltbad« verfallen.

In der Männerabteilung säuberten sich gern Falschmünzer. An bestimmten Merkmalen wurden sie, obwohl sie splitternackt waren auf ihren Holzpritschen, von gewitzten Agenten erkannt und in dem wohligen Augenblick, da der Dampf kam, gegriffen.

Im »Weltbad« pflegte man der Muße und besprach so allerlei; Jewlanow, Antip Aggejitsch, führte mit dem Arbeitslosen Tigra eine Unterredung über Familienangelegenheiten. Der Arbeitslose hatte wie alle Menschen seit seiner Taufe Vor- und Zunamen, sie waren ihm jedoch entfallen. Tigra hieß er – basta.

Ein wüster Saufaus, wenn es aber um einen Kumpan ging, ein wildes Tier. Er und Antip Aggejitsch waren Freunde.

»Die Sorgen kriegen mich noch unter, Brüderchen Tigra«, klagte Antip Aggejitsch. »Was ich auch anstell', ich seh kein Land.«

»Um w-was geht es denn?« Tigra stotterte leicht, und da er sich an dem Wort verschluckt hatte, schüttelte er plötzlich seine schwarzen Haarsträhnen wie ein Pferd. »W-was denn?«

»Draußen vor dem Stadttor, wo früher das kleine Kloster war, kann man sich Land zuteilen lassen, gar nicht dumm. Wohnung kriegt man in einem Neubau. Finnischer Stil, stell dir vor, und für eine Lappalie. Da kann sich einer getrost mit Familie festsetzen. Drei Zimmer, Luft, Komfort – genau das Richtige für uns. Der Haken ist nur das Fundament. Dazu haben sie, weil der Friedhof dicht daneben liegt, Grabsteine genommen, haben Leute, die schon lange tot sind, zum Bau rangezogen. Grabstein an Grabstein. Zement dazu – das sprengt der dickste Geschoßbrummer nicht in die Luft – alles Steine von der reichsten Kaufmannsgilde ... Und wie zum Hohn – direkt unterm Klo die Tante von meiner Klascha. Goldbuchstaben, glühend, und der Stein rabenschwarz, wie gewienerte Stiefel, leuchtet nur so. Sie haben ihn zwar seitlich eingebaut, aber er ist trotzdem deutlich zu sehen, auch wenn man nicht will, man liest doch: Witwe der zweiten Gilde ... im Alter von ... Ehejahren ...«

»Klaschas Tante!« brauste Tigra auf. »Laß dich nicht mit einem bewußtseinslosen Element ein.«

»Klascha denkt wie wir, die stört das nicht! Aber mach das mal Mutter klar, der ›Galanteriewaren-Bubina‹. Sie steckt jetzt im Frauenschwitzbad ... Einen weiten Mantel hat sie von dieser Tante geerbt, na und so religiöse Vorurteile, nun jammert sie, das wäre Sünde und eine Affenschande und die Tote würde im Haus spuken. Sie läßt Klaschka nicht in die neue Wohnung und zetert: Ich nehm euch die Möbel weg! Uns kommt's ja nicht auf den mütterlichen Segen an, und wir würden auch so einziehn, aber die ›Galanteriewaren-Bubina‹ bedeutet für uns die Möbel, die wir brauchen, und wir wollen keinen Krach mit Mütterchen. Tigra, du mußt uns aus der Klemme helfen.«

»Läßt sich machen«, sagte Tigra. »Die vergoldete Tante aus der zweiten Gilde ist mit Schabeisen und Meißel im Handumdrehn weg von dem schwarzen Stein. Das kriegen wir schon hin. Du müßtest dann der ›Galanteriewaren-Bubina‹ hoch und heilig schwören, daß du aus Achtung vor ihr den Polier bestochen hast, damit er den Grabstein aus dem Klo rausnimmt.«

»Die Tour hab ich auch schon versucht, zwecklos, sie bleibt dabei: Auf keinen Fall darf Klaschka in dieses Haus, nicht mit Gewalt brächte man sie da hinein, wo Tantchens Asche gewissermaßen unterm Klosett geruht hat. Und wenn ihr den Stein fortschafft – der Ort ist heilig, da geht man nicht rein ...«

Tigra überlegte, schüttelte sein Haar und sagte: »Die

Sache ist also viel schwieriger. Dazu brauche ich meine gesamte Erfahrung, die vom alten Regime und die vom neuen, aus der Nach-Oktober-Orientierung. Ohne eine seriöse Anerkennung ...«

»Daran soll's nicht fehlen ... Galanteriewaren, Schnaps – fällt alles für dich ab, Tigruschka. Leg den Streit bei mit der Schwiegermutter ..«

»Was hält sie denn von Dekreten?« unterbrach ihn Tigra. »Richtet Gedrucktes bei ihr was aus?«

»Davor hat sie eine Heidenangst! Mal habe ich ihr vorgelesen, daß die Uhren vorgestellt werden müssen, da sind ihr die Tränen gekommen. In die Truhe ist sie gekrochen, wo sie alles für ihre Sterbestunde hat.«

»Wunderbar.« Wie ein Spieler fing Tigra Feuer. »Sieh mal nach, ob deine Bubina schon fertig ist oder noch auf der Pritsche hockt.«

Antip Aggejitsch lief zum Badewärter. Dieser setzte sich mit der Badewärterin in Verbindung – hier kannte jeder jeden. Er brachte die Nachricht, »Galanteriewaren-Bubina« sei im öffentlichen Umkleideraum.

»Also stell schon 'ne Buddel bereit«, sagte Tigra zu Antip Aggejitsch. »Ich geh jetzt und geb der Schwiegermutter Zunder.«

Tigra, der sich im Nu angezogen hatte, nahm seine berühmte Aktenmappe, von der er sich nie trennte, und ging auf Jagd in den Gemeinschaftsumkleideraum.

Tigra ist aller Welt Ratgeber, er war es schon zur Zarenzeit. Für delikateste Dinge. In der Mappe hat er Muster und Abschriften von geschlichteten Händeln. Und Bittschriften privaten Charakters, von Tigra voller Genugtuung aufgesetzt, für die verschiedensten Personen, denen vom Kreismilitärgericht irgendeine Unbill zugefügt worden ist.

Von alters her ist's im Gemeinschaftsumkleideraum des »Weltbades« Brauch: Wenn die Frauen vom Dampf erhitzt ihre Abteilung verlassen, brauchen sie eine Weile, um wieder zu Puste zu kommen, wollen sie Zahnreißen vermeiden, und sie wollen was fürs Gemüt. Also bewirten sie Tigra anständig, und er muß ihnen dafür das eine oder andre Papier aus seiner Mappe vorlesen.

Besonderen Anklang fanden zwei. Das erste, noch aus

der Kriegszeit, vor allem bei jungen Frauen beliebt, war die Order eines Soldaten an sein Eheweib; dieser Soldat hatte urplötzlich den Wladimir-Orden bekommen, den Adelstitel und den Offiziersrang.

Der Schluß lautete:

»... Da seit November in Unseren Adern fürnehmes adliges Blut fließt, dürfen Sie, Unsere Gattin, nicht herumlaufen, als wären Sie von simplem Stande, gehen Sie unverzüglich in den Kaufhof und erwerben Sie einen Karakulmantel. Dazu lege ich was bei. Alfjorow«

Das zweite Papier, die »Jungfer Wanda«, liebten die alten Weiblein und die von ihren Männern betrogenen Gemahlinnen. Inhalt und Personen waren von Tigra frei erfunden. Er hielt große Stücke auf das Dokument, und obwohl er wußte, wie es auf Frauen wirkte, griff er nur selten darauf zurück.

Der Gemeinschaftsumkleideraum des Bades hatte sich gefüllt, die Grünkramhökerinnen waren herausgekommen und auch die letzten Fischweiber – sie konnten sich waschen, soviel sie wollten, der Heringsgeruch blieb. »Galanteriewaren-Bubina« schnaufte schon lange auf einem Diwan, groß und feist, voller Speckfalten, mit Schweinsäuglein.

Eine Last war von der Bubina gewichen, ihr Herz vom Dampf erweicht, milde Gedanken stellten sich ein: Ob sie noch lange zu leben hatte? Neue Freuden standen ihr nicht bevor, alles lag hinter ihr. Jetzt mußten die Jungen leben. Sollten sie tun, was sie wollten. Nur die Alten durften sie zu nichts zwingen. Biegt man eine hart gewordene Gerte, bricht sie entzwei!

Bei solcherart Gedanken hinter ihrer hundvollen Miene ertappte sie der durchtriebene Tigra, der sich reinen Herzens erbötig machte, die heißgeliebte »Jungfer Wanda« vorzulesen.

»Das trifft sich gut, Tigruschka. Zu Ostern zählt das kleinste Ei ...«

»Er liest die ›Wanda‹«, teilten die Gemüsefrauen den Obsthökerinnen mit, und es drang bis zu den Fischweibern. »Wanda!« Der Platz reichte für alle – breit sind die Bänke im »Weltbad«!

Und zum hundertstenmal, stotternd, die Worte mühselig artikulierend, las Tigra den Händlerinnen vom Sucharjow-Turm vor:

»An das Kreismilitärgericht – Bittgesuch der Jungfer und jetzigen Dame Wanda Powcyk!

Ein gewisser Franz Dulja, seines Zeichens Militärschreiber, hatte begonnen, als Kavalier um mich zu werben. Anfangs trug dieses Werben symptomatischen Charakter ...«

»Sym-pto-ma-tisch!« seufzte Tigra. »Ist das ein Wort! Das kostet was. Wer kennt schon so einen Ausdruck!«

Tigra sah, wie die Gemüsehökerinnen den Obstfrauen ein paar Bier zureichten, daß hier und da Kleingeld klapperte, und fuhr fort in singendem Tonfall, wie ein Diakon beim Responsorium: »... erleuchtet von der Liebe zu mir und in Anbetracht des eidlichen Eheversprechens. Ihm wurde gestattet, mir in Gegenwart meiner Eltern beizuwohnen. Nach Ablauf der vorgesehenen Frist wurde ein Knabe geboren und selbigem der Name Jan Franzewitsch gegeben, womit Dulja gemeint ist. Inzwischen aber versucht der Bräutigam, der alte Dulja, sich vor seiner Schuldigkeit zu drücken, er denkt nicht an Hochzeit und verhält sich negativ in seinen fleischlichen Begierden ...«

So verkündete es Tigra im tiefsten Baß – und dazu die Frauen im Umkleideraum wie Chorsänger in der Kirche: »So sind sie alle ... Ein Mannsbild ist der reinste Hahn!«

Doch Tigra übertönte den Chor mit seinem Baß: »Von Gram und unwillkürlicher Überraschung gebeugt, falle ich der Verzweiflung anheim, und kann ich mich nicht mit der Stimme des Gewissens von Franz Dulja abfinden ...«

Der Chor: »Wer würde das schon!«

Und wieder Tigra: »... mit dem eidlichen Versprechen, das als Pfand für die todunglückliche Liebe diente ...«

»Der einen schwören, die andern betören!«

»... eingedenk meiner keuschen Jungfräulichkeit, die ich für alle Zeiten eingebüßt habe ...«

»Ist der Kopf erst ab, brauchst du um die Haare nicht mehr zu weinen!«

Gelächter wollte aufkommen. Tigra fiel mit drohendem Schlußakkord ein: »... wende ich mich ergebenst an das Kreisgericht, daß es dem als Sohn des Franz Dulja anzusehenden Jan Dulja zu seiner Erziehung zuerkennt, was das Gesetz vorsieht. Und zwar ...«

Man ließ ihn nicht ausreden, auf allen Bänken ereiferte man sich: »Von wegen vorsehn! So 'n Kind heißt es tragen, gebären und ernähren!«

»... Zugleich bitte ich, in Anbetracht des Wertes von persönlicher Keuschheit und Entjungferung, der nach ländlichem Brauch bei tausend Rubel liegt, mir persönlich eine Zuwendung ...«

»Ein bißchen viel – tausend.«

»Bei uns in Pensa war's billiger!«

»So was von Raffgier, bei uns kriegte's einer umsonst!«

»Ruhe da ... Lies zu Ende, Tigruschka!«

»... In Wertschätzung für mich und meine Eltern, die mich für einen hinterhältigen Mann zu einer so reizenden Person erzogen haben, bitte ich um Berücksichtigung dieses Gesuches.«

Die Bubina weinte. Eine Stimme fragte: »Und ist es berücksichtigt worden?«

»Aber ja!« sagte Tigra frech. »Und zwar kriegt sie monatlich was und einmalig was für den schwer wiedergutzumachenden Verlust der Keuschheit.«

Vor Tigra erschienen Bier, Kuchen, ein Häufchen Kleingeld. Eine nach der anderen, ob jung oder alt, flüsterte ihm ihre geheimen Sorgen ins Ohr.

Gewichtig erhob sich Tigra und winkte ab.

»Der Reihe nach!«

Als er aber zur Tür hinüberspähte, sah er am Ausgang der Männerabteilung seinen Freund Antip Aggejitsch. Tigra ging auf ihn zu, nahm ihn fest bei der Hand und führte ihn zu seiner vom Bad und Gefühl aufgeweichten Schwiegermutter Bubina. Den Haarschopf zurückwerfend wie ein Pferd und furchterregend mit den Augen rollend, trug Tigra in einem Atemzug ein feierliches Manifest vor: »In Bälde, sofort nach Veröffentlichung eines Dekrets über das Sympathisieren mit einer chinesischen Bewegung, unterliegt strafrechtlicher Verfolgung, wenn umzugswillige Familienmitglieder am Umzug in Neubauten, die für das Proletariat auf den Grabsteinen längst Verstorbener errichtet wurden, durch Verwandte in irgendeiner Form einschließlich Verbalinjurie gehindert werden.

Das Einbauen von Grabsteinen längst Verstorbener gilt als Beweis von Sympathisieren mit einer chinesischen Bewegung. Bei den Chinesen, Bürger, wird der Tote in die steinerne Darstellung einer geöffneten Gebärmutter gelegt, gewissermaßen in den Mutterleib, damit es ihm leichter fällt, dorthin zurückzukehren, woher er gekommen ist. Und auf so einen Ort sind sie nicht wenig stolz. Wenn man das auf russisch beim Namen nennt, so ist das, Bürgerin, eine größere Schweinerei, als wenn Ihnen ein Klosettraum Schmerz bereitet, weil er mittels einstiger Vorfahren seinen Dienst tut.«

»Ach, Tigruschka!« sagte die Bubina schmachtend. »Nach dem Dampfbad möchte man ein bißchen weinen, und da kommst du mit Dekreten. Das nimmt einem doch gleich allen Mut. Hab ich denn zu meiner Tochter Klaschenka was gesagt? Nichts hab ich ihr gesagt.«

»Für dein ›Nichts‹ wird dir der Handel untersagt! Unverzüglich überläßt du deiner Tochter die Möbel! Sowie das Dekret raus ist, brauchen Sie, Bürgerin Bubina, nicht die geringste Hilfe von mir zu erwarten, Ihr Gefühl für Grabsteine ist voller weißgardistischer Pseudovorurteile!«

»Ich geb ja die Möbel her und alles andere auch . . .«, jammerte die Bubina. »Aber bewahrt mich vor einem: Ich tu keinen Schritt in dieses Haus!«

»Bei Bescheinigung der Herausgabe des Mobiliars erlasse ich dir das!« entschied Tigra wie ein Pope und legte die Hand der Bubina in die Antip Aggejitschs.

LYDIA SEJFULLINA
Eigentum

1

Der Schmied Trunow war ein Säufer. Seine Angehörigen litten Not. Die älteste Tochter, die schöne Jelisaweta, heiratete einen menschenscheuen, bigotten Witwer, dessen Gesicht und Körper häßlich waren. Die Ehe mit ihm widerte sie an, aber sie war satt, ordentlich gekleidet und gegen böse Nachbarn geschützt. Freunde und Verwandte hielten dieses Leben für ein glückliches, und die Mutter wünschte ihrer zweiten Tochter, der heranwachsenden Klawdia, ein ähnliches Schicksal, damit auch sie vor Armut und Laster bewahrt bliebe.

An einem Aprilabend flehte die müde, alte Mutter während der Vesper Gott um diese Gnade an. Ihr bittender Blick ruhte auf den Ikonen, auf dem flackernden Licht der Kerzen und den duftenden Weihrauchwolken. Sie seufzte schwer, verneigte sich bis zur Erde und bekreuzigte sich rasch und ängstlich. In ihrer Nähe verrichtete eine verkrüppelte Frau, die in der Stadt bekannte Weißnäherin, ihr zorniges Gebet. Sie litt an Rückenmarksschwindsucht, und ihre Beine versagten ihr den Dienst. Immer wieder ließ sie sich auf einem Klappstuhl an der Wand nieder. Dann glitt der seltsame Blick ihrer trüben Augen mit den ungleichen Pupillen über die Schar der Betenden. Das demütige, eifrige Beten der alten Frau rührte sie. Beim Verlassen der Kirche kamen sie ins Gespräch und gingen nebeneinanderher. Die hagere Trunowa stützte fürsorglich die kleine, aufgedunsene Weißnäherin am Ellbogen und schwenkte, während sie auf sie einredete, ungeschickt die linke Hand wie einen gebrochenen Flügel. Die kläglichen Bewegungen der schwieligen dunklen Finger waren ausdrucksvoller als ihre Worte. Die Weißnäherin antwortete voller Teilnahme mit ihrer schönen, zärtlichen Stimme, die so aufrichtig klang wie die eines Kindes. Sie versprach, Klawdia unentgeltlich in die Lehre zu nehmen, sie zu kleiden und zu ernähren, unter der Bedingung, daß das Mädchen nach der Ausbildung noch drei Jahre gegen einen niedrigen Lohn bei ihr arbeite. Der Blick der Weißnäherin glitt über den Abendhimmel, der immer dunkler wurde und am Horizont in hellen Farben erglühte, und sie fügte belehrend hinzu:

»Im Himmel und auf Erden schuf Gott Schönheit. Wären die Menschen es wert, so würde auch ihr Leben schöner sein. Gott sorgt für uns alle, wir aber müssen uns untereinander helfen. Den Vertrag lassen wir vom Notar beglaubigen, komm morgen zu mir. Mein Häuschen in der Saretschnajastraße wird dir jeder zeigen.«

2

Ein leer gewordener Leichenwagen rollte vorbei. Die schwarzgeschmückten Pferde liefen im Trab und wirbelten lustige Staubwolken auf, die in den Strahlen der Sonne wie mattes Gold schimmerten. Klawdia blieb an der Wegkreuzung stehen.

»Bist hübsch, Mädel, schade, daß ich keine Zeit habe«, rief ihr der schwarzgekleidete Kutscher zu.

Klawdia verstand seine Worte nicht, erwiderte aber den erfreuten Blick mit einem Lachen. Sie war heiter und froh. Heute früh hatte sie Tee mit Milch und Zucker getrunken. Sie trug ein reines Hemd und Schuhe an den sauber gewaschenen Füßen, und das alte, geänderte Kleid saß gut. Die Erinnerung daran, daß sie noch vor einem Monat hungrig, barfuß und mit bloßem Kopf schüchtern an den Menschen vorbeigehuscht war, vermochte ihre heutige Freude nicht zu trüben. Während sie weiterging, sang sie in Gedanken ein Liedchen und bewegte hin und wieder lautlos die Lippen. Ihre eigenen Träume verflochten sich mit dem Lied. Wenn ihr die Weißnäherin erst Lohn zahlt, wird sie sich einen grünen Wollrock und zwei, drei Blusen nähen, eine aus rosa Seide wie die von Schurka, dem Straßenmädchen, die den Neid aller Frauen in der Gegend erweckte; und dann wollte sie ihrer Mutter hohe Filzstiefel für den Winter und feste Schuhe für den Frühling kaufen. In Gedanken hatte sie bereits für die

Ernährung und Kleidung ihrer ganzen unglücklichen Familie und auch für ihr eigenes Wohl gesorgt. Und nun war sie verheiratet. Ihr Mann lächelte ihr zu wie der freundliche Kutscher auf dem Leichenwagen vorhin, aber in Gesicht und Stimme glich er dem jungen Briefträger, der den Trunows im Winter einen Brief aus ihrem Heimatort gebracht hatte. Seitdem hatte sie ihn nicht mehr gesehen, aber zweimal von ihm geträumt. Das erstemal nahm er sie bei der Hand, während sein Blick unverwandt auf ihr ruhte, und nannte sie seinen Schatz. Und im zweiten Traum schritt er einen seltsamen, blumenbesäten Weg entlang, wandte sich nach ihr um und winkte ihr zu, als rufe er sie oder verabschiede sich von ihr. Sie wollte ihm nachlaufen, konnte aber die Beine nicht bewegen. Tränenüberströmt war sie aufgewacht und hatte den ganzen Tag gedacht: Ob er vielleicht gestorben ist? Erinnerte sich Klawdia dieser Träume, so krampfte sich ihr Herz in einem beseligenden und gleichzeitig wehmütigen Gefühl zusammen, das nur die Jugend kennt. Reifen Menschen ist es fremd, alte Menschen wissen darum und sehnen sich danach, doch bleibt es ihnen versagt, so zu empfinden.

Als Klawdia mit den Einkäufen zurückkehrte, fiel ihre glückliche Stimmung der Weißnäherin auf und erregte deren Mißbilligung. Die Bitterkeit ihres Siechtums lastete auf ihr, und ebenso wie der kleinste Schatten im Nebel riesengroß wird, erschien ihr jede jugendliche Verwirrung sündhaft. Als suche sie einen Makel an ihr, betrachtete sie das Mädchen angewidert von Kopf bis Fuß und sagte mit klingender Stimme.

»Die Motten verderben die Kleider, der Rost verdirbt das Eisen, die Straße aber – junge Mädchen. Ich dachte, du würdest früher zurückkommen.«

Klawdias Wimpern zitterten, sie wurde blaß.

»Nächstes Mal werde ich mich mehr beeilen«, erwiderte sie stotternd.

Ihr Schreck besänftigte die Weißnäherin. Als Klawdia dann aber barfuß und wieder in ihrem alten, geflickten Leinenkittel in den Hof ging, um den großen Messingsamowar zu putzen, maß die Frau noch einmal mit bösem Blick den Körper des jungen Mädchens. Unwillkürlich zog Klawdia Brust und Schultern ein und ging gebückt weiter. Sie war traurig und schämte sich, fühlte sich aber nicht gekränkt. In dem schmalen Gang zwischen der fensterlosen Hauswand und dem gemauerten Vorratsschuppen befand sich ein Bretterhäuschen mit einem hohen Abzugsrohr. Klawdia hatte das kleine Gelaß gescheuert und geschrubbt und den Gang, der dorthin führte, gefegt. Diese Sauberkeit überraschte die Weißnäherin und flößte ihr Achtung vor dem jungen Mädchen ein. Unter dem Fliederstrauch, der das Holzhäuschen verbarg, putzte Klawdia den großen Messingsamowar und überlegte, daß die Hausfrau noch einen anderen aus Tombak besaß, den sie wohl nur zu Ostern benutzte.

Eines Tages öffnete die Näherin in ihrer Gegenwart eine große, mit glänzendem Blech beschlagene Truhe, die Woll- und Seidenstoffe und eine beträchtliche Anzahl nie getragener Kleider enthielt. In der Küche befand sich eine große Menge nie gebrauchter Geräte. Und all diese Stoffe, das viele überflüssige Geschirr, das Haus, der Hof, das saubere Bretterhäuschen, das als Abtritt diente, der duftende Fliederstrauch, die Gemüsebeete und die beiden wunderschön blühenden jungen Apfelbäume am andern Ende des Hofes gehörten der Weißnäherin Marja Wassiljewna Klepikowa. Deshalb war Marja Wassiljewna – trotz ihrer Krankheit und Verkrüppelung – auch so mächtig und von allen geachtet. Man durfte sich nicht mit ihr streiten, nutzlos war es, sich über sie zu ärgern, man mußte ihre Wünsche erfüllen, sonst jagte sie einen davon. Dann verschlösse sich ein für allemal vor ihr das Tor zu dieser Welt, in der hinter einem hohen Zaun herrliche Bäume wuchsen und Sauberkeit und beglückender Überfluß herrschten. Sie müßte zurück in die Hütte, die nicht einmal einen Hof hatte und dicht neben der Schmiede lag, von der sie nur eine kleine Wiese mit zertretenem Sauerampfer trennte. Sonntags prügelten sich zerzauste, betrunkene Männer auf dieser Wiese, und wenn es dunkel war, schlichen freche Burschen über sie hinweg zu den Töchtern des Schmiedes, um sie zu verführen oder zu vergewaltigen und sich nachher über sie lustig zu machen. Gelang es ihr, Marja Wassiljewna in allem gefällig zu sein, so würde sie ihr zu einem guten Leben verhelfen.

3

Vor Weihnachten gab es viel Arbeit. Die ältliche Gesellin Xenofontowna blieb über Nacht da. Sie hatten nur drei Stunden Schlaf, Klawdia mußte noch zusätzlich den Haushalt besorgen und die fertigen Bestellungen austragen. Vor Übermüdung schlief sie oft des Nachts beim Nähen ein. Um wach zu bleiben, liefen sie und die Xenofontowna hin und wieder auf den Hof, rieben sich mit Schnee ab oder schnupperten am Senfglas. Die Hausfrau litt gewöhnlich an Schlaflosigkeit. Doch in dieser Nacht fielen ihr plötzlich die Augen zu. Ein seliges Lächeln lag auf ihrem Gesicht, und ihre Finger glitten zart und behutsam über die Tischplatte.

»Wonach tasten Sie, Marja Wassiljewna?« rief Klawdia erschrocken, als sie das sah.

»Ich sammle sie in einen Korb«, erwiderte die Verkrüppelte mit glücklicher Stimme und wachte auf.

Sie hatte geträumt, daß sich flaumige gelbe Kücken unter ihren Händen bewegten. Während sie das erzählte, brach sie in Tränen aus.

»Der Schlaf überwältigt mich. Also werde ich wohl bald sterben.«

Mühsam hob sie ihr schweres Hinterteil vom Stuhl und langte nach dem Senf. Diese Bewegung war komisch, doch auf dem häßlichen, tränennassen Gesicht lag der ernste Widerschein des schrecklichsten Gedankens, den ein Mensch haben kann. Klawdia betrachtete sie und senkte in unbewußter Ehrfurcht den Blick. Schweigend arbeiteten sie weiter. Dann stand die Näherin auf.

»Legt euch hin. In drei Stunden wecke ich euch.«

Klawdia seufzte entsetzt. Sie hatte vergessen, das Bett hereinzubringen. Marja Wassiljewna schnauzte ärgerlich.

»Glaubst wohl, ich müßte dir auch noch dein Bett machen und dir die Nase abwischen? Wärst du zu meiner Zeit Lehrmädchen gewesen, dein blaues Wunder hättest du erlebt.«

Klawdia schlief auf einer Filzmatte auf dem Fußboden im Schlafzimmer der Weißnäherin. Um die seit Jahren bestehende Ordnung der beiden kleinen Zimmer und der sauberen Küche nicht zu stören, wurde diese Matte am

Tage zusammengerollt, in die Rumpelkammer hinter dem Hausflur gestellt und im Winter eine Weile vor dem Schlafengehen hereingeholt, damit sie sich anwärmte. Mit schuldbewußtem Lächeln rannte Klawdia in die Rumpelkammer. Dicker Reif bedeckte die Wände. Mit beiden Armen umfaßte sie die in der Ecke stehende Rolle, und es schauerte sie vor Kälte. Wie sehnte sie sich nach Schlaf! Die Augen fielen ihr zu, die Beine zitterten. Klawdia lehnte sich gegen die Filzmatte und brach in Tränen aus. Die Verkrüppelte hatte sich inzwischen hingelegt, war eingeschlummert und wieder aufgewacht, das Mädchen war immer noch nicht da. Zornig schnaufend erhob sich die Weißnäherin, zog sich warm an, nahm die Lampe und ging in die Rumpelkammer. An die Filzrolle geschmiegt, schlief Klawdia ganz fest im Stehen. Ihr geneigter Hals und der unbequem ruhende, müde junge Körper verrieten so viel Lebenswärme, daß sich Marja Wassiljewnas Herz vor Rührung und Neid verkrampfte. Die Weißnäherin schlief nicht mehr ein, weckte aber ihre Gehilfinnen eine Stunde später als beabsichtigt. Die verkrüppelte Frau lag in der Finsternis, den Blick starr zur dunklen Decke gerichtet, als erblicke sie an ihr Bilder aus der Vergangenheit, die wie Irrlichter über einem Sumpf aufleuchteten. Am nächsten Morgen quälte sie Klawdia mit ihren Launen: Übertriebene Freundlichkeit und zänkisches Wesen wechselten miteinander ab. Das Mädchen schluckte die Tränen hinunter, hetzte sich ab und gab verkehrte Antworten. Bis Weihnachten waren es noch fünf Tage. Zu diesem Zeitpunkt pflegte die Weißnäherin ihre Geschenke zu verteilen. Die Xenofontowna erhielt immer einen guten Stoff – Wolle oder Halbwolle – und das jeweilige Lehrmädchen einen Baumwollstoff. Einigen auserwählten Armen ihrer Kirchengemeinde schenkte die Klepikowa alte, abgelegte Sachen. Denn sie sagte sich, daß man sehr wohl in den fünf Tagen bis zum Fest noch etwas Neues daraus nähen konnte.

Am Abend erschien der einäugige Nachbar. Er fegte jeden Tag den Hof, brachte Wasser und hackte Holz. Außer dem Kirchendiener war er der einzige Mann, der die Wohnung der Näherin betrat. Klawdia strich sich rasch über das Haar und richtete sich beim Nähen etwas auf. Die Xenofontowna streifte ihn mit einem flüchtigen Blick und sah ihre Herrin erwartungsvoll an. Die Klepikowa lächelte wohlwollend und ging in ihr Schlafzimmer. Als sie die Geschenke für den Nachbarn und die Xenofontowna beisammen hatte, zögerte sie über dem Baumwollstoff für Klawdia. Als erster bedankte sich verlegen, mit linkischen Verbeugungen der einäugige Nachbar. Dann küßte die Xenofontowna Marja Wassiljewna die Hand und hauchte ihr mit ehrfürchtig gespitzten Lippen einen Kuß auf die Wange. Die Weißnäherin wehrte freundlich lächelnd ab. Es war so angenehm, zu schenken. Ihr Gesicht sah beinah jung aus, als sie Klawdia den Stoff hinreichte.

»Und dir, mein Vögelchen, einen blauen Seidenstoff für eine Bluse. Einen Rock dazu nähen wir aus einem alten von mir.«

Rasch verneigte sich Klawdia – wie jedes Jahr – vor der Weißnäherin bis zur Erde. Ihre Augen strahlten vor Glück, und die Hände zitterten, als sie das Geschenk empfing. Die Verkrüppelte war gerührt. Sie ließ sogleich aus dem Stoff auf eigene Rechnung ein modisches, enganliegendes Blüschen mit weiten Puffärmeln arbeiten.

Am Weihnachtsabend fastete die alte Trunowa, bis der erste Stern am Himmel funkelte. Dann verzehrte sie mit Genuß weiches Brot und trank Wasser dazu. Der betrunkene Schmied schlief ausnehmend friedlich auf dem Ofen. Froh und gesättigt ruhte sich die alte Frau nun aus. Nur das laute Schnarchen des Schmiedes durchbrach die Stille. Sie hörte es gar nicht mehr, so sehr hatte sie sich daran gewöhnt. Alles um sie her schien in seligen Schlaf versunken. Plötzlich stürzte Klawdia lärmend herein. Die Mutter fuhr zusammen und empfand im ersten Augenblick keinerlei Freude über den Besuch der Tochter. Dann betrachteten die Junge und die Alte lange die Bluse, befühlten den Seidenstoff, unterhielten sich mit gedämpfter Stimme wie zwei gurrende Tauben. Der Schmied war aufgewacht und lauschte lange ihrer Unterhaltung. Aufgedunsen, struppig und mit roten Augen kletterte er vom Ofen und sagte heiser:

»Habt nur Gelumpe im Kopf! Die krumme Vogelscheuche sollte Klawka verheiraten.«

Er warf die Joppe über, fuhr nur in einen Ärmel und verließ die Stube. Sein plötzlicher Rat erschien der alten Frau recht vernünftig. Sie beschloß, mit der Wohltäterin, der Näherin, darüber zu sprechen. Die Feiertage verbrachte Klawdia angenehm. Ihr Vater trank irgendwo in der Stadt und krakeelte nicht zu Hause.

Abends ging Klawdia mit den Mädchen der Vorstadt spazieren und tanzte sogar auf einem Fest. Sie war jetzt gut gekleidet, man lud sie ein, und die Burschen schämten sich nicht mehr, mit ihr anzubändeln. Sie kam erst gegen Morgen nach Hause, schlief aber trotzdem nicht gleich ein.

Ihr Herz klopfte rasch und laut, und zahlreiche Wünsche bedrängten sie, die sie nicht in Worte zu kleiden vermochte. Sie verschmolzen zu einem Gefühl, ähnlich dem der Angst vor kommendem Glück.

4

In der Nacht vor dem Fest der Heiligen Drei Könige erfror der Schmied Trunow auf dem kleinen Anger neben seiner Hütte. Im trüben Morgenlicht fand seine Frau die verkrümmte, mit reinem Schnee bedeckte schwarze Leiche. Der wilde Schmerz der Alten überraschte ihre Kinder und die Nachbarn. Weinend kniete sie im Schnee, küßte lange das schmutzige Gesicht des Trunkenbolds, umarmte ihn und konnte sich nicht von ihm losreißen. Statt der üblichen vorgeschriebenen Klagen entrang sich ihrer Brust ein abgerissenes Schluchzen, das dem Schrei eines Raubvogels glich. Von der Beerdigung kehrte sie gealtert und völlig apathisch zurück. Von nun an hielt sie nur noch die Sorge um Klawdias Heirat am Leben. Ihr hatten die letzten Worte des Schmiedes gegolten, und die Witwe betrachtete sie als Vermächtnis.

Die Hütte der Trunows wurde mit Brettern vernagelt. Die Mutter zog zu Lisaweta. Sie half ihr, so gut es ging, wartete die Kinder, konnte aber nicht mehr als Wäscherin für ihren Lebensunterhalt sorgen. Ihr Rücken war krumm geworden, sie ging am Stock. Der Schwiegersohn empfand ihre Anwesenheit als Last. Die Mutter verließ das Haus nur, um in die Kirche zu gehen und dort ihre ängstlichen Gebete zu flüstern oder um Klawdia bei der Weißnäherin zu besuchen. Marja Wassiljewna war immer freundlich und bedauerte die schwache alte Frau. Sie unterhielt sich gern mit ihr. Ihre Gespräche bestanden darin, daß die Weißnäherin redete und die Trunowa ihr in allem beipflichtete. Die Verkrüppelte klagte des langen und breiten über ihre schwache Gesundheit. Deshalb waren die Alte und alle, die die Weißnäherin umgaben, überzeugt, sie werde bald sterben.

Die alte Trunowa hatte eine kleine, friedliche Familie ins Auge gefaßt, die Klawdia gern als Braut ihres Sohnes gesehen hätte, falls die Weißnäherin etwas zur Gründung des neuen Hausstandes beitragen sollte. Die Alte wartete lange auf eine gute Gelegenheit, mit der Weißnäherin darüber zu sprechen, und begann dann doch ganz plötzlich, in einem völlig ungeeigneten Augenblick, die Unterhaltung. An einem Feiertag im März, der trotz des trüben Wetters die kommende Frühlingswärme ahnen ließ, gingen die beiden Frauen im Hof auf und ab. Marja Wassiljewna betrachtete die Bäume und die kahlen Beerensträucher und klagte seufzend.

»Sie werden blühen und Früchte tragen, ich aber lebe dann nicht mehr. Für mich sind sie gewachsen. Ich stehe allein in der Welt. Wer wird sie nach meinem Tode besitzen?«

Die Alte blieb stehen, fuchtelte mit dem Stock und faßte Marja Wassiljewna am Ärmel.

»Wohltäterin mit dem goldenen Herzen, wie viel haben wir dir zu verdanken! Verheirate Klawdia ...«

Marja Wassiljewna begriff nicht sofort, was sie meinte. Sie glaubte, Klawdia sei gezwungen, möglichst schnell eine Sünde zu vertuschen, und vielleicht warte vor dem Tor schon ein liederlicher Bräutigam auf den Nutzen, den er daraus ziehen könne.

»Alle seid ihr so, alle, alle ...«, schrie die Kranke und fuchtelte mit den Armen. »Lasterhaft seid ihr, geldgierig, nur darauf bedacht, etwas zu ergattern!«

Ihre zarte Stimme wurde schrill und hoch, wenn sie zornig war. Schreiend und auf ihren unsicheren Füßen watschelnd, eilte sie ins Haus.

Spät am Abend lief Klawdia zu Jelisaweta und holte ihre Mutter. Die Weißnäherin lasse ihr sagen, sie liege im Sterben und bitte sie, sofort zu kommen, um sich von ihr zu verabschieden. Die Klepikowa fühlte sich auch wirklich schlecht und lag sogar drei Tage zu Bett, doch dann erholte sie sich wieder. Die alte Trunowa pflegte sie. Die Verkrüppelte sprach über unglückliche Ehen, über die Not kinderreicher Familien, über die Unmoral der Männer und lobte Klawdia. Schließlich erklärte sie:

»Wenn deine Tochter bis zu meinem Tode nicht heiratet und Mädchen bleibt, vererbe ich ihr Haus und Hof und meinen ganzen Besitz. Soll mir bis dahin zur Seite stehen, als sei sie meine Verwandte. Lange dauert es ja doch nicht mehr.«

Sie lebte aber noch fünfundzwanzig Jahre und siechte allmählich dahin. Von Jahr zu Jahr wurde sie gebrechlicher, ihr Gesicht durchsichtiger, der Körper unbeholfener. Es war schwer, die Kranke zu pflegen. Viele Nächte hindurch vergoß Klawdia zornige Tränen, die sie aber nicht erleichterten. Immer wieder faßte sie den Entschluß, am nächsten Morgen eine Arbeit zu suchen, die keine Sklaverei war, dann blieb sie aber doch. Wenn ich gegangen bin, stirbt sie, und all diese harten Jahre mit ihren Mühen und Sorgen sind vergeblich gewesen, dachte sie.

Die alte Trunowa erlebte den Tod der Weißnäherin nicht mehr, sie starb früher. Endlich beerdigte Klawdia ihre Herrin. Sie erwies der Toten alle Ehren und verteilte reichlich Almosen. Im August des Jahres neunzehnhundertachtzehn wurde Klawdia Maximowna Trunowa als Besitzerin des Hauses bestätigt. Sie war nun bald dreiundvierzig Jahre alt. In der Vorstadt hatte man ihr schon vor geraumer Zeit den Spitznamen »die verräucherte Braut« gegeben. Als sie in die Vierzig gekommen war, hatte ihr Gesicht eine dunkle Farbe angenommen, kleine Falten bildeten sich auf der Stirn und an den Mundwinkeln, und sie hielt sich nicht mehr so gerade wie früher. Doch bargen das schüchterne Lächeln der verblühten Lippen und der offene, reine Blick des alternden Mädchens etwas traurig Kindliches, das sie verjüngte. Bei der neuen Besitzerin wollte die Weißnäherei nicht vorankommen. Klawdia Maximowna dachte bisweilen, daß die Leute Dauerhaftigkeit nicht mehr schätzten. Immer häufiger brachte man ihr Batist statt Leinen für die Wäsche. Die mühselige und teure, aber solide Handarbeit wurde durch dünne Maschinenstickerei und billige Hohlsäume verdrängt. Klawdia hatte eine Fußnähmaschine für Stikkerei und Hohlsaumarbeiten eingerichtet, aber sie liebte diese Arbeit nicht. Sie wollte heiraten und sich nur dem Haushalt widmen. Nachdem sie ihr Erbe angetreten hatte, stellten sich auch Freier ein, anständige ältere Witwer, doch ihre sorgenvollen bärtigen Gesichter und die berechnenden Bewegungen ihrer nicht mehr jungen Hände stießen sie ab. Der bartlose Briefträger war in ihren Träumen jung geblieben. Immer wieder verteilte sie Körbe. Als Klawdia eines Tages alte Kleidungsstücke für Lisawetas Familie aussortierte, fand sie in der Truhe die blaue Seidenbluse. Zärtlich strich sie die Puffärmel glatt und versank in Gedanken. Im Hause wurden die Winterrahmen eingesetzt, Klawdias Nichte putzte die Scheiben und sang leise und friedlich ein neues Lied:

»Schlagt die Bourgeoisie, Genossen, hurra!«

Hell beschien die Herbstsonne das Mädchen und die gestreifte Katze auf dem Stuhl.

»Sieh mal, Poljuschka«, rief Klawdia Maximowna ihrer Nichte zu, »das war das erste Stück, das für mich genäht wurde.«

Das Mädchen wandte sich um, strich sich mit dem Handrücken das Haar aus der Stirn und lachte:

»Wie komisch waren doch die alten Moden! ... Murka, warum schläfst du denn die ganze Zeit? Ach du, ach du, ach du ...«

Sie nahm die Katze, drückte sie mit zärtlichen Lauten an sich, schaute einen Augenblick zum Fenster hinaus, folgte mit den Blicken den rostbraunen Blättern, die durch die klare Luft segelten, und hob die Schüssel vom Fußboden auf.

»Ich hole sauberes Wasser ...«

Poljuschka ging zur Tür und warf mutwillig ihre langen Beine hoch, als wollte sie tanzen. Sie wiegte den Kopf im

Takt einer unhörbaren Musik, die in ihr klang, und lächelte einfältig und lieb. Klawdia Maximowna betrachtete feindselig den noch nicht voll entwickelten Körper des Mädchens.

»Bist doch bald sechzehn Jahre alt und benimmst dich so albern wie ein kleines Kind«, schrie sie erbost. »Geh mir aus den Augen, dumme Gans!«

Heftig warf sie den Truhendeckel zu. Um sie zu besänftigen, übernachtete ihre Schwester Jelisaweta bei ihr. Sie unterhielten sich noch lange, als sie nebeneinander im Bett lagen. Klawdia wollte sich der Jugend erinnern, aber Lisaweta hatte die ihre längst vergessen. Sie entsann sich nur noch der Freuden und Leiden, die ihr die Kinder bereitet hatten, und erbettelte bei ihrer Schwester Geschenke für die Familie. Klawdia wurde sich plötzlich bewußt, wie arm auch sie an Erinnerungen war, es gab da gar nichts zum Erzählen. Sie hörte der Schwester nicht mehr zu, sondern dachte über ihr eigenes Leben nach.

Um der Freude und Zärtlichkeit willen würde sie keiner jetzt mehr nehmen, man bewarb sich nur noch des Hauses wegen um sie. Und irgendeiner der grauhaarigen Witwer würde, wenn er sie heiratete und ein anständiger Mensch war, bestenfalls gut zu ihr sein. Ihr Körper war mager und müde, bei schlechtem Wetter taten ihr die Knochen weh, das Haar wurde grau und fiel aus. Klawdia begann zu weinen. Um ihre Tränen zu verbergen, schnaubte sie sich die Nase und hustete. Aber Jelisaweta hörte nichts mehr, sie war unvermittelt eingeschlafen, fest und tief, wie es Kindern und glücklichen Greisen eigen ist.

Bald war von einer Heirat gar nicht mehr die Rede. Das menschliche Leben ringsum war ebenso verworren und unbeständig geworden wie die Maschinenstickereien. Klawdia Maximownas Haus übte keine große Anziehungskraft mehr aus. Dem Rat ihres Schwagers folgend, verkaufte sie es eilig dem ersten besten Käufer für einige der neuen Tausendrubelscheine. Es fiel ihr schwer, den Hof zu verlassen. Lange stand sie vor dem Tor, gebeugt und traurig, und wischte sich die Tränen aus den Augen. Aber am Abend, bei Jelisaweta, die ihre vermögende Schwester reich bewirtete, um ihr zu schmeicheln, war sie wieder vergnügt. Sie hatte etwas zuviel »Samogon« getrunken, ihre dunklen Wangen waren schweißnaß und bedeckten sich mit häßlichen roten Flecken. Sie lachte kurz und kreischend auf und sagte gedehnt:

»Der Kuckuck soll sie holen, die Häuser und Gärten, heutzutage hat man an ihnen keine Freude. Solange ich bei euch wohne, reicht mein Geld für das tägliche Brot. Und dann will man ja nach den neuen Gesetzen die Angehörigen zwingen, alleinstehende alte Leute zu ernähren, nicht wahr? Also wird Petenka seine Tante ernähren müssen, nicht wahr?«

Der siebzehnjährige Petenka, der Bote beim Gericht war, begann, stolz auf seine juristischen Kenntnisse, umständlich zu erklären:

»Sehen Sie, erstens sind wir verpflichtet, für die Mutter, die uns geboren hat, zu sorgen ...«

Klawdia Maximowna senkte den Kopf mit dem glanzlosen schütteren Haar, ließ die schmerzlich gefalteten Hände in den Schoß fallen, weinte und wiederholte lallend:

»Die Mutter, die uns geboren hat?«

Anna Achmatowa
Requiem

Ich ließ mich nicht von meiner Heimat scheiden,
Floh in die Fremde nicht vor der Gefahr.
Ich blieb bei meinem Volk in seinem Leiden,
Blieb, wo mein Volk zu seinem Unglück war.

April 1957

Statt eines Vorwortes

In den schrecklichen Jahren des Justizterrors unter Jeshow habe ich siebzehn Monate mit Schlangestehen in den Gefängnissen von Leningrad verbracht. Auf irgendeine Weise »erkannte« mich einmal jemand. Da erwachte die hinter mir stehende Frau mit blauen Lippen, die meinen Namen natürlich niemals gehört hatte, aus jener Erstarrung, die uns allen eigen war, und flüsterte mir ins Ohr die Frage (dort sprachen alle im Flüsterton):

»Und Sie können dies beschreiben?«

Und ich sagte:

»Ja.«

Da glitt etwas wie ein Lächeln über das, was einmal ihr Gesicht gewesen war.

1. April 1957 · Leningrad

Widmung

Hügel müssen fallen, Berge weichen,
Flüsse stauen sich vor diesem Leid.
Doch von keinem Mitleid zu erreichen
Sind die Stätten, wo Gefangne bleichen
In des Todes Hoffnungslosigkeit.
Ob am Morgen frische Winde wehen,
Ob die Sonne glüht im Untergang:
Uns gilt nur, wie sich die Schlüssel drehen,
Wie Soldaten auf und nieder gehen
Schweren Schritts den Korridor entlang. –
Aufgestanden früh, vor Morgengrauen,
Atemlos vor Furcht und Angst und Schmerz,
Treffen wir uns, die verhärmten Frauen,
Als noch überm Fluß die Nebel brauen –
Und noch immer hofft das arme Herz.
Dann das Urteil – und die Tränen fließen.
Schon will niemand mehr ihr nahe sein.
Leben, qualvoll aus der Brust gerissen ...
Als ob Fäuste sie zu Boden stießen ...
Doch sie geht, sie schwankt, sie ist allein.
Die ihr seit den zwei verfluchten Jahren
Unfreiwillig mir verbunden seid –
Alles Leid, das *jenen* widerfahren,
Trugt ihr mit in langen zwanzig Jahren:
Euch sei dies als Abschiedsgruß geweiht.

März 1940

Einführung

Damals galt nicht der Tod als Verhängnis,
Nein: das Leben in Leningrad.
Real war hier nur das Gefängnis,
Wesenlos die übrige Stadt.
Die Verurteilten zogen in langen
Kolonnen in Reih und Glied,
Und die Lokomotiven nur sangen
Kurz pfeifend ein Abschiedslied.
In den Sternen stand Tod und Verderben,
Rußland wand sich in Qual und Weh.
Unter Fußtritten ließ man uns sterben
Im Gefangnen-Transport-LKW.

1.

Früher Morgen war's, als sie dich holten.
Die Kinder weinten vor Schreck.
Ich folgte dir wie einem Toten.
Die Kerze zerfloß im Eck.
Eiskalt deine Lippen, die blauen,
Schweiß des Todes auf deinem Gesicht.
Wie einst die Strelitzenfrauen
Werd' ich heulen beim Blutgericht.

1935

2.

Stille fließt der stille Don.
Gelb tritt in das Haus der Mond.

Schaut in alle Winkel keck:
Sieht: Ein Schatten sitzt im Eck.

Eine Kranke muß das sein,
Eine kranke Frau, allein.

Tot der Mann, im Grabe schon,
Im Gefängnis sitzt der Sohn.

Diese kranke Frau bin ich.
Betet, schreit zu Gott für mich!

3.

Nein – das bin nicht ich, das ist eine andere, die da leidet.
Ich könnte das nicht so. Aber das, was geschehen ist,
Sollen schwarze Tücher bedecken,
Und man soll die Lampen wegtragen ...
Nacht.

4.

Ahntest du wohl, du geistreiche Spötterin,
Von so vielen geliebt und begehrt,
Du von all deinen Freunden Vergötterte,
Was dir noch das Leben beschert?!
Daß in endloser Schlange du stehen wirst
Vor Kresty, in der Hand ein Paket,
Daß die Nacht du mit Tränen begehen wirst,
Da das Jahr zu Ende geht.
Übers Los der Gefangenen schweigen sich
Die trostlosen Wände aus.
Nur die Äste der Pappeln neigen sich ...

5.

Vor siebzehn Monaten begann
Mein Leid, mein Kampf um *ihn*.
Ich flehte seinen Henker an,
Lag vor ihm auf den Knien.
Die Welt verdunkelt sich vor mir,
Blind tappe ich herum:
Ist dies ein Mensch? Ist das ein Tier?
Bringt man den Sohn mir um?
Was blieb, sind staub'ge Blumen nur

Und Weihrauchduft und eine Spur
Ins Nirgends – fern, so fern.
Toddrohend, grad ins Aug mir schaut
– So hell, daß es dem Herzen graut –
Ein ungeheurer Stern.

1939

6.

Wochen fliehn mit irrer Schnelle.
Was geschah? Ich fass' es nicht,
Wie der weißen Nächte Licht,
Sohn, dich fand in dunkler Zelle.
Und jetzt sind sie wieder da,
Deine Seele auszulaugen,
Schaun mit heißen Habichtsaugen,
Künden Kreuz und Golgatha.

1939

7. Das Urteil

Und nun ist das Wort aus Stein gefallen
Auf die immer noch lebend'ge Brust ...
Macht nichts! Ich werd' fertig mit dem allen.
Ich war drauf gefaßt. Ich hab's gewußt.

Vieles ist mir jetzt zu tun vonnöten:
Meine Seele werde hart wie Stein;
Das Gedächtnis muß ich vollends töten,
Was geschehn ist, muß vergessen sein.

Und wenn nicht? ... Ich bin zu Tode bange.
Wie ein Fest sieht dieser Sommer aus.
Ach, ich ahnte es ja schon so lange:
Hell der Tag, verödet ist das Haus.

Sommer 1939

8. An den Tod

Du kommst ja doch einmal – so komme jetzt zu mir.
Ich kann mein Schicksal nicht mehr tragen.
Ich hab das Licht gelöscht. Ich öffne dir die Tür.
Erlöse mich von meinen Plagen.

Komm, wie es dir gefällt, wähl selber die Gestalt:
Komm als Geschoß, mit Gift geladen,
Komm als Bandit, der Lust hat an Gewalt,
Vergifte mich mit Typhusschwaden.

Komm mit dem Märchen, das du ausgedacht,
Behaupte schlicht, ich spioniere,
Schick, zu verhaften mich in dunkler Nacht,
Soldaten und Geheimdienstoffiziere.

Mir ist jetzt alles gleich. Es rauscht der Jenissej,
Der Nordstern sendet seine Strahlen.
Wenn ich im Geist den Glanz geliebter Augen seh,
So lindern sich die letzten Qualen.

19. August 1939 · Haus an der Fontanka

9.

Halb hüllt er schon die Seele ein,
Der Wahnsinn, läßt das Herz mir stocken,
Tränkt mich mit seinem Feuerwein,
Sucht mich ins dunkle Tal zu locken.
  Ich weiß es schon: Der Sieg gehört
  Dem Wahnsinn, er wird hier gewinnen.
  Schon weiß mein Geist, im Wahn verstört,
  Nicht mehr, was außen ist, was innen.
Und nichts von dem, was mir gehört,
Wird mitzunehmen er erlauben;
Mein Flehen läßt ihn ungestört,
Er wird mir alles, alles rauben:
  Selbst die Erinnrung an den Sohn,
  An sein Gesicht, versteint im Leiden,

Ans letzte Treffen, als wir schon
Gewußt, daß wir auf ewig scheiden.
Der Freunde Liebe nimmt er fort,
Den tiefen Schatten blühnder Linden,
Der Dichtung Klang und selbst *das* Wort,
In dem wir letzte Tröstung finden.

4. Mai 1940 · Haus an der Fontanka

10. Kreuzigung

»Weine nicht um Mich, Mutter,
Wenn Ich im Grabe bin.«

1
Die Engel rühmten Ihn, den Todesblassen,
Der Himmel brannte, als Sein Mund erblich,
Als Er zum Vater schrie, der Ihn verlassen,
Zur Mutter sagte: »Weine nicht um Mich!«

2
Händeringend klagte Magdalene,
Schmerzerstarrt sah man den Jünger stehn.
Doch zur Mutter – schweigend, ohne Träne –
Wagte niemand auch nur hinzusehn.

1940/43

Epilog

1

Ich kannte viele früh gewelkte Frauen,
Von Schrecken, Furcht, Entsetzen ausgeglüht.
Des Leidens Keilschrift sah ich eingehauen
Auf Stirn und Wangen, die noch kaum geblüht.

Ich sah manch junges Haar sich schnell verfärben,
Ein trübes Grau nahm Schwarz und Blond hinweg.
Ich sah manch frohes Lächeln plötzlich sterben –
In trocknem Lachen zitterte der Schreck.

Nun heb' ich zum Gebete meine Hand,
Nicht nur für mich: Für jede, die dort stand,
In Winterkälte und im Sonnenbrand,
An jener blindgewordnen roten Wand.

1940

2

Der Tag des Gedenkens ist wiederum da,
Ich seh' euch vor mir, wie ich damals euch sah:

Dich, die nur mit Mühe das Fenster erreicht,
Und dich, die du längst schon vom Tode gebleicht,

Und dich, die so schön, die so lieblich sah aus,
Die sagte: »Ich komme hierher wie nach Haus.«

Ich seh' euch, auch wenn mancher Name mir schwand
(Man riß uns das kleinste Papier aus der Hand!).

Ich habe für euch diesen Teppich gewebt
Aus dem, was ich damals gehört und erlebt.

Ich denke an euch überall, immerdar,
Vergesse euch auch nicht in neuer Gefahr.

Verstummt einst mein Mund, der zu sagen gewagt,
Was hundert Millionen nur schweigend geklagt,

Dann bitt' ich, daß *ihr* nun auch *meiner* gedenkt
Am Tage, an dem in das Grab man mich senkt.

Und will man dereinst mir ein Denkmal hier weihn,
So willige hiermit ich feierlich ein

Unter einer Bedingung: Dies Mal soll nicht stehn
Dort, wo ich die Sonne zuerst hab' gesehn –

Am Ufer des Meers, mir so nah, so verwandt,
Denn längst ist zerrissen zum Meere das Band;

Auch nicht in dem Park, den ich innig geliebt,
Wo ein Schatten, mich suchend, dem Gram sich ergibt –

Nein, hier, wo ich dreihundert Stunden einst stand,
Der Sohn hinter Mauern und Riegeln verschwand,

Daß auch noch im Tod ich ihn höre und seh',
Den schwarzen Gefangnen-Transport-LKW,

Noch zuknallen höre das schreckliche Tor
Und heulend im Jammer die Frauen davor.

Und fließt von den ehernen Wimpern mir dann
Der schmelzende Schnee, sieht's wie Tränen sich an.

Vom Zuchthaus her klingt mir das »Ruckediguh«,
Die Newa eilt rauschend dem Ozean zu.

März 1940

Vera Inber
Meine Tochter

1

Meine Tochter Marina, in ihrer Kindheit Kiska genannt, besuchte die »Schule für besonders begabte Kinder«. Die Hauptfächer der Schule waren: Rhythmik, Biomechanik, Plastik, Deklamation, Modellieren und Zeichnen. Die anderen Wissenschaften waren eng begrenzt. Je exakter ein wissenschaftliches Gebiet, desto schlechter ging man mit ihm um. Am übelsten war der Mathematiklehrer dran. Wie ein Dieb mit schlechtem Gewissen paukte er den Kindern Bruchzahlen ein. Sie glaubten ihm aufs Wort, denn sie hatten keine Zeit, sich in die Geheimnisse der Mathematik zu vertiefen.

Manche Eltern faßten Mut und beklagten sich, daß die Kinder zu Hause kopfstanden, mit dem Kopf nach unten an den Schränken hingen und vor dem Spiegel deklamierten. »Wir sehen unsere Kinder niemals mit einem Buch«, klagten die Eltern. In der Schule empfing man sie sehr streng und schickte sie wieder nach Hause.

Die »besonders Begabten« waren unwissend und hochmütig gegenüber den anderen, den »Nichtbegabten«, und überhaupt schwer zu ertragen.

Die Schule hatte mich enttäuscht, und ich schickte Marina in eine Schule anderer Art. Aber auch dort lernte sie nicht besser.

Wenn sie nach Hause kam, warf sie die Bücher auf den Diwan und schrie: »Ich will fressen!«

»Marina, wasch dir die Hände!«

»Wozu brauch ich das?«

Das Buch ›Nikitas Kindheit‹ von Alexej Tolstoi nannte sie einen »Schmöker«.

Sie sprach einen unmöglichen Jargon. Ich konnte mit ihr nicht fertig werden. Ich verstand das zerzauste Mädchen mit den abgenagten Fingernägeln nicht. Wo war das anmutige, pfirsichzarte Kind aus den erst jüngst verflossenen Jahren? Ich hatte es verloren.

Marina hatte keine Lust zu lesen. Sie schrieb »Strümfe«, »Gefül«, »beser« und so weiter. Als ich sie auf die Fehler aufmerksam machte, sagte sie starrköpfig: »Ich höre es so.«

Ihre Mußestunden füllte sie mit Zeichnen aus. Ihre Zeichnungen machten mir jedoch keine Freude. Es waren Porträts von Kinostars im Profil: Ein violettes Auge und mohrrübenfarbenes Haar.

An einem Tage, an dem ich beruflich besonders in Anspruch genommen war, wurde ich, nicht zum ersten Male, zu einer Unterredung in Marinas Schule vorgeladen. Es war schon gegen Ende des Schuljahres, spät im Frühling.

Ich stieg die kühlen Treppen des ehemaligen Gymnasiums empor und setzte mich zu zwei Frauen, die ebenfalls vorgeladen waren.

Eine von ihnen, mit einem Einkaufskorb auf dem Schoß, seufzte fortwährend: »Ach, wie schlecht ist das Betragen meiner ..., es ist nicht zu sagen!«

Endlich rief man mich hinein.

Die Schulverwalterin mit dem regelmäßigen, harten Gesicht einer Sechzigerin und mit glatt hinter die Ohren gekämmtem Haar erinnerte mich an meine Mutter. Ich wurde schüchtern.

Es ist merkwürdig, wie lange die Kindheitserinnerungen lebendig bleiben!

Die Schulverwalterin machte mir die Mitteilung, daß sich meine Tochter »außerhalb des Schulkollektivs« befände, daß sie zerstreut und unordentlich wäre und daß man irgendwelche »Mittel ergreifen« müßte. Während der Unterredung waren meine Gedanken mit ganz anderen Dingen beschäftigt. Ich dachte daran, daß ich schon längst auf dem Dewitschje-Feld im Institut für Krebskrankheiten sein müßte, um bei einer Bluttransfusion zugegen zu sein. Die Zeitung, für die ich arbeitete, interessierte sich für diese neue Methode der Heilkunst, und ich hatte zum nächsten Tage einen Artikel darüber zu schreiben.

Aufgeregt saß ich da. Die Uhr hinter mir schlug einmal. Ich wußte nicht, ob es ein Uhr war oder halb zwei. Für mich war die halbe Stunde sehr wichtig, aber umzudrehen getraute ich mich nicht.

»Seien Sie nicht beunruhigt«, sagte die Schulverwalterin. »Letzten Endes ist eine Besserung möglich.«

Ich fühlte, daß die Röte meines Gesichts zunahm, diesmal vor Bestürzung. Mit hochrotem Kopf verließ ich das Zimmer, es wurde mir sogar heiß in den Augen.

»Na, was nun?« sagte die Frau mit dem Einkaufskorb, als sie mich erblickte. »Sie haben aber was abbekommen! Ach, die Kinder, die Kinder!«

Ich hörte sie nicht an und lief Hals über Kopf nach dem Dewitschje-Feld.

Die Operation wurde bei strahlendem Licht ausgeführt. Der Operationssaal schien nur aus Glas und Licht zu bestehen. Es roch nach Blut, Chloroform und Spiritus. Alles war weiß: die Kittel, die Wände, die Instrumente. Nur die Gesichter der Studenten hinter dem niedrigen Gitter waren von Hitze und Spannung gerötet.

Im Mittelpunkt der weißen Umgebung sah ich einen dunkelbraunen Fleck, schräg nach hinten geneigt. Er erschien mir wie ein Klumpen Lehm. Ich dachte: Was hat man hier mit Lehm zu tun? Es war das Gesicht einer Kranken.

In einem emaillierten Becken von ungewöhnlicher Form lag die soeben herausgeschnittene Geschwulst. Der berühmte Chirurg ordnete den Inhalt der Bauchhöhle der Patientin, und mit halblauter Stimme erklärte er den Studenten den Vorgang der Operation.

Die weiße Umgebung, die Hitze und die krumme Nadel, die die gelbe Schicht des Fettpolsters durchstach, all das wirkte so stark auf mich, daß mir die Beine schwach wurden. Ich hatte das Bedürfnis zu gähnen und mich auf den Fußboden zu setzen. Doch der Gedanke, mich zu blamieren, umwehte mich wie ein kühler Windhauch, und ich erholte mich.

Nach der Operation schritt man zur Bluttransfusion. Damals kannte man das Verfahren, das Gerinnen des Blutes zu verhüten, noch nicht, und man pumpte es unmittelbar aus einem Arm in den anderen.

Die Blutspenderin war die zwanzigjährige Frau des Krankenhaus-Pförtners. Schulter an Schulter, wie zwei kommunizierende Gefäße, lagen zwei Arme nebeneinander: ein blühender, dunkelhäutiger, von einem Netz blauer Äderchen durchbluteter und der welke einer Greisin. An beiden Armen entblößte man die Schlagadern und unterlegte sie mit einem Stückchen Gaze, um ihr Zurückschnellen zu verhindern. Beide Adern wurden durch einen Schnitt geöffnet und je ein Glasröhrchen in sie eingeführt. Dann begann die Pumpe zu arbeiten. Sie pumpte Leben in den siechen Körper.

Ich lüftete das Handtuch, mit dem das Gesicht der Pförtnersfrau bedeckt war. Sie lag ganz ruhig. Nur die Augen blickten angestrengt. Auf der dunklen Oberlippe perlten Schweißtropfen. »Noch lange?« fragte sie leise. »Es ist nicht schmerzhaft, aber ich fürchte mich. Ich mache das zum erstenmal.«

Man hatte ihr fünfhundert Kubikzentimeter Blut entnommen.

Das nächste Mal hatte ich etwas ganz anderes vor. Das rote Ziegel-Gerippe an der Ecke Twerskaja und Gasetnaja wurde zum Telegraphengebäude umgebaut. Der Wind pfiff durch die Öffnungen. Es waren noch keine Zwischenwände gebaut. Unter den Beinen gähnte die Leere, so daß man selbst das Bedürfnis bekam, zu gähnen. Die arbeitenden Beton-Mischmaschinen rauschten wie die Brandung der See, wenn der grobe Sand an den Steinen knirscht. Der Klang ist mir aus meiner Kindheit wohlbekannt, ich bin an der See geboren.

In der Ruhe des gläsernen Operationssaales, in dem Knirschen der Beton-Mischmaschinen, in den Hörsälen und Museen offenbarte sich das Werden des neuen Moskau. Man baute, heilte und arbeitete für die Gegenwart und bereitete gleichzeitig die Zukunft vor.

Ich lernte, über all das zu schreiben. Kurz, verständlich und unbedingt interessant. Wenn ich in der Straßenbahn zufällig einen Menschen sah, der einen meiner Artikel las, gab ich acht: Lächelte er? Las er bis zu Ende? Tauschte er mit jemandem seine Eindrücke aus?

Gewöhnlich umfaßten meine Artikel zweihundert Zeilen. Das ist gar nicht so wenig, wenn man das Material gut einteilt. Haupterfordernis war: Nicht wässerig schreiben!

Da ich früher Gedichte geschrieben hatte, fiel es mir nicht schwer, meine Arbeiten kurz zu fassen. Der Prosaschreiber verarbeitet Wort-Massive, der Dichter wertet jedes einzelne Wort besonders. Zuweilen klingt solch ein

Wort flach und zu umschrieben, aber das kann man sich abgewöhnen.

2

Als ich eines Abends nach Hause kam, hörte ich einen Ausruf des Entzückens aus Marinas Munde. Seit langem hatte ich keinen Ausdruck des Entzückens an ihr wahrgenommen. Sie war an Mumps erkrankt und mußte das Zimmer hüten. Sie zeichnete, schrieb und klebte kleine verschmierte Briefumschläge, in die sie Briefchen hineinsteckte. Solche nicht abgeschickten Briefe lagen überall umher. Ich wollte schon immer einmal nachsehen, an wen sie eigentlich schrieb, aber ich kam nie dazu.

Jetzt saß ein Kollege aus der Zeitung, Juli Sause, neben Marina. Seine Spezialität waren Feuilletons in Versen. Wegen seiner unzähligen Liebesgeschichten nannten wir ihn »den bedeutendsten Romancier unserer Zeit«. Weniger als jeder andere eignete er sich als Krankenschwester oder Bonne, aber er fand sich doch in dieser Rolle zurecht.

Marina und Sause saßen, über ein Blatt Papier gebeugt, nebeneinander auf dem Diwan. Sause hatte etwas improvisiert. Die scharfe Spitze seines Bleistifts lief über das Papier, den niedergeschriebenen Zeilen folgend. Es waren Verse über den Zoologischen Garten:

Aufgeregt und sehr
sorgenschwer
geht der Wärter hin und her:
Weißt du nicht, mein lieber Bär,
wo das dicke Nilpferd ist,
hast du es noch nicht vermißt?
Lieber Bison, hat es dir
nicht verraten, was es für
Gründe hatte, wegzugehn?
Weit und breit ist's nicht zu sehn!
Teurer Biber, sage mir,
wohin ist das liebe Tier
denn verschwunden ganz und gar,

das mit dir im Wasser war?
Mächtiger Gorilla, sprich!
Hörst du nicht? Ich bitte dich!
Der du doch sein Nachbar bist,
sag doch, sag doch, wo es ist!
Warum soviel Lärm um nichts?
gurgelnd aus dem Wasser spricht's,
muß doch mal spazieren gehn,
jetzt könnt ihr mich wiedersehn.

So schrieb Sause.

Als sie mich erblickte, hörte Marina zu lachen auf und bedeckte mit der Hand eine Zeichnung, ein Nilpferd im Regenmantel und mit einem Regenschirm in der Pfote darstellend, das komisch aus einem Bassin herausschaute.

Ein Schauder lief über mein Herz. Ich begriff, wie einsam und unglücklich mein Kind war. Wie unfreundlich wir zueinander waren! Ich entschuldigte ihre Fehler nicht und sie nicht die meinigen.

Marina war aber noch vollkommen kindlich. Der unerklärliche Kinderschnupfen stellte sich noch ohne jede Erkältung bei ihr ein. Dann tränten ihr die Augen, die Nase wurde rot, und ihr rundes Köpfchen mit den beiden Flechten, die sie nie abzuschneiden erlaubte, aber auch nicht ordentlich kämmte, lehnte die Aufnahme jeglichen Wissens ab. Ihre Haarpflege war auch eine der Ursachen unserer Zwietracht.

An solchen Schnupfentagen war Marina, wenn sie unter meiner Aufsicht ihre Aufgaben machte, noch weniger fähig als sonst, die Regel des Dividierens durch sieben zu begreifen. Sie wurde von dem Bedürfnis gequält, ein Taschentuch zu benützen, das sie, wie gewöhnlich, verloren hatte, und von der Furcht, daß ich den Verlust bemerken könnte.

»Warum benützt du dein Taschentuch nicht?« fragte ich schadenfroh. Sie blickte mich mit den hellen Augen eines kranken Tierchens an:

»Du weißt doch, daß ich es verloren habe«, sagte ihr Blick, »weshalb fragst du?«

»Ich weiß ganz gut, daß du es verloren hast«, antworteten meine Augen. »Aber das geht mich nichts an. Das Wichtigste im Leben ist die Ordnung!«

Plötzlich fiel mir ein, wie lange wir nicht beisammen waren, daß wir seit langem keine anderen Gespräche als solche über die Aufgaben führten.

»Marina«, sagte ich, »sehr bald werde ich drei ganz freie Tage haben. Wenn du willst, sollen die Tage dir gehören. Selbstverständlich nur, wenn du willst.«

Marina wandte sich langsam mit dem ganzen Körper zu mir, da sie den Hals nicht bewegen konnte. In der Tiefe ihrer dunklen Pupillen glänzten helle Punkte.

»Ich will«, sagte sie.

Am nächsten Tage erhielt ich einen Brief von Sergej Schirokow, einem Manne, der mir teuer war.

»Meine Schriftstellerin, Fischchen!« schrieb Schirokow. »Es scheint mir, daß mir das Versprechen gegeben wurde, auf drei Tage zu mir nach Murom zu kommen, sobald ich mit meiner Arbeit in der Fabrik in Ordnung käme. Selbstverständlich bin ich Ihnen im Schreiben nicht gewachsen, im Schreiben bin ich kein Künstler. Aber ich bitte, Sie verstehen doch: Kommen Sie! Ich habe drei Tage herauskombiniert und für Sie aufbewahrt. Ich werde Sie, meine Schriftstellerin, Fischlein, in einem Kämmerchen unterbringen, von dem aus die ganze Fabrik zu sehen ist. Birkenholz liegt schon im Ofen und wartet auf Sie. Weißer Schnee ist gefallen, er wartet auch auf Sie. Aber wozu soll ich so viel schreiben! Ich werde Ihnen entgegenfahren in der Nacht vom zweiten auf den dritten. Ihr Sergej ...«

»Marina«, sagte ich, ihre Kammer betretend, »mein liebes Freundchen, es ist ... verstehst du, eine Komplikation eingetreten. Die drei Tage, die ich dir gestern versprach, werde ich leider beschäftigt sein. Man schickt mich nach Murom in eine Fabrik. Ich muß darüber schreiben. Sei aber nicht traurig darüber! Wir werden später zusammen feiern wie noch nie! Jetzt kannst du mit Njuscha ins Kino gehen. Willst du ins Kino gehen, Marina?«

»Ich will«, antwortete Marina höflich. »Danke schön!«

Schriebe ich einen Roman, dann stünde es mir frei, das Schicksal meiner Helden zu gestalten, wie ich will. Dann könnte ich erzählen, wie ich alle Schwierigkeiten überwand und alle Knoten spielend löste, wie ich meine Tochter erzogen und gleichzeitig Erfolge in meinem Beruf gehabt habe und glücklich war. Aber in Wirklichkeit war alles ganz anders. Marinas wegen stand ich mit ihrem Vater in Paris in Unterhandlung, sie »zur Erziehung« nach Paris zu schicken. Er hatte, wenn auch nicht besonders angelegen, diesen Vorschlag gemacht.

Die ersten Jahre unseres Zusammenlebens verbrachte ich mit meinem Manne in Paris, in einer kleinen Wohnung auf dem linken Seine-Ufer, unweit des Luxembourg-Gartens. Mein Mann hatte seinen ursprünglichen Beruf als Jurist vernachlässigt und sich der Kunstkritik gewidmet. Sein Spezialgebiet waren die Neoimpressionisten, aber er liebte auch die Klassiker. Im Louvre konnte er stundenlang vor dem »zerbrochenen Krug« des alten Greuze stehen. Die Augen zugekniffen, den Kopf zur Schulter geneigt, sog er langsam, wie durch einen Strohhalm, das Bild in sich ein. Er brachte auch mich dazu, den Louvre lieben zu lernen. In seinen Sälen umringten mich in rauschenden klingenden Farben Frauen und Jungfrauen, Männer, Jünglinge und Kinder. Es blinkten Kandaren, blühten Nelken in Vasen, flatterten Schärpen im Winde. Und alles war unbeweglich, auf ewig unveränderlich.

Ich stand vor der ›Quelle‹ von Ingres. Der Parkettboden des Louvre glänzte wie Eis. Die Kopisten, ihre Paletten mit den Daumen haltend, trugen kleine Kleckse auf die Leinwand auf. Durch die Fenster sah man den Pariser Winter. Sieben Grad Wärme, Regentropfen fielen wie in die Ewigkeit.

Die Stille im Louvre brachte mich einer Ohnmacht nahe. Hätte man mich mit einer Nadel gestochen, ich glaube, ich hätte es nicht gefühlt. Als ich auf die Straße hinaustrat, war mir, als wäre ich einer Opiumhöhle entronnen; ich blinzelte, kniff die Augen zusammen und zitterte. Schnell nach Hause, einen starken Kaffee trinken und dann den Tag im Halbschlaf beenden! Und morgen – wieder in den Louvre!

Das war am Vorabend des Ersten Weltkrieges.

Wir lebten ziemlich einsam in Paris. Nur einige französische Maler und Bildhauer verkehrten bei uns. Unsere Landsleute, besonders die Emigranten, mochte mein Mann nicht leiden. »Das sind Fanatiker«, sagte er abfällig. Manchmal aber ließ er sich doch zu den »Fanatikern« herab und traf sich mit ihnen. Einmal verweilte er sogar einen ganzen Abend in der russischen Kolonie.

In einem niedrigen, feuchten Raume wurde zugunsten der russischen Emigranten-Bibliothek ein Maskenball veranstaltet. Es waren etwa vierzig Personen anwesend: junge und alte politische Emigranten, Menschen, die in Sibirien gewesen waren, an Skorbut gelitten hatten, die mit der Festung Schlüsselburg und dem Petersburger »Kresty« Bekanntschaft gemacht hatten, auf die Kara-Halbinsel verbannt, gehetzt und gejagt wurden, die man zu vernichten suchte, alle hatten sich in der Fremde versammelt und vergnügten sich nun nach Herzenslust.

Die Maskenkostüme stammten aus billigen Verleih-Geschäften oder waren von ihren Trägern mehr oder minder glücklich improvisiert, teilweise recht unbeholfen, besonders im Vergleich zu den Draperien, Seiden und Plüschen im Louvre.

Die gefährlichen Revolutionäre, vor deren Namen Minister zitterten, die Verschwörer und geheimnisvollen Konspirateure, sie alle spazierten als Ritter, Köche, Cowboys und Matrosen im Saale umher. Schwarze Halbmasken saßen spaßig auf manchen bärtigen Gesichtern. Unter einer Maske lugte ein Kneifer an schwarzem Bande hervor. Frauen, mit Papierblumen, Schmetterlingen und Sternen geschmückt, stellten die vier Jahreszeiten dar. Der »Winter« war weiß gekleidet, die Schultern mit Watte belegt und mit Glimmer bestreut. Das Gesicht war mit Tüll verschleiert.

»Ich kenne dich, Maske!« sprach sie höflich ein alter Kapuziner an. Und weshalb hätte er sie auch nicht kennen sollen, da er doch mit ihr gemeinsam in der Verbannung gewesen war und im Gefängnis zu Kiew sich heimlich durch Klopfen mit ihr verständigt hatte. Der »Winter« lächelte dem Kapuziner kokett zu und klopfte ihn auf die Schulter, ihn ebenfalls mit Glimmer bestreuend. Dann tanzten sie miteinander.

Mein Mann hatte sich, wie vorauszusehen war, sehr raffiniert maskiert: als Astrologe. Die dunkelblaue Seide seines Gewandes war mit den Zeichen des Tierkreises dekoriert, die spitze Tiara mit Sternen besetzt. In den Händen hielt er die magische Kristallkugel, in der sich die Zukunft spiegelt.

Ein Faun in braunwollenen Trikots mit Pelzbesatz um die Hüften trat an den Astrologen heran. Von dem Pelzbesatz war aus Versehen das Preisetikett nicht entfernt worden »Vier Francs und neunzig Centimes«. Wahrscheinlich stammte der Pelz aus einem Ausverkauf.

»Ich bitte dich, weiser Sterndeuter«, sagte der Faun, »mir mein Horoskop zu stellen! Es ist wichtig für mich, meine Zukunft kennenzulernen.«

Rund um die beiden sammelte sich die Menge. Jeder war begierig, etwas über die Zukunft des Fauns zu hören, der wie durch ein Wunder vor dem Galgen des Zaren gerettet worden war.

Der Astrologe räusperte sich und glättete umständlich die weiten Ärmel seines Gewandes.

»Du bist unter dem ungünstigen Einfluß des Saturnus geboren. Galle und Asche. Aber der Mars neutralisiert die feindlichen Fluida, und du wirst die Oberhand gewinnen über die, die dich beherrschten.«

Also weissagte der Astrologe. Er hatte sich offenbar lustig gemacht über den schwächlichen Faun, dessen schüchternes Ziegenbärtchen unter der Maske hervorlugte.

Ringsum lachte man.

»Und wird das bald geschehen? Erlaube die Frage, o Weiser!« suchte der Faun sich zu vergewissern.

»Sehr bald! Sei bereit! Die Zeit nähert sich. Du stehst auf der Schwelle.« Der Astrologe ging zum Büfett, wo es Mandarinen und Butterbrote gab.

Der Faun blieb allein. Er nahm die unbequeme Maske ab und wischte sich die Augen unter der Brille.

»Die Zeit nähert sich! Du stehst auf der Schwelle! Er hat wirklich recht«, sagte er zu sich selbst.

Während der ersten Jahre der Revolution erhielt ich keine Nachrichten von meinem ehemaligen Manne. Erst allmählich bahnte sich eine Korrespondenz an, wenn man den Austausch von Höflichkeitsbriefen so bezeichnen kann. Er schrieb mir über sein Leben in Paris und über seine journalistischen Erfolge. Er war Mitarbeiter an zwei französischen Zeitungen. Sein Hauptgeschäft aber war ein Reklamebüro mit neuen, »hochkulturellen« Methoden.

Die Kenntnisse der klassischen Malerei und der klassischen Literatur leisteten ihm dabei gute Dienste. Er war der erste, der die Klassiker in das Reklamegeschäft einbezog. Frauen und Mädchen, Männer, Jünglinge und Kinder, alle arbeiteten für die Reklame. Die Madonnen von Luini und Botticelli, das Kind an der Brust nährend, bezeugten, daß »Foswatol« die beste Säuglingsnahrung wäre. Die Greise, die nach der ›Susanna im Bade‹ spähen, würden viel besser sehen, wenn sie ein Opernglas der Firma »Croque« benützten. Die Zeugen der Hochzeit von Kana schworen, daß das Wasser nach den Worten Christi sich nicht in gewöhnlichen Wein, sondern in den weltberühmten, tonisierenden »Saint-Raphael-Wein« verwandelt hätte, unentbehrlich bei Darmträgheit. Und endlich die berühmte ›Maja‹ Goyas, mit und ohne Kleider dargestellt, dankte ihre tadellosen Formen dem Atelier Willm, Büstenhalter und Korsetts.

Außer den Malern waren auch die Meister des Wortes an dem Reklamegeschäft beteiligt: Shakespeare, Goethe, Byron und viele andere. Die beste Reklame für ein Schlafmittel waren die Worte Calderons: ›Das Leben ein Traum‹. Sie waren auf jede Veronal-Tablette eingepreßt.

4

Diesem Menschen sollte ich meine Marina anvertrauen! Ein französisch geschriebener Brief teilte mir mit, »Mariette« würde im Racine-Lyzeum erzogen werden und im Internat des Instituts wohnen. Ich brauchte mich um nichts zu kümmern.

Wie das bei unangenehmen Dingen meistens der Fall ist, näherte sich die Abreise Marinas mit unheimlicher

Schnelligkeit. Alle Vorbereitungen zur Reise waren schon beendet: Ein Auslands-Paß besorgt, eine Professorin als Reisebegleiterin gefunden und ein blaues, rot garniertes Reisekleid genäht. Glückstrahlend probierte Marina das Kleid vor dem Spiegel. Sie schien sich auf Paris sehr zu freuen. Augenscheinlich fiel ihr die Trennung von mir nicht schwer.

Trennung zwischen Marina und mir ... Auf wie lange? Vielleicht fürs ganze Leben!

Dieselbe Marina, die als kleines Mädchen anstatt Handschuhe »Hande« sagte, anstatt Makkaroni »Wakamori«, die die Ameisen »Meisen« und die Frösche »Kwakers« nannte, dieselbe Marina sollte nun so weit in die Ferne reisen! Wie weh tat das ihr und mir!

Aber nein, ich beunruhigte mich umsonst. Sie war ganz ruhig, nicht verbittert und nicht einsam. Leicht nahm sie Abschied von mir, von der Schule und von der russischen Rechtschreibung. Laß sie fahren, das kalte Kind! Laß sie!

Und dann kam die letzte Nacht. Marinas Sachen waren in einem kleinen Reisekoffer verpackt.

»Wozu brauche ich das alles?« fragte sie hochmütig. »In Paris werde ich alles neu bekommen.«

»Gute Nacht, Marina!« sagte ich und verweilte noch etwas an der Schwelle. Vielleicht würde sie mich zurückhalten? Vielleicht sagen, daß sie nicht reisen möchte! Dann würden wir in derselben Minute den kleinen Koffer wieder auspacken, der Professorin telephonieren und den Auslands-Paß zurückgeben.

Aber nein, Marina schlief ganz ruhig ein.

Kaltes, kaltes Herz!

»Nun, Marina, mein Mädchen, jetzt ist es Zeit! Laß dich noch einmal küssen! Grüß den Papa! Schreibe mir bald! Lege den Mantel ab, im Wagen ist es heiß! Grüß den Papa!«

»Das sagst du schon zum zweiten Male«, antwortete sie leise, »komm, gib mir einen Kuß!«

Der Zug erzitterte und setzte sich langsam in Bewegung. In diesem Moment erblickte ich Juli Sause. In weißer Windjacke und gelben Gamaschen stand er auf dem Perron und winkte eifrig mit dem Taschentuch. Als er mich erblickte, ließ er die Hand sinken.

»Weshalb sind Sie hier?« fragte er mich.

»Und weshalb Sie?«

»Ich habe eine Frau begleitet. Und, wenn ich die Wahrheit sagen darf, ich bin sehr glücklich!«

»Und ich habe Marina begleitet. Ich habe sie nach Paris geschickt, zum Vater.«

»Wie, was sagen Sie?«

»Sie fährt nach Paris zu ihrem Vater.«

»Aber das ist ja unmöglich!« schrie Juli, so daß sich mehrere Passanten nach ihm umschauten. »Was haben Sie gewagt? Wer hat Ihnen das erlaubt?«

Er machte eine Gebärde, als ob er den Zug aufhalten wollte. Der aber war schon weit weg. Ganz unten, hart an der Erde, lief die rote Laterne des letzten Wagens. Bald wurde auch sie unsichtbar in den treibenden Schneeflocken. Der Winter begann.

In unserem Zimmer begegnete mir eisige Kälte. Marinas Ecke hinter dem Verschlag war leer. Es wäre fürchterlich, dort hineinzuschauen. Aber ich ging doch hinein und setzte mich auf den niedrigen Kinderstuhl. Da standen die Bücher, die Marina zurückgelassen hatte. Robinson Crusoe, ein Geschenk von Juli Sause.

Ich öffnete das Buch an der Stelle, wo ein Buchzeichen lag. Nein, es war kein Buchzeichen, sondern ein kleiner verschmierter Briefumschlag, von Marina zusammengeklebt. Bis jetzt hatte ich nie Zeit gefunden, um nachzusehen, an wen sie diese Briefchen schrieb.

»Teurer Robinson!« las ich. »Ich schreibe zum letzten Male an Dich. Ich reise weit weg. Ich will Dir lieber nicht sagen, wie traurig ich bin. Ich fühle, ich kann das gar nicht beschreiben. Ich umarme Dich und den teuren Freitag.«

Wer hat es mir erlaubt? Was habe ich gewagt?

Aber – zu spät ... zu spät!

Es war uns schon länger aufgefallen, daß man in der Frühe, an klaren Tagen, durch die zerbrochenen Scheiben unseres Zellenfensters Radiogeräusche von der Straße hören konnte. Der Lautsprecher mußte irgendwo in der Nähe sein, und die Holzblende vor dem Fenster diente wieder als Verstärker.

An jenem klaren Sommermorgen hörten wir deutlich die sich immer wiederholenden, mit Emphase gesprochenen Worte: »Rote Armee«, »Streitkräfte« in Verbindung mit dem Wort »Volksfeinde«.

»Schon wieder etwas los«, meinte Anja die Große und rieb sich die Augen. »Wirklich schade, daß ich mich früher nie um Politik gekümmert habe. Eine recht unterhaltsame Angelegenheit, wie man sieht. Jeden Tag eine neue Finte!«

»Mißstände in der Armee deuten stets darauf hin, daß die eigentlichen Grundlagen des gegebenen Staatssystems erschüttert sind«, erklärte die Derkowskaja erregt.

»Sie hoffen wohl, daß die Zeiten der Konstituierenden Versammlung noch einmal wiederkommen«, fuhr Anja die Kleine sie hitzig an. Dann drückte sie mir verstohlen die Hand und flüsterte: »Sollte es tatsächlich auch in der Armee Volksfeinde geben?«

Wir stehen alle am Fenster und halten den Atem an. Aber der Wind trägt uns nur kümmerliche Fetzen zu. Jetzt kam etwas Ähnliches wie »wachsam« und jetzt, wie es schien, »Verräter«. Und darauf, wie zum Spott, ganz deutlich die beiden Worte »Wir sendeten«. Dann Knakken und Marschmusik.

Was ist geschehen? Wir klopfen rechts, wir klopfen links. Alle sind in höchster Erregung, aber keiner weiß etwas Genaues. Erst gegen Abend erfuhren wir nähere Einzelheiten. Das geschah unter folgenden Umständen.

Auf dem Höhepunkt der Mittagshitze, als wir alle, vor Gestank und Schwüle erstickend, nur mit Höschen und Büstenhalter bekleidet, auf unseren Pritschen lagen, ging die Zellentür auf, und wir hörten den gutmütigen Baß unseres Aufsehers, der den Spitznamen »Der Fesche« hatte:

»Platz machen, Mädchen! Es kommt noch eine!«

Wir protestierten. Das ist undenkbar. Wir sind schon sieben in einer Zelle, die für drei bestimmt ist. Und jetzt noch eine achte. Derkowskaja drohte mit Hungerstreik, aber der »Fesche«, in der Geschichte der Revolution wenig beschlagen, grinste noch freundlicher: »Eng, aber gemütlich.«

Er gab der Neuen einen leichten Schubs und schloß hinter ihr die Tür. Sie blieb wie angewurzelt an der Tür stehen.

Es vergingen einige Minuten, bis ich hinter dem Entsetzen, das das Gesicht der Neuen verzerrte, die bekannten Züge von Sina Abramowa (oder Sinaida Michailowna) entdeckte, der Frau des Vorsitzenden des Sownarkom Tatariens, Kijam Abramow.

So weit waren sie also schon, daß sie Leute wie Abramow holten: Mitglied des ZK der Partei, Mitglied des Präsidiums des ZK der UdSSR.

»Sina!«

Nein, es ist völlig unmöglich, in dieser bis in ihr Innerstes erschütterten Frau die »Sownarkomscha« von früher zu erkennen, die eine wahrhaft imposante Erscheinung war. Jetzt erinnert sie eher an jenes tatarische Landmädchen, das im Laden Zigaretten verkaufte, jenes Mädchen, das Kijam Abramow vor zwanzig Jahren geheiratet hatte. Das Entsetzen hat jede Schminke weggewischt. Jetzt waren die Züge der Klasse (einfache Bäuerin) und die Züge der Nation freigelegt. Der tatarische Akzent, gegen den Sina so verbissen gekämpft hatte, trat jetzt schon beim ersten Wort deutlich hervor.

»Nein, nein, ich bin hier nur für einen Moment!«

Als Antwort die giftige Replik von Anja der Großen: »Ach so, für einen Moment. Nun, dann brauch' ich ja gar nicht zur Seite zu rücken. Dann können Sie solange dort stehenbleiben.«

Der Sarkasmus kam nicht an.

»Ja, ja, ich werde hier stehenbleiben, das macht nichts.«

Ich hatte die Würdenträgerin Sinaida Michailowna niemals besonders sympathisch gefunden. Sie war weit weniger angenehm als ihr Mann, der zwar sehr gern trank und ein wenig bürokratisches Fett angesetzt hatte, dabei aber stets ein herzensguter Mensch blieb und seine proletarische Vergangenheit nicht vergaß. Sina jedoch, die sich aus einer Bibi-Sjamal in eine Sinaida Michailowna verwandelt hatte, löste sich von allem, was sie mit dem tatarischen Dorf verband. Kleider, Empfänge, Kuraufenthalte füllten ihr Leben aus. Sie dosierte ihr Lächeln streng im Einklang mit Rang und Würde ihres Gegenübers. Mir wurde stets etwas mehr Freundlichkeit gewährt, als es dem bescheidenen Rang meines Mannes entsprochen hätte. Der Grund dafür lag in Sinas Vorliebe für das gedruckte Wort. Von Zeit zu Zeit schrieb sie einen Artikel für die Zeitung oder für die Zeitschrift ›Rabotniza‹. In solchen Fällen brauchte sie meine Hilfe.

Jetzt fiel das alles nicht mehr ins Gewicht. Jetzt ging es darum, diese erschütterte, fast bis zum Wahnsinn verwirrte Frau, die sich an den Türrahmen klammerte, zu beruhigen und zu trösten, soweit das möglich war.

Ich konnte mich noch gut erinnern, wie mich in meinen ersten Gefängnistagen Ljamas Güte getröstet und wie sie mir geholfen hatte. Ich trat auf Sina zu, umarmte sie und gab ihr einen Kuß.

»Beruhige dich, Sina. Komm, leg dich solange auf meinen Platz. Dann wollen wir uns überlegen, wie wir dich unterbringen können.«

Zu meiner Überraschung reagierte Sina auf meinen Kuß wie auf den Biß einer Giftschlange. Sie schrie wild auf und sprang mit einem Satz zur Seite, wobei sie um ein Haar den Kübel umgestoßen hätte. Ich dachte im ersten Augenblick an einen krassen Fall von Psychose, aber bei den nächsten Worten von Sina wurde mir alles klar.

»Die Tür hat ein Fensterchen. Die Wachen sehen uns. Man könnte denken, wir seien alte Freunde ... Und du bist doch ... Man hat über dich in den Zeitungen geschrieben ...«

Diese Worte brachten alle Zelleninsassinnen gegen Sina auf.

»Das ist also das moralische Niveau bei den Mitgliedern Ihrer Partei!« rief Derkowskaja pathetisch aus.

»Sie scheinen unseren Zeitungen noch zu glauben«, sagte Ira und kniff die Augen zusammen. »Über mich schrieb man, ich sei eine ›Rechte‹, dabei bin ich parteilos und habe, bevor ich ins Gefängnis kam, überhaupt nicht gewußt, was ›rechts‹ oder ›links‹ ist.«

»Ich nehme an, für Madame ist das beste Sofa im Zimmer von Wewers reserviert. Wir brauchen uns nicht um sie zu kümmern«, sagte Anja die Große und drehte sich demonstrativ zur Wand.

Ungefähr drei Stunden blieb Sina wie eine Gekreuzigte vor der Tür stehen. Keiner bot ihr einen Platz auf der Pritsche an, und sie blickte sich nur furchtsam und angewidert um, offensichtlich bemüht, nichts zu berühren. Ihre schneeweiße duftige Bluse wirkte in der Zelle wie eine zarte Möwe, die sich aus einem unerklärlichen Grund in einer Abfallgrube niedergelassen hat. Dann wurde Sina geholt. Ihr Gesicht strahlte vor Freude. Man hatte ihr gesagt: »Wir sind gezwungen, Sie für einige Stunden hierzubehalten.« Sie warf uns sogar zum Abschied ein Lächeln zu.

»Eine Vollidiotin!« resümierte Anja die Große. »Sie hat sich tatsächlich eingebildet, man würde sie entlassen! Aber wo sollen wir sie bloß unterbringen? Auf diese Pritsche kann sich kein Spatz mehr hinsetzen. Und da kommt so eine massive vierzigjährige Tante ...«

Es vergingen einige Stunden. Als wir nach dem Austreten zurückgebracht wurden, hörten wir ein Stöhnen, das aus unserer Zelle kam. Sina Abramowa lag auf dem Fußboden, direkt neben dem Kübel. Ihre weiße Bluse, verknüllt und zerrissen, war mit Blut bedeckt und erinnerte jetzt an eine verwundete Möwe. Auf der entblößten Schulter sah man einen riesigen Bluterguß.

Wir erstarrten vor Entsetzen. Das war der Anfang! Das war (zumindest soweit wir das feststellen konnten) der erste Fall, daß man eine Frau beim Verhör mißhandelt hatte.

Sina war beinahe bewußtlos, sie antwortete auf keine Frage. Wegen der Enge gelang es uns nicht, ihren geschwollenen Körper auf die Pritsche zu legen. Wir legten ihr ein nasses Handtuch auf die Stirn und gingen wortlos schlafen.

»Schenitschka!« kam es plötzlich aus Sinas Ecke.

Jetzt klang es ganz tatarisch: »Schenitschka!«

»Schenitschka, Liebe! Schlaf nicht, ich habe Angst! Sag, werden sie uns erschießen? Ja?«

Bis heute kann ich mir die kleinliche Rachsucht nicht verzeihen, die mich damals antworten ließ: »Du hast doch Angst, mit mir zu sprechen! Man hat doch über mich in der Zeitung geschrieben!«

Ich sagte das – und schämte mich im gleichen Augenblick. So kindlich gekränkt zitterten ihre geschwollenen Lippen, die eine schamlose Hand blutig geschlagen hatte.

»Komm, leg dich auf meinen Platz, Sinotschka. Ich werde bei dir sitzen bleiben. Beruhige dich. Überleg dir, was jetzt geschieht. Unser Schicksal hängt von dem allgemeinen Lauf der Ereignisse ab. Heute morgen warst du noch frei. Sprich. Was ist heute früh im Radio gekommen? Was ist in der Roten Armee geschehen?«

»Oh, Schenitschka, Liebe, ich habe Angst! Oh, Dschanym, hier darf man das gar nicht sagen ... Nun, ich will es doch sagen ... Du sollst hier bleiben ... Aber ich sage es nur dir ... Tuchatschewskij war ein ...«

»Und wer noch?«

Aber sie wurde von neuem von einer schrecklichen Angst überfallen.

Ohne auf meine Frage einzugehen, drückt sie krampfhaft meine Finger und wiederholt: »Wir werden erschossen. Wir werden erschossen.«

Anja die Große erwacht und richtet sich auf der Pritsche auf. Sie holt unter dem Strohsack das Brillenetui von Lidija Georgijewna heraus. Das Etui ist blank poliert. Es ersetzt Anja den Spiegel, den man ihr genommen hat. Jedesmal, wenn sie aufwacht, greift sie als erstes danach. So auch jetzt. Sie reißt die Augen auf und wischt über das Etui. Sie betrachtet ihre Zähne und versucht, die hoffnungslos aufgelöste Dauerwelle in Ordnung zu bringen.

»Das ist gut!« sagte sie gähnend. »Jetzt hat unsere Nina Verstärkung bekommen. Die beiden sollten ein Duett einstudieren. Nina singt im Kontraalt: ›Wann ist das bloß zu Ende.‹ Und die neue Dame im Sopran: ›Schenitschka, wir werden erschossen.‹ Und zum Schluß unisono: ›Ach, wir Jammerlappen, Jammerlappen.‹«

Sina tut mir wirklich leid. Außerdem ist mir fast physisch übel vor Zorn bei dem Gedanken, daß irgendein Bandit vom Typ Zarewskijs oder Wewers' diese vierzigjährige Frau, Mutter zweier Kinder, mit Fäusten ins Gesicht geschlagen hat. Aber noch zwingender als das Mitleid ist der Wunsch, alles zu erfahren, was heute in unserem Land, in der Armee, in unserem irrsinnigen Gefangenendasein geschehen ist. Und ich reagiere kühl auf Sinas Stöhnen: »Um deine Fragen beantworten zu können, müßte man über die Zustände im Land unterrichtet sein. Du mußt mir erzählen, wer zusammen mit Tuchatschewskij verhaftet wurde und was ihnen vorgeworfen wird. Dann erst kann ich das Ausmaß des Geschehenen beurteilen. Dann kann man sagen, ob wir persönlich davonkommen werden oder ob sie uns erschießen.«

»Oh, Schenitschka, Liebe! Wie kann ich denn das erzählen, die Wachen werden es hören ... und dann werden sie melden, ich hätte den Häftlingen Informationen gegeben. Dann geht es uns noch schlechter.«

Sina steht von meinem Platz auf, schleppt sich ächzend in die Ecke und legt sich wieder neben den Kübel, direkt auf den Fußboden.

»Schlaf, Schenja. Wozu gibst du dich mit dieser Kreatur ab. Morgen werden die Männer alles wissen und es uns durch das Fenster singen«, brummte Anja die Große.

Aber noch habe ich die Augen nicht geschlossen, als Sina sich wieder aufrichtet und auf dem Fußboden sitzen bleibt. Sie sieht erschreckend aus. Der ganze Körper ist geschwollen; sie hat alle Merkmale der sozialen Schicht, des Alters, ja sogar des Geschlechts verloren. Sie ist nur noch stöhnendes, blutendes Fleisch.

»Ich habe Angst, Schenitschka, Liebe. Du hast studiert, du bist gebildet, sag mir nur eins: Sie werden uns erschießen.«

»Hören Sie, Bürgerin«, mischt sich plötzlich Derkowskaja aufgebracht ein. »Warum haben Sie sich denn in die Politik gedrängt, wenn Sie vor Angst um Ihr kostbares Leben zittern? Und warum suchen Sie moralischen Halt bei Personen, denen Sie mißtrauen? Sie haben Schenja gekränkt, Ihre Parteigenossin, Sie haben sie von sich gewiesen, als sie Ihnen freundlich entgegenkam. Sie wollen jetzt nicht einmal ihre Fragen beantworten. Dabei sitzt sie bereits seit fünf Monaten, und es ist für sie ungemein wichtig, zu erfahren, was außerhalb der Gefängnismauern vorgeht.«

Sina winkt ab, mit einer Bewegung, als wollte sie eine Mücke vertreiben.

»Sei still, Großmütterchen. Warum bist du hier? Für deinen Glauben wahrscheinlich. Du bist wohl eine Gottgläubige ...«

Derkowskaja lächelt verächtlich.

»Jetzt hat mir das Schicksal eine Enkelin geschenkt! Ich heiße Derkowskaja und bin Mitglied des Gebietskomitees der Sozialrevolutionären Partei.«

»Mitglied des Gebietskomitees. Das ist gelogen, Großmütterchen. Das Gebietskomitee kenne ich wie meine Tasche ... Du siehst gar nicht aus wie eine alte Bolschewikin. Du sprichst auch anders als wir.«

Natürlich, mit Sina muß man eine andere Sprache sprechen. Ich kauere mich in die Ecke, wo neben dem schmutzigen rostigen Kübel die ehemalige »First Lady von Tatarien« liegt und suche angestrengt nach tatarischen Vokabeln, deren Vorrat bei mir äußerst beschränkt ist, bis es mir schließlich gelingt, einen Satz zusammenzuzimmern:

»Beruhige dich, schlaf eine Weile. Fürchte dich nicht vor mir. Das sind ja alles Lügen, was über mich geschrieben wurde. Jetzt wird man genau das gleiche auch über dich schreiben. Morgen werde ich dir viel erzählen, und du wirst mir auch viel erzählen.«

Ich streiche ihr mit der Hand über das Haar und nenne die Namen ihrer Kinder. Remik ... Aljetschka ... Sie muß sich ihretwegen schonen.

Ja, so mußte man sie behandeln. Sina wischt sich mit dem nassen Handtuch über das schrecklich geschwollene Gesicht und beginnt plötzlich hastig und leidenschaftlich auf tatarisch zu flüstern. Der brennende Wunsch, alles zu verstehen, wirkt nahezu magisch auf meine dürftigen Kenntnisse der tatarischen Sprache. Ich verstehe fast alles.

Jetzt hat Sina endlich eingesehen, daß alles, was man über mich gesagt hat, Verleumdung gewesen ist. Hat man doch sogar von ihr behauptet, sie sei eine bourgeoise Nationalistin und Kijam ein türkischer Spion! Und heute, vom frühen Morgen an, im Radio ... Keiner konnte das verstehen. Tuchatschewskij, Gamarnik, Uborewitsch, Jakir und noch viele andere. Lauter Kommandeure von Wehrkreisen. Wie ist das zu verstehen? Auch bei uns in Kasan sind viele verhaftet worden. Der Vorsitzende des ZIK, der erste Sekretär des Stadtkomitees und fast alle Mitglieder des Büros des Gebietskomitees.

Mehr weiß Sina nicht zu sagen. Sie hat ohnehin für ihren Horizont überraschend viel beobachtet. Sie verstummt, blickt sich im Kreis um und begreift plötzlich mit unbarmherziger Klarheit ihre eigene Lage. Sie sieht in Großaufnahme die Schaben auf dem Fußboden und ihre zerrissenen Kleider.

»Ach, Schenitschka, Herzchen! Wenn du nur wüßtest, in was für Betten ich geschlafen habe!« Offensichtlich steigen in ihrer Erinnerung die Bilder der königlichen Schlafgemächer in den teuren Appartements des Hotels »Moskwa« und der Regierungssanatorien auf.

Schlaf, arme Sina. Du hast jene Prunkbetten genausowenig verdient wie diesen schmutzigen Gefängnisfußboden mit den Schaben und dem Kübel neben dir. Du hättest als die fröhliche, rundbackige Bibi-Sjamal in deinem Dorf bleiben sollen. Gras mähen. Brot backen. Aber nein, irgend jemandem hat es gefallen, dich zuerst zu einer Madame Pompadour zu machen und dich jetzt hierher zu verbannen.

Wir alle werden in die Geschichte eingehen unter der Rubrik »und andere«. Zum Beispiel: »Bucharin, Rykow und andere«, oder »Tuchatschewskij, Gamarnik und andere«.

Ein Sinn? Ich hätte damals viel darum gegeben, den Sinn all dessen, was geschah, zu erkennen.

LYDIA TSCHUKOWSKAJA
Ein leeres Haus

Die Zeitungen berichteten weder über die Verhaftung der Ärzte im allgemeinen noch über die Doktor Kiparissows im besonderen. Olga Petrowna nahm sich vor, Frau Kiparissowa zu besuchen, und konnte sich doch nicht dazu entschließen. Sie hatte keine Zeit; auch war es ihr peinlich, Frau Kiparissowa, die sie mehr als drei Jahre nicht gesehen hatte, nun plötzlich so unvermittelt zu besuchen.

Im Januar erschienen in der Tagespresse Artikel über einen bevorstehenden neuen Schauprozeß. Der letzte Prozeß gegen Kamenew und Sinowjew* hatte Olga Petrowna sehr aufgebracht, aber da sie keine regelmäßige Zeitungsleserin war, hatte sie die Berichte nicht Tag für Tag verfolgt. Aber dieses Mal überredete Natascha sie, täglich alle Veröffentlichungen darüber gemeinsam mit ihr durchzugehen; denn man mußte doch unterrichtet sein über die faschistischen Spione, Terroristen und Verhaftungen, die zunehmend zum Tagesgespräch wurden.

Man bedenke doch, diese Schufte wollten unseren geliebten Stalin ermorden! Es waren dieselben, die Kirow ermordet hatten, wie sich herausstellte. Sie hatten Sprengungen in den Schächten organisiert, Züge zum Entgleisen gebracht, und ihre Verbindungsleute saßen fast in jedem Betrieb.

Eine Stenotypistin im Verlag, die gerade erst aus dem Ferienheim zurückgekehrt war, erzählte, im Zimmer neben ihr hätte ein junger Ingenieur gewohnt, mit dem sie sogar bisweilen im Park spazierengegangen sei. Eines Nachts sei plötzlich ein Wagen vorgefahren, und er sei verhaftet und als Saboteur entlarvt worden. Dabei habe er einen so anständigen Eindruck gemacht – man kann die Menschen eben nicht durchschauen.

In Olga Petrownas Haus, in der Wohnung Nr. 104 gegenüber, hatte man auch jemanden verhaftet, einen Kom-

* Der erste große Prozeß, genannt »Prozeß der 16« (Kamenew, Sinowjew und andere), fand vom 19. bis 24. August 1936 statt.

munisten, wie ihr der Hausverwalter erzählte. Sein Zimmer war mit einem roten Siegel verschlossen worden.

An den Abenden setzte Olga Petrowna, bei der sich in letzter Zeit Weitsichtigkeit eingestellt hatte, ihre Brille auf und las Natascha laut die Zeitung vor. Die Tischdecke war schon fertig, Natascha bestickte jetzt einen Bettüberwurf für Olga Petrowna.

Sie sprachen davon, wie empört Kolja jetzt wohl sein mußte. Ja, und nicht nur Kolja, alle rechtschaffenen Leute waren erbost über diese Untaten. In den Zügen, die die Saboteure zum Entgleisen brachten, konnten doch auch Kinder sein! Welch eine Herzlosigkeit von diesen Ungeheuern! Nicht ohne Grund waren die Trotzkisten eng mit der Gestapo liiert; sie waren um keinen Deut besser als die Faschisten, die in Spanien Kinder totschlugen. Sollte es wirklich wahr sein, daß selbst Doktor Kiparissow in ihrer verbrecherischen Bande mitgewirkt hatte? Er war verschiedene Male zusammen mit Fjodor Iwanowitsch zu ärztlichen Gutachten herangezogen worden. Im Anschluß daran pflegte ihn Fjodor Iwanowitsch zu einem Plauderstündchen und einer Tasse Tee in sein Haus einzuladen. In ihrer Erinnerung sah sie ihn so deutlich vor sich sitzen wie jetzt Natascha. Und dieser ehrenhafte alte Mann sollte zu einer verbrecherischen Bande übergegangen sein? Wer hätte das erwartet?

Eines Abends lasen Olga Petrowna und Natascha in der Zeitung Einzelheiten über die von den Angeklagten verübten Verbrechen und hörten sie auch im Radio. Sie sahen die abgerissenen Arme und Beine, Berge verstümmelter Leichen so klar vor sich, daß es Olga Petrowna unheimlich war, allein zu bleiben, und Natascha Angst hatte, nach Hause zu gehen, und für diese Nacht bei Olga Petrowna auf dem Sofa schlief.

Im Zusammenhang mit dem Prozeß wurden in allen Unternehmen und Betrieben Zusammenkünfte angeordnet; auch in ihrem Verlag hielt man eine dem Prozeß gewidmete Versammlung ab. Die Vorsitzende des Gewerkschaftskomitees ging vorher durch alle Räume und machte darauf aufmerksam, daß etwaige pflichtvergessene Mitarbeiter, die vor der Versammlung weggehen wollten, sich darüber klar sein sollten, daß die Ausgangstür versperrt sei. Alle ohne Ausnahme erschienen, selbst die Redaktionsmitglieder, die ähnlichen Demonstrationen gewöhnlich fernblieben.

Der Direktor hielt eine Rede, in der er in kurzen, trokkenen, aber treffenden Worten die Zeitungsberichte zusammenfaßte. Nach ihm sprach der Parteiobmann, Genosse Timofejew. Bei jedem zweiten Wort ins Stocken geratend, betonte er, die Feinde des Volkes seien überall am Werk, sie könnten auch in ihren Betrieb eindringen, und daher sei es für jeden verantwortungsbewußten Mitarbeiter erforderlich, seine politische Wachsamkeit unablässig zu steigern. Anschließend erteilte man Anna Grigorjewna, der Vorsitzenden des Gewerkschaftskomitees, das Wort.

»Genossen!« begann sie, senkte den Blick und verstummte. »Genossen!« wiederholte sie, ihre schmalen Finger mit den langen Nägeln zusammenpressend. »Der niederträchtige Feind hat seine schmutzige Klaue auch nach unserem Betrieb ausgestreckt.«

Alle erstarrten. Die Kamee auf Anna Grigorjewnas üppiger Brust hob und senkte sich.

»In der vergangenen Nacht ist der ehemalige Leiter unserer Druckerei, Kusmin, als Volksfeind verhaftet worden. Es hat sich herausgestellt, daß er der leibliche Neffe des vor einem Monat in Moskau arretierten Kusmin war. Durch die Nachlässigkeit unserer Parteiorganisation, die nach dem treffenden Ausdruck des Genossen Stalin an der stupiden Krankheit der Sorglosigkeit leidet, setzte Kusmin seine, mit Verlaub zu sagen, ›Arbeit‹ auch nach der Entlarvung seines leiblichen Onkels, des Moskauer Kusmin, fort.«

Sie setzte sich mit wogender Brust.

»Keine Fragen?« wandte sich der Direktor, der bei der Versammlung den Vorsitz führte, an die Zuhörer.

»Aber was haben sie ... getan ... in der Druckerei?« fragte Natascha zaghaft.

Der Direktor nickte der Vorsitzenden des Gewerkschaftskomitees zu.

»Was sie getan haben?« stieß sie mit schriller Stimme

hervor und erhob sich. »Ich glaube, Genossin Frolenko, daß ich hier klipp und klar erklärt habe, daß der ehemalige Leiter unserer Druckerei, Kusmin, sich als leiblicher Neffe jenes Moskauer Kusmin entpuppt hat. Er unterhielt tagtäglich verwandtschaftliche Beziehungen zu seinem Onkel, untergrub in der Druckerei die Stachanow-Bewegung*, hintertrieb den Arbeitsplan – alles auf Weisung seines Verwandten und begünstigt durch die verbrecherische Nachlässigkeit unserer Parteiorganisation.«

Natascha stellte keine weiteren Fragen.

Als Olga Petrowna nach der Versammlung nach Hause kam, setzte sie sich hin, um Kolja zu schreiben, daß man bei ihnen in der Druckerei Feinde entdeckt habe. Und wie sah es in der Ural-Schwermaschinenfabrik aus? War dort alles in Ordnung? Als ehrenhafter Komsomolze sei Kolja verpflichtet, wachsam zu sein.

Im Verlag war deutlich eine gewisse Unruhe zu spüren. Der Direktor wurde täglich ins Smolny** gerufen, und der mürrische Parteiobmann kam ständig ins Büro, öffnete die Tür mit seinem eigenen Sicherheitsschlüssel und beorderte Soja Viktorowna in die Spezialabteilung. Der höfliche Buchhalter, der stets erstaunlich gut informiert war, eröffnete Olga Petrowna, daß die Parteiorganisation jetzt jeden Abend Sitzungen abhalte.

»Was sich liebt, das neckt sich«, sagte er mit einem spöttischen, vielsagenden Lächeln. »Anna Grigorjewna legt alles dem Parteiobmann zur Last und dieser dem Direktor. Soweit ich das beurteilen kann, steht ein Kabinettswechsel bevor.«

»Was legt er ihm zur Last?« fragte Olga Petrowna.

»Ja, nun, sie können sich nicht darüber einig werden, wer Kusmin hereinschlüpfen ließ.«

Olga Petrowna wußte nicht mehr, woran sie war, und verließ an diesem Tage den Verlag in unerklärlicher Unruhe.

* Name einer Massenbewegung in der UdSSR während der dreißiger Jahre, von Staat und Partei dazu bestimmt, die Arbeitsleistung zu steigern.

** Das ehemalige Töchterinstitut Smolny wurde von Katharina II. im Jahre 1764 für Mädchen aus vornehmem Haus gegründet. Von diesem Gebäude aus leitete Lenin im Oktober 1917 den bewaffneten Aufstand.

Auf der Straße fiel ihr eine hochgewachsene alte Dame auf, mit einem Tuch um die Pelzmütze, in Filzstiefeln, Galoschen und mit einem Stock in der Hand. Beim Gehen tastete die Greisin das Pflaster nach eisfreien Stellen ab. Ihr Gesicht kam Olga Petrowna bekannt vor. Das war doch Frau Kiparissowa! War sie es wirklich? Mein Gott, wie sie sich verändert hatte!

»Nina Wassiljewna!« rief Olga Petrowna.

Die alte Dame blieb stehen, hob ihre großen dunklen Augen und bemühte sich sichtlich, ein freundliches Lächeln zu zeigen.

»Guten Tag, Olga Petrowna! Wir haben uns ja eine Ewigkeit nicht gesehen! Ihr Sohn muß inzwischen schon erwachsen sein.« Sie stand und hielt Olga Petrownas Hand in der ihren, ohne ihr dabei ins Gesicht zu blicken. Ihre großen Augen bewegten sich unruhig.

»Nina Wassiljewna«, sagte Olga Petrowna herzlich. »Ich bin so froh, Sie zu treffen. Ich hörte, daß Sie Unannehmlichkeiten haben ... mit Ihrem Mann ... Hören Sie, wir sind doch Freunde, Boris Ignatjewitsch ist Koljas Taufpate ... Sicher, das zählt heute nicht mehr, aber wir beide sind doch noch aus der alten Zeit. Sagen Sie, wird Boris Ignatjewitsch wirklich etwas Schlimmes zur Last gelegt? Sollte es mit diesen Anschuldigungen wirklich etwas auf sich haben? Ich kann es einfach nicht glauben! So ein hervorragender und ehrenhafter Arzt! Mein Mann hat immer große Stücke auf ihn gehalten und ihn als Diagnostiker höher als sich selbst eingeschätzt.«

»Boris Ignatjewitsch hat nichts gegen die Sowjetmacht getan«, erwiderte Frau Kiparissowa abweisend.

»Das habe ich mir gedacht!« rief Olga Petrowna aus. »Ich habe nicht eine Minute daran gezweifelt und auch alle davon zu überzeugen versucht ...«

Frau Kiparissowa schaute sie mit riesigen schwarzen Augen an, und ohne den Anflug eines Lächelns stieß sie nur hervor:

»Auf Wiedersehen, Olga Petrowna.«

»Wenn Boris Ignatjewitsch wiederkommt, laden Sie mich doch zu einem Stück Kuchen ein«, fuhr Olga Petrowna fort. »Aber warum sind Sie eigentlich so niedergeschlagen? Wenn Boris Ignatjewitsch nicht schuldig ist, dann wird doch alles ein gutes Ende nehmen. In unserem Lande kann einem ehrlichen Menschen kein Unrecht geschehen. Das muß ein Mißverständnis sein! Versuchen Sie, nicht den Mut zu verlieren ... Kommen Sie doch irgendwann einmal zum Tee zu mir!«

Frau Kiparissowa schritt, mit ihrem Stock auf das Eis klopfend, über den Bürgersteig.

Bin ich wirklich auch so gealtert? fragte sich Olga Petrowna. Habe ich auch schon so ein erdfarbenes, von Runzeln durchfurchtes Gesicht? Ach nein, das ist unmöglich, ich sehe noch nicht so aus. Sie hat sich einfach gehenlassen, trägt Filzstiefel, Stock und Kopftuch. Für eine Frau ist es doch wichtig, sich nicht zu vernachlässigen und auf ihr Aussehen zu achten. Wer geht denn heute noch in Filzstiefeln? Wir haben doch nicht das Jahr 1918! Sie sieht aus wie fünfundsechzig, und dabei ist sie erst fünfzig ... Gut, daß Kiparissow unschuldig ist, seine Frau muß es ja schließlich am besten von allen wissen. Ich habe mir auch gedacht, daß es nur ein Irrtum ist und weiter nichts.

Am folgenden Tage stellte das Schreibbüro unter Zeitdruck den Halbjahresbericht fertig. Alle wußten, daß der Direktor in der Nacht mit dem Expreß nach Moskau fahren würde, um über die halbjährliche Arbeit des Verlags in der Presseabteilung des Zentralkomitees der Partei zu berichten. Olga Petrowna hielt die Stenotypistinnen zur Eile an. Natascha schrieb ohne aufzusehen während der ganzen Mittagspause.

Um drei Uhr lag der Bericht Olga Petrowna schon in vierfacher Ausfertigung vor, und sie stellte sorgfältig die vier Exemplare zusammen. Ohne an Büroklammern zu sparen, heftete sie die Blätter gleichmäßig aneinander.

Als die Sekretärin des Direktors immer noch nicht kam, um den Bericht zu holen, beschloß Olga Petrowna, ihn selbst in sein Arbeitszimmer zu bringen.

An der halboffenen Tür des Direktorenzimmers stieß sie mit dem Parteiobmann zusammen.

»Hier kann man nicht hinein!« sagte er, ohne sie zu grüßen, und ging hinkend an ihr vorbei in einen anderen Raum. Er machte einen verstörten Eindruck.

Olga Petrowna warf einen Blick durch die Türöffnung. Vor dem Schreibtisch kniete ein ihr unbekannter Mann und nahm Papiere aus einem Schränkchen. Der Teppich war mit Schriftstücken übersät.

»Wann erwarten Sie den Genossen Sacharow heute?« fragte Olga Petrowna die ältliche Sekretärin.

»Er ist verhaftet worden – heute nacht«, erwiderte ihr diese fast tonlos, mit den Lippen mühsam die Worte formend.

Ihre Lippen hatten eine bläuliche Tönung.

Olga Petrowna nahm den Bericht wieder mit; an der Bürotür angekommen, spürte sie, wie die Beine ihr den Dienst versagten.

Der Lärm der Schreibmaschinen betäubte sie. Wußten die anderen es schon, oder waren sie noch ahnungslos? Sie schrieben, als sei nichts geschehen. Hätte man ihr eröffnet, der Direktor sei gestorben, so hätte sie das weniger erschüttert. Sie setzte sich an ihren Platz und begann mechanisch die Klammern wieder von den Blättern abzunehmen.

Die Tür wie gewöhnlich mit seinem eigenen Schlüssel öffnend, trat Timofejew ein. Olga Petrowna bemerkte zum erstenmal, daß der Parteiobmann sich trotz seines Gehfehlers gerade hielt und sein Gang gemessen war. »Verzeihung!« sagte sie erschrocken, als er sie im Vorübergehen zufällig mit der Schulter streifte.

Als endlich um halb fünf Uhr die Glocke ertönte, stieg Olga Petrowna teilnahmslos die Treppe hinunter, nahm schweigend ihren Mantel und trat auf die Straße. Es war Tauwetter. Sie stockte vor einer Pfütze und überlegte angestrengt, wie sie sie umgehen könnte. Da trat Natascha auf sie zu. Sie war über den Vorfall schon unterrichtet – Soja Viktorowna hatte es ihr gesagt.

»Natascha«, begann Olga Petrowna, als sie die Ecke erreicht hatten, an der sie sich sonst zu verabschieden pflegten. »Natascha, glauben Sie, daß Sacharow sich wirklich schuldig gemacht hat? Ach nein, welch ein Unsinn, Natascha, wir wissen doch ...«

Sie konnte nicht die passenden Worte finden, um ihren Glauben an seine Unschuld zum Ausdruck zu bringen.

Sacharow, ein Bolschewik, ihr Direktor, den sie täglich sahen – Sacharow sollte ein Saboteur sein? Das war ein Ding der Unmöglichkeit, Unsinn – Galimathias, wie Fjodor Iwanowitschs ständige Redensart gewesen war. Ein Mißverständnis? Er war aber doch ein so angesehener Parteigenosse, man kannte ihn im Smolny und auch in Moskau, seine Verhaftung konnte nicht auf einem Mißverständnis beruhen. Er war nicht irgendein Kiparissow!

»Gehen wir zu Ihnen hinauf, ich erkläre Ihnen dann alles«, brach Natascha mit ungewöhnlich feierlicher Stimme ihr Schweigen.

Zu Hause angekommen, legten sie wortlos ihre Mäntel ab. Natascha zog aus ihrer altmodischen Aktentasche eine sorgfältig zusammengelegte Zeitung, schlug sie vor Olga Petrownas Augen auf und deutete auf einen Artikel unten auf dem Innenbogen.

Olga Petrowna setzte ihre Brille auf.

»Sie verstehen, meine Liebe, man konnte ihn verführen«, sagte Natascha flüsternd, »eine Frau ...«

Olga Petrowna begann zu lesen.

Der Artikel berichtete von einem gewissen sowjetischen Bürger A., einem ehrenhaften Parteigenossen, der von der sowjetischen Regierung nach Deutschland abkommandiert worden war mit dem Auftrag, sich mit der Verwendungsmöglichkeit eines vor kurzem erfundenen chemischen Präparats vertraut zu machen. In Deutschland erfüllte er treu seine Pflicht, aber bald verliebte er sich in eine elegante junge Dame namens S., die angeblich mit der Sowjetunion sympathisierte. S. besuchte den Bürger A. nicht selten in der Wohnung. Eines Tages entdeckte der Bürger A. das Fehlen wichtiger politischer Dokumente in seinem Schreibtisch. Seine Zimmerwirtin verriet ihm, S. hätte sich bisweilen in seiner Abwesenheit in dem Zimmer aufgehalten. Der Bürger A. hatte zwar den Mut, seine Beziehungen zu S. unverzüglich abzubrechen, aber er konnte sich nicht dazu entschließen, den Genossen von dem Verlust der Dokumente zu berichten. Er kehrte in die UdSSR zurück in der Hoffnung, durch ehrliche Arbeit als sowjetischer Ingenieur sein Verbrechen am Vaterland wiedergutzumachen. Während eines ganzen Jahres arbeitete er ungestört, und das Vergehen verblaßte allmählich in seiner Erinnerung. Plötzlich aber starteten getarnte Agenten der Gestapo, die sich in die Sowjetunion eingeschlichen hatten, einen Erpressungsfeldzug gegen ihn. A. ließ sich einschüchtern und lieferte ihnen geheime Pläne der Fabrik, in der er arbeitete. Die unerschrockenen Männer des Sicherheitsdienstes zerstörten das faschistische Agentennetz. Die Spuren der Ermittlung führten zu dem unglücklichen A.

»Verstehen Sie?« fragte Natascha im Flüsterton. »Die Spuren der Ermittlung ... Unser Direktor ist natürlich ein guter Mensch, ein gewissenhafter Parteigenosse; aber der Bürger A. war es nach dem Bericht doch auch. Jeder ehrliche Parteigenosse kann einer hübschen Frau verfallen.«

Natascha konnte gutaussehende Frauen nicht ausstehen. Sie ließ nur strenge Schönheit gelten, konnte sie aber bei keiner finden.

»Unser Direktor soll sich auch im Ausland aufgehalten haben«, erinnerte sich Natascha, »auch auf einer Dienstreise. Erinnern Sie sich, die Fahrstuhlführerin Marja Karpowna hat erzählt, er habe seiner Frau aus Berlin ein hellblaues Strickkostüm mitgebracht.«

Zwar erschütterte der Artikel Olga Petrownas Überzeugung aufs tiefste, dennoch konnte sie es noch immer nicht glauben. Jener war irgendein A., aber hier ging es doch um ihren Sacharow, einen bewährten Parteigenossen. Er hatte selbst über den Prozeß berichtet, und unter seiner Leitung hatte der Verlag das Arbeitssoll stets überschritten.

»Natascha, wir wissen doch ...«, meinte Olga Petrowna erschöpft.

»Was wissen wir?« unterbrach sie Natascha aufgebracht. »Wir wissen, daß er der Direktor unseres Verlages war, aber darüber hinaus ist er uns im Grunde völlig fremd. Ist Ihnen denn sein Leben bekannt? Können Sie etwa für ihn bürgen?«

Tatsächlich hatte Olga Petrowna nicht die geringste Vorstellung davon, womit sich der Genosse Sacharow beschäftigte, wenn er nicht bei den Betriebsversammlungen den Vorsitz hatte oder sein Töchterchen unter den

Tannenbaum führte. Aber wie die Männer nun einmal sind, alle, ohne Ausnahme, lassen sich von hübschen Frauen den Kopf verdrehen. Irgendein gewöhnliches Dienstmädchen, selbst das könnte jeden beliebigen Mann, sogar einen anständigen, fesseln. Wenn Olga Petrowna Fanny nicht rechtzeitig hinausgeworfen hätte, so wäre es nicht sicher gewesen, wozu ihr Kokettieren mit Fjodor Iwanowitsch geführt haben könnte.

»Trinken wir Tee«, schlug Olga Petrowna vor.

Dabei fiel ihnen ein, daß sich Sacharows Figur durch seine militärische Haltung auszeichnete, er hatte einen geraden Rücken und breite Schultern. Sollte er etwa ein ehemaliger Offizier der Weißen Armee sein? Seinem Alter nach könnte das durchaus zutreffen.

Sie tranken nur Tee. Beide waren so erschöpft, daß sie sich nicht aufraffen konnten, Brötchen oder Kuchen zu holen.

Der morgige Tag im Verlag wird schwer sein, dachte Olga Petrowna, als ob ein Toter im Hause wäre. Was immer man auch sagen mag, es ist schade um den Direktor. Sie erinnerte sich an die halboffene Tür seines Arbeitszimmers und an den Mann, der vor dem Tisch gekniet hatte. Erst jetzt begriff sie, daß dies eine Haussuchung gewesen war.

Natascha schickte sich an, nach Hause zu gehen. Sie legte die Zeitung sorgfältig zusammen und verwahrte sie in ihrer Aktentasche. Dann goß sie kochendes Wasser in ein Glas und wärmte sich daran vor dem Weggehen ihre großen roten Hände. Sie waren ihr in der Kindheit erfroren, und seitdem litt sie ständig an kalten Händen.

Plötzlich klingelte es und dann noch einmal. Olga Petrowna ging zur Tür. Zweimal klingeln, das war für sie. Wer konnte so spät noch kommen?

Im Türrahmen stand Alik Finkelstein.

Alik allein, ohne Kolja, das war nicht normal.

»Wo ist Kolja?« schrie Olga Petrowna und faßte Alik am heraushängenden Schal. »Hat er etwa Bauchtyphus?«

Langsam, ohne sie anzusehen, zog Alik seine Galoschen aus.

»Pst!« machte er schließlich. »Wir wollen zu Ihnen gehen.«

Auf Zehenspitzen überquerte er den Gang, seine kurzen Beine weit auseinanderspreizend. Olga Petrowna, ganz außer sich, folgte ihm.

»Um Gottes willen, Olga Petrowna, erschrecken Sie nicht«, sagte er, nachdem sie die Tür geschlossen hatte, »bitte, ganz ruhig, Olga Petrowna, es liegt wirklich kein Grund vor, sich zu erschrecken. Es ist nichts Schlimmes. Vor-vor-vorgestern ... oder wann war das? Nun, vor dem letzten freien Tag ... ist Kolja verhaftet worden.«

Alik setzte sich auf das Sofa, löste mit zwei raschen Bewegungen seinen Schal, warf ihn auf den Boden und begann zu weinen.

Ich renne, renne und stoße auf dem Treppenabsatz der zweiten Etage mit Jakow Petrowitsch zusammen. Er bittet mich zu sich, fragt, wie die Arbeit geht. Er verliert kein Wort über meine Verspätung – ich habe mich um fünfzehn Minuten verspätet. Am vergangenen Montag waren es zwölf Minuten, da hat er sich auch mit mir unterhalten, so untertags, wollte wissen, welche Journale, Kataloge – amerikanische, englische – ich durchgelesen hatte. Das Heft, in das wir uns morgens eintragen, lag damals auf seinem Tisch, er hat es durchgeblättert, doch nichts gesagt. Heute mahnt er mich: Im Januar müssen die Versuche mit dem neuen Schichtpreßstoff abgeschlossen sein. Ich antworte, daß mir das bewußt ist.

»Im ersten Quartal wollen wir den Auftrag vergeben«, sagt er. Ich weiß, das konnte ich doch nicht vergessen haben?

Die dunklen Äuglein von Jakow Petrowitsch funkeln in der rosigen Weichheit seines Gesichtes und meinen Blick fühlend, fragt er:

»Sie werden doch mit den Versuchen zurechtkommen, Olga Nikolajewna?«

Ich erröte und schweige verwirrt. Ich kann natürlich sagen: »Aber hören Sie, selbstverständlich!« Es wäre besser, das zu sagen. Aber ich schweige. Kann ich denn dafür garantieren?

Mit leiser, gleichmäßiger Stimme sagt Jakow Petrowitsch: »In Anbetracht Ihres Interesses an der Arbeit und ... m-m-m ... Ihrer Fähigkeiten, haben wir Ihnen den vakanten Platz eines jungen wissenschaftlichen Angestellten eingeräumt, Sie einer Gruppe zugewiesen, die an einem interessanten Problem arbeitet. Ich möchte nicht verheimlichen, daß uns etwas beunruhigt ... m-m-m ... wundert, daß Sie sich sozusagen Ihrer Arbeit gegenüber etwas nachlässig verhalten ...«

Ich schweige. Ich liebe meine Arbeit. Ich weiß zu schätzen, daß ich selbständig bin. Ich arbeite gern. Mir kommt es nicht so vor, als vernachlässige ich meine Arbeit. Aber ich verspäte mich häufig, insbesondere am Montag. Was kann ich erwidern? Ich hoffe nur, daß das lediglich ein Verweis ist, nichts weiter. Ein Verweis wegen meiner Verspätungen. Ich murmele etwas von vereisten Wegen und allzuviel Schnee in unserer unwirtlichen Siedlung, vom Autobus, der überfüllt schon an der Haltestelle ankommt, über das schreckliche Gedränge ... und mit einer gewissen, wehmütigen Unbehaglichkeit erinnere ich mich, daß ich das früher schon alles einmal vorgebracht habe.

»Man muß sich um Konzentration bemühen«, schließt Jakow Petrowitsch. »Sie entschuldigen bitte, daß ich Ihnen sozusagen eine Moralpredigt halte, aber Sie stehen doch erst am Anfang Ihrer Laufbahn ... Wir können doch mit Recht erwarten, daß Sie das Vertrauen zu würdigen wissen, das wir einem jungen Wissenschaftler entgegenbringen ...«

Er zieht die Lippen auseinander, es kommt zu einer Art Lächeln ... Bei diesem gekünstelten Lächeln wird mir ganz anders zumute. Mit fremder, heiserer Stimme bitte ich ihn, mich zu entschuldigen, verspreche, konzentrierter zu arbeiten, und stürze in den Korridor hinaus. Ich renne, aber bei der Tür zum Labor fällt mir ein, daß ich nicht frisiert bin, ich drehe also um und haste die langen, engen Korridore dieses alten Gebäudes entlang, das einmal ein Hotel war, in die Toilette. Ich kämme mich, nachdem ich meine Haarnadeln auf dem Waschtisch unter dem Spiegel verstreut habe, und ich hasse mich. Ich hasse meine zerzausten, welligen Haare, meine verschlafenen Augen, mein knabenhaftes Gesicht mit dem großen Mund und der großen Nase ... Warum bin ich mit solch einem Gesicht nicht als Mann zur Welt gekommen?

Schlecht und recht frisiert, zupfe ich meine Jacke zurecht und gehe zurück auf den Korridor – ich muß mich beruhigen. Aber das Gespräch mit dem Chef beschäftigt mich, spult in mir ab wie ein Magnetophonband. Einzelne Sätze, der Tonfall, Worte – alles erscheint mir bedeutungsvoll – beunruhigend. Warum hat er die ganze Zeit »wir« gesagt – »wir haben Vertrauen«, »uns beunruhigt«.

Das heißt doch, daß er über mich gesprochen hat, mit wem nur? Vielleicht mit dem Direktor? Wie hat er gesagt – »uns beunruhigt« und »verwundert«? »Verwundert« – das ist noch fürchterlicher. Und dieser Hinweis auf die vakante Stelle ... Die wollte doch Lydia Tschistjakowa. Dem Rang nach wäre sie an der Reihe gewesen, aber die Wahl ist auf mich gefallen – das Spezialgebiet liegt näher. Und natürlich hat mir mein Englisch geholfen – das Labor kann es gut gebrauchen.

Mich in seine Gruppe aufnehmen und mir die Versuche mit dem Material anvertrauen, war natürlich ein Risiko für Jakow Petrowitsch. Ich begreife das. Bei Lydia hätte er sicherer mit den Terminen sein können ... Vielleicht will er ihr plötzlich meine Arbeit anvertrauen? Das wäre schrecklich, denn schließlich habe ich so gut wie alle Versuche durchgeführt.

Aber vielleicht übertreibe ich alles. Vielleicht ist das nur meine ständige Anspannung, die ewige Hetzerei, die Angst – ich schaffe es nicht, ich komme zu spät ... Aber nein, er wollte mir den Kopf waschen, ihn ärgert, daß ich mich ständig verspäte. Er hat ja auch recht. Letzten Endes ist er verantwortlich. Wir kennen ja unseren Vorgesetzten – er ist ein Arbeitstier. Genug jetzt. Schluß!

Ich stelle meine Gedanken um: Ich werde mich jetzt gleich an die Zusammenfassung der Resultate über die Untersuchungen von Wärme- und Hitzebeständigkeit machen, die wir am Freitag abgeschlossen haben. Die Versuche im physikalisch-chemischen Labor beunruhigen mich nicht – sie werden bald abgeschlossen sein. Aber die physikalisch-mechanischen – da hapert's. Im mechanischen Labor reichen die Einrichtungen nicht aus, die Arbeitskräfte. Na schön – wir haben zwei Hände, wir machen vieles selbst, – aber die Einrichtungen ... endlose Wartelisten. Da muß man auf dem »Quivive« sein, wie Jakow Petrowitsch sich ausdrückt, oder einfacher, »sich durchboxen«. Ich boxe meinen Schichtpreßstoff durch, aus einer anderen Gruppe boxt jemand anderes seine Untersuchung durch, wir rennen alle ins Parterre, hüpfen vor der Oberlaborantin auf und ab, die den Terminplan mit den Versuchen zusammenstellt und auf die Reihenfolge aufpaßt, wir nennen sie einmal Waletschka, dann wieder Valentina Wassiljewna und versuchen jedenfalls, in irgendeine Lücke zu schlüpfen – wenn sie sich ergibt.

Ja, ich muß zu Walja. Ich eile hinunter, stoße die Klapptür auf, mir entgegen schlägt eine Lärmwelle, doch durchstoße ich sie und dringe hinter die gläserne Trennwand vor. Das ist Waljas »Kontor«, immer sind hier Leute, im Augenblick aber ist sie allein. Ich bitte sie, uns diese Woche noch »einzuschieben«. Walja schüttelt den Kopf, nein – doch ich bestürme sie weiter mit meinen Bitten.

»Vielleicht in der zweiten Wochenhälfte.«

Jetzt zu mir, ins Labor für Polymerie. In unserem »stillen« Zimmer, wo wir die Resultate auswerten, die Berechnungen durchführen, arbeiten neun Leute, doch Tische sind nur für sieben da. Irgend jemand aber ist immer mit Versuchen beschäftigt, in der Bibliothek, auf Dienstreise. Heute gehört einer von den Tischen mir. Und er steht seit vierzig Minuten leer.

Ich komme herein. Mich empfangen sechs Paar Augen. Ich nicke und sage:

»Ich war noch im Mechanischen.«

Die blauen Augen der blonden Ludmilka sind unruhig – »ist irgend etwas passiert?«; die feurigen Augen der schwarzen Lussja werfen mir mitfühlend vor – »ach du, schon wieder?«; der Blick Marja Matwejewnas warnt mich, über die Brille hinweg – »bloß keine Untersuchung jetzt!«; der halb von den blau gefärbten Wimpern verdeckte Blick Alla Sergejewnas ist zerstreut – »was ist hier eigentlich los?« Schuras runde, immer ein wenig verängstigte Augen weiten sich noch mehr; der stechende Blick Sinaida Gustawownas deckt alles auf, – »wir wissen, in welchem Mechanischen, – sie hat sich verspätet, sie hat ein Gespräch gehabt, wie ihre Augen glühen, sie ist niedergeschlagen.«

Zu unserer Gruppe gehören Ludmilka, Lussja und ich.

Leiter ist Jakow Petrowitsch. Aber mehr befaßt sich Lussja Markorjan mit den Aufgaben der Gruppe. Als ich in der Polymerie meine Arbeit anfing, war der neue Schichtpreßstoff nichts weiter als eine Idee. Allein Lussja zauberte mit analytischen Massen, mit Kolben, dem

Thermostat. Sie arbeitete über der Zusammensetzung. Alle glaubten, daß die Idee von dem neuen Schichtpreßstoff von Markorjan stamme, aber dann stellte sich heraus – sie stammt von Jakow. Ich habe sie damals gefragt: »Lussja Wartanowna, warum erzählt man, daß Sie sich den neuen Schichtpreßstoff ausgedacht haben?« Sie sah mich an: »Wahrhaftig? Ach was ... Sollen sie das erzählen«, und damit Schluß. Dann hat sie einmal versprochen, diese »idiotische Geschichte« zu erzählen. Solange sie schweigt, frage ich nicht mehr danach.

Ich habe Versuche durchzuführen – manchen allein, manchen mit Kollegen der Labore, ich bearbeite sie und verallgemeinere dann die Resultate.

Ludmilka stellt die Proben für die Versuche zusammen – nach streng ausgearbeiteten Normen – und hilft allgemein bei allen Aufgaben.

Dann haben wir noch Sinaida Gustawowna, teilweise. Ihr obliegen die Planungen, die »Kanzleiarbeiten« für alle Gruppen, die Verhandlungen mit unseren Auftraggebern. Arbeit gibt's genug für alle.

An meinem Schreibtisch ziehe ich die Schublade auf, hole das Protokoll der Versuche heraus, da sehe ich einen Fragebogen auf meinem Tisch liegen. Oben in fetten Buchstaben: »Fragebogen für Frauen« – und mit Bleistift in der Ecke: »O. N. Woronka«. Interessant! Ich sehe mich um. Lussja zeigt mir den gleichen Fragebogen. Der Fragebogen ist umfangreich. Ich lese ... Punkt 3: »Familienangehörige: Mann ... Kinder bis sieben Jahre ... Kinder von sieben bis siebzehn Jahren ... andere Verwandte, die Sie unterhalten« ...; Mann: einer, Kinder: zwei, Großmutter – Großvater, aber nein, die leben ja für sich. Dann folgende Frage: »Was besuchen Ihre Kinder – die Kinderkrippe, den Kindergarten, die Schule.«

Natürlich besuchen sie die Kinderkrippe und den Kindergarten, meine Kleinen.

Der Fragebogen will wissen, in welchen Verhältnissen ich lebe: »Einzelwohnung – ...; Wohnfläche ... Anzahl der Zimmer ... Komfort ...« Meine Verhältnisse sind ausgezeichnet – neue Wohnung, vierunddreißig Quadratmeter, drei Zimmer ... O! Sie wollen entschieden alles über mich wissen. Mein Leben ist für sie ein Stundenplan ... »in einer geschlossenen Zeiteinheit«. Aha, »die Zeiteinheit«, das ist eine Woche. Wieviel Stunden ich verschwende: »a) für Hausarbeit, b) Beschäftigung mit den Kindern, c) Muße und Kultur«. Kultur ist aufgeschlüsselt: »Radio und Fernsehen, Kino, Theater u. a., Lesen, Sport, Reisen u. a.« Ach Muße, Muße ... Was für ein ungeschicktes Wort »Muße« ... »Frauen kämpft für kulturelle Muße!« Was für ein Unsinn. Ich persönlich begeistere mich für Sport, speziell für Laufschritt. Dorthin im Laufschritt – hierhin im Laufschritt. In jeder Hand eine Einkaufstasche und hinauf damit und hinab damit: Trolleybus – Autobus, in die Metro – aus der Metro. Einkaufsläden haben wir nicht, wir leben mehr als ein Jahr dort, aber noch immer rührt sich nichts.

So kommentiere ich den Fragebogen für mich. Aber die nächste Frage nimmt mir jegliche Lust zu witzeln. »Befreiung von der Arbeit auf Grund von Krankheit: eigener, der Ihrer Kinder (die Anzahl der Arbeitstage im letzten Jahr; wir erbitten die Zahlen nach der Tabelle)«. Das ist mein wunder Punkt! Und dazu das morgendliche Gespräch mit dem Chef . . . Daß ich zwei Kinder habe, wissen sie natürlich. Aber wieviele Tage ich ihretwegen zu Hause bleibe, hat noch niemand nachgezählt. Sie werden sich die Statistik vornehmen und erschrecken. Vielleicht erschrekke ich selbst – ich habe die Tage ja auch noch nicht gezählt. Ich weiß nur, daß es viele sind . . . Aber wieviele? Jetzt ist Dezember, im Oktober hatten beide Grippe – zuerst Gulka, dann wurde Kotka krank, ich glaube zwei Wochen. Im November Erkältung, vermutlich Reste der Grippe, die bei dem schlechten Wetter wieder zum Vorschein kamen, acht Tage. Im September die Röteln, die brachte Kotka mit. Mit der Quarantäne waren das beinahe drei Wochen . . . Das erinnere ich schon gar nicht mehr! Und so ist es immer, ist der eine endlich gesund, ist das andere wieder krank.

Und was wird noch daherkommen? denke ich voller Angst um die Kinder, um die Arbeit. Masern, Mumps, Scharlach ... und vor allem immer wieder die Grippe, Erkältungen, Erkältungen. Weil die Mütze nicht richtig zugebunden ist, weil auf dem Spaziergang geweint wird, weil die Hosen naß sind, weil der Fußboden kalt ist, weil es zieht ... Die Ärzte schreiben auf die Bescheinigung

SEA – »schwere Erkrankung der Atemwege«. Die Ärzte sind in Eile, ich bin in Eile und wir lassen die Kinder noch mit Husten hinaus, den Schnupfen werden sie bis zum Sommer behalten.

Wer hat sich diesen Fragebogen ausgedacht? Was soll er? Ich drehe und wende ihn, kann aber nirgendwo Angaben über die Fragesteller finden. Ich sehe zur schwarzen Lussja hinüber und mache ihr ein Zeichen mit den Augen – »laß uns hinausgehen«. Doch sogleich erhebt sich auch Ludmilka und wir finden uns hinter der Tür zu dritt wieder. Sehr schade. Ich hatte so großes Verlangen, mit Lussja Markorjan über die morgendliche Unterhaltung, über die Arbeit, über den Fragebogen – über alles zusammen zu sprechen. Ludmilka ist zwar eine gute Seele, aber in ihrer Gegenwart werde ich nichts sagen. Sie ist geschwätzig, jede Information trägt sie weiter.

Markorjan steckt sich sofort eine Zigarette an, und während sie uns eine Rauchwolke entgegenbläst, fragt sie herausfordernd:

»Was also?«

Das heißt: »Wie findest du den Fragebogen?«

Ich begreife. Aber Ludmilka empört sich: »Wie ›was‹? Sie weiß noch nichts, sie ist doch zu spät gekommen ...«

»Schon wieder!« sagt die schwarze Lussja mit einem spöttischen Mitgefühl und legt mir ihre Hand auf die Schulter, eine dürre Hand, dürr wie eine Vogelklaue.

»Kannst du dich nicht einmal nicht verspäten, Buratinka, hm?«

»Zu uns sind diese, diese Demoskopen gekommen«, beeilt sich Ludmilka die Neuigkeit auszukramen, »und haben gesagt, daß sie den Fragebogen auch noch in anderen Instituten und Betrieben mit weiblicher Belegschaft ausfüllen lassen werden ...«

»In unserem Institut gibt es auch Männer, nur in den Laboratorien arbeiten Frauen«, wirft Lussja ein.

»Von mir aus«, Ludmilka winkt mit der Hand ab. »Und dann, wenn das Experiment erfolgreich verläuft, werden sie diese Fragebogen in ganz Moskau verteilen.«

»Was heißt ›erfolgreich‹?« frage ich die schwarze Lussja, »und was wollen sie denn überhaupt?«

»Weiß der Teufel«, erwiderte sie, während sie ihr spitzes

Kinn streicht, »Fragebogen sind jetzt in Mode. Allgemein hoffen sie, eine wichtige Frage klären zu können: Warum die Frauen keine Kinder gebären wollen?«

»Lussja! Das haben sie aber nicht gesagt!« empört sich Ludmilka.

»Haben sie. Nur nennen sie es ›ein ungenügendes Tempo des Bevölkerungszuwachses‹. Du und ich zum Beispiel fördern den Bevölkerungszuwachs nicht. Jedes Paar soll zwei oder sogar drei Kinder zeugen, aber wir haben nur eines ... (Da erinnert sich Lussja, daß die Blonde – »alleinstehende Mutter« ist). Du hast es gut, dich werden sie nicht zu fragen wagen. Olja hat es ebenfalls gut – sie hat den Plan erfüllt. Aber ich? Sie werden mir gewiß einen Plan aushändigen – und dann – leb wohl, meine Dissertation!« Sie sprechen, ich sehe sie an und denke: Lussja Markorjan gleicht einem niedergebrannten Feuer, Ludmilka einem flaumigen, weißen Lämmchen, und wenn man von dem Fragebogen ausgeht, ist die erste die glücklichste, die zweite die unglücklichste von den vier »Müttern« in unserem Labor.

Wir wissen alles voneinander. Lussjas Mann ist Doktor der Wissenschaften, unlängst haben sie eine große Genossenschaftswohnung bezogen, das Geld reicht, der fünfjährige Markuscha hat eine Kinderfrau. Alles bestens, scheinbar. In Wirklichkeit aber verhält es sich so: Fünf Jahre macht der Doktor Lussja nun schon die Hölle heiß, sie sei ein Egoist, läßt das Kind verkommen, vertraut die Erziehung fremden Weibern an (den Jungen in den Kindergarten zu geben, läßt er nicht zu). Lussja sucht immer und ewig nach der nächsten Pensionärin, die auf das Kind aufpaßt. Der Doktor besteht darauf, daß Lussja ihre Arbeit aufgibt, er will ein zweites Kind und überhaupt ein »normales Familienleben«.

Die Ludmilka hat keinen Mann, Wowkas Vater, Hauptmann, Hörer an irgendeiner Kriegsakademie, aus einer anderen Stadt stammend, hat Ludmilka verschwiegen, daß er schon eine Familie hat. Als sie davon erfuhr, war es zu spät. Als Ludmilka dem Hauptmann sagte, daß sie im vierten Monat sei, verschwand er auf Nimmerwiedersehen. Die Mutter Ludmilkas, vom Lande kommend, hätte die Tochter anfangs beinahe verprügelt, dann beklagte sie sich beim »obersten Richter« über den Hauptmann, dann weinte sie zusammen mit Ludmilka, beschimpfte und verfluchte die Männer insgesamt, und dann blieb sie in Moskau, und heute kümmert sie sich um den Enkel, führt den Haushalt. Von der Tochter fordert sie nur – die Einkäufe zu machen, die große Wäsche zu waschen, und zu Hause zu übernachten.

Am wenigsten wissen wir über Schura. Ihr Söhnchen ist in der dritten Klasse. Nach der Schule ist er, bis die Mutter kommt, allein zu Hause. Die Freizeitgruppe in der Schule hat er entschieden abgelehnt, er besorgt den Haushalt. Schura ruft am Tag einige Male zu Hause an: »Was hast du gegessen? Hast auch nicht vergessen, das Gas auszumachen? ... Laß die Tür nicht auf, wenn du weggehst! ... (Der Hausschlüssel ist mit einem Bändchen an die Jacke angenäht.) Machst du auch deine Schulaufgaben? Vergiß nicht alles über dem Lesen!« Ein ernsthafter Junge! Schuras Mann säuft. Sie verheimlicht es zwar, aber wir haben es schon längst erraten. Wir fragen sie nicht über ihren Mann aus.

Anscheinend bin ich noch die Glücklichste von allen.

Den Scherz von Lussja Markorjan betreffs des »Kinderplanes« nimmt Ludmilka, die die Neugierde plagt, offensichtlich ernst. »Wie denn ... ein Plan?« stöhnt sie und ihre zarten Augenbrauen ziehen sich bis zu den Locken hinauf. »Das kann doch nicht sein?! Du machst Spaß?!« In ihrer Stimme klingt Enttäuschung. »Natürlich machst du Spaß ... Ich denke, daß der Fragebogen etwas zu bedeuten hat. Sie werden uns, den Müttern, irgendwelche Vorrechte einräumen. Wie? Vielleicht den Arbeitstag verkürzen. Vielleicht Krankengeld für die Kinder zahlen, und nicht nur drei Tage ... Wenn sie Bescheid wissen, werden sie auch etwas tun.«

Ludmilka ist ganz aufgeregt, zieht an ihren Locken, ihr rundes Gesicht glüht.

»Ach du, ›weißes Schäfchen, gib ein Ringellöckchen‹«, zitiert die schwarze Lussja Worte eines Kinderliedes, »es gibt zu wenig Bauarbeiter, die Arbeitskräfte reichen nicht. Darum geht es. Ist dir das klar? Schon jetzt haben wir nicht genug Bauarbeiter. Wie soll das weitergehen? Wer soll in Zukunft bauen?«

»Was bauen?« fragt Ludmilka mit brennendem Interesse.

»Alles: Häuser, Fabriken, Maschinen, Brücken, Straßen, Raketen, den Kommunismus ... Alles einfach. Und wer soll das alles verteidigen? Und wer soll unser Land besiedeln?!«

Ich höre zu und höre doch nicht zu. Das morgendliche Gespräch schwirrt mir wieder durch den Kopf ...! »Ich gebe Ihnen den Rat, konzentrierter zu arbeiten«, hatte Jakow gesagt. Vielleicht ist alles schon entschieden, und man wird meine Arbeit Lydia anvertrauen? Ich verspäte mich, ich bin zerstreut ... Schlecht! Und dann werden ihm auch noch meine »Krankheitsziffern« vor Augen kommen ... Wie schade, daß ich nicht mit Lussja reden kann. Aber sie merkt selbst, daß etwas nicht mit mir stimmt. Sie nimmt mich bei den Schultern, zieht mich leicht an sich und sagt in singendem Tonfall:

»Reg dich nicht auf, Olja, sie entlassen dich schon nicht ...«

»Sie sollen es wagen, sie zu entlassen«, empört sich Ludmilka, bleich wie Milch, »mit zwei Kindern? Da müssen sie dir erst ein paar Verweise erteilen, vorläufig hast du erst einen ...«

Ebenfalls wegen der Verspätung.

Ich schäme mich – Ludmilka ist so gut, so herzlich, aber ich will meine Angelegenheiten nicht vor ihr besprechen.

»Begreift ihr, ich habe Angst, fortwährend Angst, meine Versuche nicht zu schaffen. In einem Monat ist der Termin ...«

»Also bitte, werde nur nicht hysterisch«, unterbricht mich Lussja Markorjan.

»Was heißt ›nicht hysterisch‹?« wirft sich Ludmilka auf sie.

»Du siehst doch, was sie durchmacht ... Du hättest sagen sollen: Beruhige dich, nicht nervös werden. Olja, du wirst es durchstehen. Bei Gott! Du wirst sehen, alles wird gut ...«

Bei diesen einfachen Worten preßt es mir die Kehle zusammen. Ich könnte heulen! Lussja kommt zu Hilfe.

»Hört man, ihr Schönen«, sagt sie und klopft uns kräftig auf die Schultern. »Was, wenn wir einen dreifachen Tausch vornehmen? Ludmilka nimmt meine Wohnung, ich ziehe zu Olja, Olja zu Ludmilka.«

»Na, und?« fragen wir verdutzt.

»Nein, Unsinn ...«, Lussja zeichnet mit dem Finger in die Luft. »Nein, so müssen wir es machen: Olja zieht zu mir, ich zu Ludmilka und Ludmilka zu Olja. So muß es sein.«

»Du willst deine Dreizimmerwohnung für ein Einzelzimmer hergeben?« lächelt Ludmilka höhnisch.

»Nein, ich will nicht, aber ... es muß eben sein. Ich verliere zwar ein paar Quadratmeter und einige Bequemlichkeiten – gibt's ein Badezimmer? oder nicht? – aber dafür gewinne ich anderes, wichtigeres. Du Ludmilka verlierst ebenfalls nichts dabei. Oljas Dima ist wundervoll. Mein Suren wird glücklich sein – Olja ist jünger und ein bißchen dicker als ich ... Aber ich brauche eine Großmutter, die brauche ich! Was meint ihr? Helft einer armen Dissertantin!«

»Ach, geht doch«, ruft Ludmilka aufflammend, »über nichts könnt ihr ernsthaft reden!« und jäh dreht sie sich um, um wegzugehen, da öffnet sich die Tür, und Ludmilka prallt beinahe mit Marja Matwejewna zusammen.

»Genossen. Sie machen einen solchen Krach«, sagt Marja Matwejewna, »daß Sie die Arbeit stören. Ist irgend etwas passiert?«

Ich packe Ludmilka noch rechtzeitig am Arm – sie holt schon Luft, um M-M (so nennen wir unter uns Marja Matwejewna) in einem Atemzug unser ganzes Gespräch zu erzählen.

Wir alle schätzen Marja Matwejewna. Uns gefällt ihre Herzenseinfalt. Aber mit ihr über ernste Probleme zu sprechen, ist unmöglich. Wir wissen schon im voraus, was sie sagen wird. Wir halten sie für eine alte »Idealistin«: Wir haben den Eindruck, daß sie alles ein wenig abstrahiert. Das wirkliche Leben kennt sie einfach nicht – sie schwebt hoch über ihm, wie ein Vogel. Ihre Biographie hat ausschließlichen Charakter: Arbeitskommune Anfang der dreißiger Jahre, in den vierziger Jahren – Front, politische Abteilung. Sie lebt allein, die Töchter sind im Kinderheim erzogen worden, haben längst eigene

Kinder. Marja Matwejewna ist ausschließlich mit Arbeit beschäftigt – mit Produktion, mit Parteiarbeit. Sie ist schon siebzig.

Wir achten M-M für alle Verdienste – wie könnte es anders sein?

»Was ist denn los?« fragt Marja Matwejewna streng.

»Wir bearbeiten die Buratinka«, lächelte Lussja, »Olja ...«

»In welchem Zusammenhang?«

»Wegen der Verspätungen ...«, flicht Ludmilka eilig ein, doch vergeblich.

Marja Matwejewna schüttelt vorwurfsvoll den Kopf – »das werde ich euch gerade glauben ...« Mir wird peinlich zumute, den beiden auch. So darf man sich M-M gegenüber nicht benehmen.

»Sehen Sie, Marja Matwejewna«, sage ich vollkommen aufrichtig, wenngleich ich nicht auf ihre Frage antworte, – »wie merkwürdig das ist: ich habe zwei Kinder, und ich ... ich schäme mich dessen ... Aus irgendeinem Grund ist mir nicht wohl – sechsundzwanzig Jahre und zwei Kinder, ähnlich wie ...«

»Ein vorrevolutionärer Zopf ...«, wirft Lussja dazwischen.

»Was sagen Sie da, Lussja!« empört sich Marja Matwejewna. »Denken Sie sich nichts, Olja. Sie sollten stolz sein, daß Sie eine gute Mutter sind und darüber hinaus eine gute Mitarbeiterin. Sie sind eine echte sowjetische Frau!«

M-M spricht, und ich frage mich – bei mir selbst natürlich – worauf ich stolz sein könnte; bin ich eine so gute Mutter? Kann man mich als Mitarbeiterin loben und was heißt eine »echte sowjetische Frau«! Unnütz, darüber Marja Matwejewna zu fragen, sie würde keine Antwort geben.

Wir beruhigen M-M damit, daß mich nur so eine Stimmung überfallen habe, sie wird vorübergehen.

Wir kehren alle ins Zimmer zurück. Über den Fragebogen habe ich nichts Vernünftiges erfahren – wann und wem muß ich ihn abgeben? – Aber da kommt schon ein Zettelchen: »Die Fragebogen werden am kommenden Montag persönlich bei uns eingesammelt. Sie wollen unsere Meinung wissen. Sie können zusätzliche Fragen haben. Und wir? Lussja M.«

Danke, nun reicht es mit dem Fragebogen.

Ich finde im Protokoll den Freitag und schreibe auf ein Blatt die letzten Experimente für Lussja Markorjan. Dann verschaffe ich mir ein zeitungsgroßes Blatt Papier, ziehe Striche. Das wird das zusammenfassende Diagramm über alle durchgeführten Versuche. Es wird nach den Eintragungen unseres Protokolls zusammengestellt.

Die erste Zusammensetzung des Schichtpreßstoffes erwies sich als im hohen Grade brüchig. Wir haben eine Rezeptur neuer Verbindungen ausgearbeitet. Dann haben wir die zweite Serie von Untersuchungen begonnen. Alles wieder von vorne: Hygroskopizität, Feuchtigkeitsgehalt, Wärmebeständigkeit, Hitzebeständigkeit, Feuerbeständigkeit ... Niemals hatte ich mir vorgestellt, daß solche Sorgfältigkeit, solche Aufmerksamkeit auf Kanalisationsröhren, auf Dächer verwandt würde.

Aus diesem Anlaß sprach ich, vor langer Zeit, mit Lussja. Ich gestand, daß ich davon geträumt hatte, in ein anderes Labor zu kommen. Lussja lachte: »Eine schlaue Jugend, alle wollen sie für den Kosmos arbeiten, aber wer wird unser Leben auf der Erde regeln?« Und dann hat sie plötzlich gefragt: »Haben Sie nie in einem Haus gewohnt, wo den Menschen der Dreck aus alten, zerbrochenen Röhren auf den Kopf tropft und die Decken eingestürzt sind?« Es stellte sich heraus, daß wir beide früher in eben einem solchen Haus gelebt hatten. Nur ich hatte mir darüber keine Gedanken gemacht.

Je länger ich mich mit dem neuen Schichtpreßstoff befaßte, um so begeisterter war ich. Ich brenne jetzt darauf, die Prüfung der ausgearbeiteten Zusammensetzung zu beenden. Wie wird sie Belastungen aushalten? Welche Haltbarkeit beweisen? Aber jedes Mal wieder Stockung im mechanischen Labor. Stockung. Stockung.

Doch alles übrige läuft normal. Ich beginne das Diagramm mit den Daten der physikalisch-chemischen Untersuchungen auszufüllen – sie sind beinahe abgeschlossen. Langsam setze ich die Zahlen ein, blättere im Protokoll. »Wasserbeständigkeit, Probe Nr. 1 ... Probe Nr. 2 ... Probe Nr. 3 ... Gewicht in Milligrammen ...

Zeit des Eintauchens ... Zeit der Extraktion ... Gewicht nach der Extraktion ...«

Die Finger der linken Hand liegen unter der Zeile der entsprechenden Seite, die rechte Hand überträgt die Ziffer – die mittlere, die aus den Resultaten der drei Versuche gewonnene Ziffer – in die Tabelle.

Man muß äußerst aufmerksam sein, ein Fehler darf nicht unterlaufen.

»Olja, Olja«, ruft mich eine leise Stimme. »Es ist zehn vor zwei, ich gehe, sag, was du brauchst.«

Heute ist Schura an der Reihe, die Einkäufe für die »Mütter« zu machen. So ist es bei uns die Regel – gleich für alle zusammen einkaufen. Und die Arbeitspause haben wir uns von zwei bis drei erbeten, wenn in den Läden weniger Leute sind. Ich bestelle Butter, Milch, Wurst und Weißbrot – ich werde hier essen. Ich gehe nicht weg; werde arbeiten – wieviel Zeit habe ich heute schon verloren.

Lussja hat sich irgendwohin verkrochen, ich glaube, sie holt auch das Versäumte ein. Genau! Sie erscheint zehn Minuten vor Beendigung der Mittagspause. Kleid und Haare riechen wie lackiert – der bekannte Geruch unserer Zusammensetzung. Sie hat Hunger wie ein Wolf, wir essen die Hälfte meiner Wurst auf, nachdem wir das Brot in zwei Teile gebrochen haben, und löschen unseren Durst mit dem Leitungswasser im Laboratorium.

Ich versenke mich wieder in mein Diagramm. Die zweite Hälfte des Tages verstreicht so schnell und unmerklich, daß ich nicht gleich begreife, warum es im »stillen« Zimmer plötzlich so laut wird. Offensichtlich streben schon alle nach Hause.

Wieder Autobus, und wieder ist er überfüllt, dann die Metro, Gedränge beim Umsteigen auf dem Bjelorusskowo. Und wieder muß ich rennen, darf mich nicht verspäten: Die Meinen kommen um sieben Uhr nach Hause.

In der Metro fahre ich geradezu komfortabel – stehe in einer Ecke neben der geschlossenen Tür. Stehe und gähne. Ich gähne derart, daß ein Bursche neben mir sich nicht zurückhalten kann: »Möchte wissen, was Sie heute nacht gemacht haben, Fräulein?«

»Kinder in den Schlaf gewiegt«, erwidere ich, damit er mich in Frieden läßt.

Ich gähne und denke an den heutigen Morgen. Den Montagmorgen. Viertel vor sechs läutet das Telefon, lange – Fernsprechzentrale. Niemand geht hin. Ich habe auch keine Lust aufzustehen. Nein, es läutet an der Tür. Ein Telegramm? Vielleicht von Tante Wera – kommt sie etwa? Ich stürze ins Vorzimmer. Das Telegramm liegt auf dem Fußboden, schon geöffnet, doch enthält es nicht ein Wort, nur Löcher wie eine Lochkarte. Ich überfliege das stumme Telegramm und dreh mich um, um wieder ins Bett zu gehen. Da höre ich, daß der Wecker schrillt und sage: »Erschieß dich doch!« Er verstummt sofort. Es wird still, ganz still. Es ist dunkel. Stilles Dunkel. Dunkle Stille ...

Doch ich springe auf, ziehe mich schnell an, alle Häkchen am Gürtel springen in ihre Schlingen, und – o Wunder! – sogar das abgerissene ist angenäht. Ich eile in die Küche – den Teekessel aufzustellen und das Wasser für die Makkaroni. Und wieder geschieht ein Wunder: die Spiritusflamme lodert, das Wasser in der Kasserolle brodelt, der Teekessel pfeift schon, wie ein Vogel – fjuit-fu, fjuit-fu, fjuit-fu ... Und plötzlich begreife ich: es pfeift nicht der Teekessel, sondern meine Nase. Aber ich kann nicht aufwachen. Da beginnt mich Dima zu rütteln, ich fühle seine Hand auf dem Rücken, er rüttelt mich und sagt: »Olka, Olka, Olja, wach endlich auf, nachher wirst du wieder wie eine Verrückte rennen.«

Da stehe ich tatsächlich auf: kleide mich schlaftrunken an, die Häkchen am Gürtel springen nicht in ihre Schlingen, eins ist abgerissen.

Ich gehe in die Küche, verheddere mich im Gummiläufer im Vorzimmer und falle beinahe hin. Kein Gas, das Zündholz brennt herunter, verbrennt mir beinahe die Finger. Ah! Dieser verdammte Hahn. Endlich bin ich im Badezimmer. Nachdem ich mein Gesicht gewaschen, vergrabe ich es im flauschigen Handtuch, gleichsam für eine halbe Sekunde nochmals einschlafend und erwache mit den Worten: »Soll doch alles zum Teufel gehen!«

Aber das ist natürlich Unsinn. Nichts soll zum Teufel gehen – alles ist gut, alles ist schön. Wir haben eine Wohnung in einem neuen Haus bekommen, Kotka und Gulenka sind wundervolle Kinder, Dima und ich lieben uns, ich habe eine interessante Arbeit. Warum, wozu soll das alles zum Teufel gehen. Lauter Unsinn!

Nein, nicht aus unsern armen Büchern,
erinnernd an den Bettelsack,
erfahrt ihr, daß wir, immer siecher,
ein Leben führten schwer und matt.

Daß in der Liebe, rauh und bitter,
wir keine Ehrlichkeit gewagt,
daß bei Verhören, wütend, zitternd,
wir uns vom Eignen losgesagt.

Doch tagelang, in enger Kammer,
da gingen schlaflos wir herum
und flüsterten in unserm Jammer:
o Volk ... o Heimat ... sagt, warum?

Wir fanden schließlich auch noch Gründe
für unsrer Mutter Grausamkeit,
verziehen ihr die schwere Sünde:
der besten Söhne Todesleid.

O dieser Schande schwere Wunde –
durchlitten wir nicht einmal da
der Menschen Trauer bis zum Grunde:
im Bergwerkstod von Kolyma?

Und wer entkam dem großen Leiden,
den traf ein ärgeres Geschick:
des Kleinmuts jämmerliches Schweigen,
der Freunde zweifelnd-schiefer Blick.

Und schweigend, nur geheim noch klagend,
so lebten wir dann irgendwie ...
Denn anders konnten wir's nicht wagen,
zu weinen, atmen – anders nie.

Und jeden Tag, zu allen Stunden,
die Angst vor der Gefängnishaft ...

Jedoch war neuer Mut gefunden,
wir brachen gar der Ängste Macht.

Doch unsre Ketten zu besingen,
das wurde niemals uns erlaubt ...
Wie falsch all unsre Bücher klingen,
da sie des Kämpfermuts beraubt.

Doch wenn, gebeugt von Schmerz und Schande,
ihr diese Verse einst entdeckt,
so wie, verbrannt am Waldesrande,
die Feuerstelle, staubbedeckt,

und seht das Brennen unsrer Schwären
und kalten Rauch herüberwehn,
so mögt ihr uns mit Schweigen ehren,
wie wir euch schweigend übergehn.

Galina Nikolajewa
Die »Eidechse«

Eines Tages, als der Traktorist Wassilij Bortnikow sich noch in seinem ersten Ruhm sonnte, hatte sich auf der Wiese am Fluß Usta, wo sich an den Abenden das junge Volk versammelte, ein blutjunges Ding unter die erwachsenen Burschen und Mädchen gemengt, nicht älter als vierzehn.

Wurde Haschen oder Katze und Maus gespielt, wurde Walzer getanzt, immer schlängelte sich das Mädelchen zwischen die Erwachsenen, rannte schneller und lachte lauter als alle. Plötzlich kam sie wie ein Wirbelwind hinter den dunklen Tannen hervor, umschlang eine erwachsene Freundin, warf sie ins Gras, kitzelte sie, prustete vor Lachen und verschwand, wie von der Nacht verschluckt, um im nächsten Augenblick behender als eine Schwalbe über die ganze Wiese zu flitzen, lachend und kreischend, eine fremde Mütze in der Hand, gefolgt von einem, der hinter ihr herjagte:

»Dunjaschka, du Hexe, gib her!«

Dann bildeten sich Pärchen, man hörte Flüstern, verhaltenes Mädchenlachen; denn der Hauptreiz dieser nächtlichen Spaziergänge am Ufer waren die gedämpften Worte und verstohlenen Küsse, die Herzensergüsse und Eifersuchtsszenen. Nur das Mädelchen blieb allein, unberührt von all der Liebelei ringsum.

Federleicht, wie berauscht von dem mit Sternen übersäten Nachthimmel, von der mit Fichtennadelduft und kühler Feuchtigkeit gesättigten Luft, drehte sie sich ebenso sorglos und unbekümmert wie über dem Fluß bei Sonnenuntergang die tirilierenden Uferschwalben kreisen, die bald emporschnellen, bald niedergleiten und sich an der Weite des Luftreichs, an der Schnelligkeit und dem Ungestüm ihres Fluges erfreuen.

Wassilij warf einen trockenen Fichtenast ins Feuer. Die Funken stoben in einer Garbe zum Himmel.

Die jungen Burschen sprangen über die hohe Flamme, während die Mädchen zusahen. Plötzlich schrien sie auf.

»Dunjaschka, du verbrennst dich! Allmächtiger Gott! Haltet sie doch zurück!«

Doch das Mädelchen, dem das Kopftuch vom blonden Haar flog, lief mit einem dünnen, verwegenen Quietschen auf das Feuer zu, setzte mit einem kecken »Ach!« zum Sprung an und flog, schlank und biegsam wie ein Pfeil, über die Flamme. Nur ihr weißes Kopftuch fiel ins Feuer und hüpfte, vom Wind erfaßt, über die Wiese – ein irrlichterndes Flämmchen, das bald eingeholt und gelöscht war.

»Gewandt springst du, Mädel!« Wassilij wollte sie auffangen, doch sie entglitt ihm, lachte, wand sich und schlüpfte in die Büsche. »Eidechse!« sagte Wassilij und blickte ihr nach.

Ein Jahr war verstrichen. Beim Erntefest wurden die tüchtigsten Leute aus dem Kolchos und der MTS gefeiert.

Wassilij stand auf seinem Traktor, die Wanderfahne des Bezirks in der Hand, und hielt eine Rede.

Der ganze Traktor war mit reifen Vogelbeerdolden umwunden, und ein grellrotes Büschel hing von Wassilijs Mütze. Der junge Mann hielt am äußersten Rand des von ihm umgepflügten unübersehbaren Feldes, das der smaragdgrüne Teppich der Wintersaaten bedeckte, unter einem Wald von Fahnen, deren schwankende Seidenquasten hier und da seine Wangen streiften. Er spürte die Blicke Hunderter von Augenpaaren auf sich gerichtet und reckte sich stolz:

»Hier liegt es, unser Land, wie ein Seidentuch ausgebreitet, ein unteilbares Ganzes; verschwunden sind die Feldraine, die Marksteine, die Flicken. Es ist ein Ganzes wie unser Leben! Es ist unteilbar wie unser aller Schicksal, Genossen!«

Alle lauschten ihm aufmerksam, aber unter den vielen Augenpaaren, die an ihm hingen, sah er, von merkwürdiger Erregung gepackt, immer nur ein Paar Augen – weit offene, glänzende, mit gespanntem, frohem Blick.

Nachdem Wassilij seine Rede beendet hatte, stieg er vom Traktor, antwortete auf die Glückwünsche, Späße und Fragen und überlegte dabei: Wer hat mich denn so angeguckt? Ah, da sind sie ja wieder, diese Augen? Wahrhaftig, das ist die Eidechse!

Das Mädchen war noch genauso gertenschlank wie im vergangenen Jahr, aber ihr ovales Gesichtchen mit den kindlich weichen Zügen wirkte reifer und die Haltung gesetzter – still und manierlich saß sie zwischen ihren Freundinnen.

Als das Fest in vollem Gange war und die Ziehharmonika mit allen Tasten und Bälgen im Diskant jauchzte und im Baß dröhnte, setzte sich jeder Bursche zu seinem Mädchen.

Auch Wassilij hätte sich eigentlich unter den zahlreichen Mädchen, die ihm einladende Blicke zuwarfen, eine »Partnerin« suchen müssen, aber heute war ihm so leicht und froh zumute, daß ihm nicht der Sinn nach Liebeständeleien stand. Du sprichst eine Minute mit ihr, und sie wird ein ganzes Jahr nach dir schmachten. Hol sie alle der Kuckuck!

Er drängte sich durch einen Haufen Halbwüchsiger, trat auf das Mädelchen zu und fragte scherzend, während er Anstalten machte, neben ihr Platz zu nehmen:

»Jagst du mich auch nicht weg, Eidechse?«

Sie wurde flammendrot. Er setzte sich neben sie und machte ihr den ganzen Abend aus Spaß den Hof.

Das verpflichtete ihn zu nichts; die Kleine war noch zu jung, alle verstanden, daß er nur scherzte. Und er fühlte sich sorglos und fröhlich.

Das Mädchen tanzte ausgezeichnet, und als er sich ermüdet ins Gras legte, sang sie ihm mit ihrem dünnen, aber sehr reinen und klaren Stimmchen Lieder vor.

Zum Abschied küßte er sie nicht einmal und ging mit unbeschwertem, reinem Gewissen seines Wegs.

Seitdem tanzte er manchmal mit der Eidechse, begleitete sie nach Hause und umwarb sie in einer spielerischen, scherzhaften Art. Sah er sie lange Zeit nicht, dann vermißte er bereits ihre zarten Lieder und ihre in glücklicher Erwartung leuchtenden Augen.

So trafen sie sich häufig im Winter. Im Sommer aber führte der Zufall sie bei der Feldarbeit zusammen. Sie schaffte unermüdlich und stand hinter den Erwachsenen keineswegs zurück.

Wassilij hatte sich inzwischen an Dunjascha gewöhnt, trug von ihr gestickte Tabaksbeutel und Taschentücher, was ihn jedoch nicht hinderte, mit anderen Mädchen zu liebäugeln.

Zu Dunjascha ging er, wenn er ausruhen, Lieder hören und sorglos unter dem Sternenhimmel auf der Wiese liegen wollte. Das dauerte so lange, bis eine Nachbarin zu ihm sagte:

»Du hast das Mädel völlig behext. Dauernd schleicht sie ums Haus.«

»Wen meinst du?« lachte Wassilij.

»Na, Dunjascha Oserowa.«

»Dunjascha – ein Mädel? Ein Kind ist sie!«

»Solche Kinder hatten in den alten Zeiten schon ihre eigenen Kinderchen. Schau sie dir an – eine Braut, wie sie im Buche steht!«

Dies Gespräch beunruhigte Wassilij. Er hatte gewußt, daß Dunjascha ihn liebte, hatte es aber nicht weiter ernst genommen. Nun sah er nach einigem Nachdenken ein, daß er zu weit gegangen war, und entschloß sich, die Beziehungen abzubrechen. Als er sie das nächste Mal vom Abendspaziergang nach Hause begleitete, sagte er:

»Na, Dunjascha, leb wohl! Wir werden uns nicht mehr treffen.«

Sie sah ihn mit erschrockenen Augen an:

»Warum nicht, Wasja?«

»Du bist jetzt schon zu groß zum Spielen und Scherzen. Für eine Braut bist du aber noch zu jung, und ich habe auch noch gar nicht die Absicht, zu heiraten.«

Im Mondschein sah er, wie ihr Gesicht spitz und steinern wurde. Er dachte, sie würde in Tränen ausbrechen, ihm um den Hals fallen, und fühlte sich schuldig, denn er wußte ja seit langem, daß die Kleine ernstlich an ihm hing, aber er wollte sich keine Gedanken machen, keine Sorgen aufbürden.

Als er nun ihr lebloses Gesicht und die großen, tränenfeuchten Augen sah, suchte er schon nach Worten, um sie zu trösten und sich zu rechtfertigen. Doch sie vergoß keine einzige Träne, äußerte keinen einzigen Vorwurf. Mit gesenktem Kopf sagte sie beherrscht: »Wenn es so steht, dann auf Wiedersehen, Wassilij Kusmitsch«, und stieg langsam die Vortreppe hinauf.

Wassilij war ganz verdattert. Nicht das erstemal trennte

er sich von einem Mädchen, aber auf eine so gefaßte Würde war er noch niemals gestoßen.

Auf dem Heimweg dachte er beunruhigt und beschämt: Wirklich ein famoses Mädel! Gar nicht nachtragend, sondern vernünftig und charakterfest, trotz ihrer Jugend.

Einen Monat darauf dichtete eine von Wassilijs abgeblitzten »Verehrerinnen«, deren Eifersucht sich an die falsche Adresse richtete, aus Rache einen beleidigenden Spottvers auf Dunja und Wassilij. Das Liedchen machte die Runde im Dorf.

Wassilij, dem Dunja von Herzen leid tat, ging zu ihr. Noch lange erinnerte er sich an diese Begegnung. Es war ein schöner Abend, und der durchsichtige Sommerhimmel leuchtete in lichtem Rot.

Dunja stieg die Vortreppe hinauf, eine Sichel in der Hand; offenbar war sie eben vom Feld gekommen.

Als er sie anrief, drehte sie sich erschrocken um, ließ die Sichel fallen und lehnte sich erblassend, mit halboffenem Mund, an einen Pfosten der Vortreppe.

Auf ihrem kindlichen Gesicht lag so viel Trauer, ihre blassen, halboffenen Lippen drückten so viel Schmerz und Unschuld aus, daß Wassilij zutiefst ergriffen fragte:

»Hat die Mutter geschimpft, Dunja?«

»Nein ... sie bedauert mich ...«

Wassilij begriff, daß er als erfahrener, erwachsener Mensch verpflichtet war, das Mädchen vor Verleumdungen in Schutz zu nehmen.

Das Gefühl seiner Schuld bedrückte ihn. Er war es gewohnt, vor den Leuten makellos dazustehen.

Einem plötzlichen Impuls folgend, lachte er und sagte kurz entschlossen, wie es seine Art war:

»Schön, Dunjascha! ... Wenn es schon so weit gekommen ist, daß man Lieder auf uns singt ... Schließlich, ich habe nichts dagegen ... Ich freie um dich, wenn du willst. Kommt die Zeit, dann heiraten wir ...«

Er sagte es so hin, über seine eigenen Worte entsetzt. Wenn sie sich wirklich an dies Versprechen klammerte? Dann leb wohl, Junggesellenleben!

Sie schüttelte den Kopf:

»Wenn du mich lieb hättest, Wasja, würden mir die

Verleumdungen nichts ausmachen. Wenn du mich lieb hättest, würde ich keinen Augenblick zögern. Aber wenn du mich nicht liebst, warum sollen wir dann heiraten? Daß die Leute über mich geredet haben, tut auch ein bißchen weh, aber das ist es nicht ...«

Ohne den Satz zu beenden, bückte sie sich nach der Sichel, um ihre Tränen zu verbergen.

Sie hängte sie behutsam auf die Querstange der Vortreppe, holte tief Atem und wandte sich erst dann ihm zu:

»Geh schon, Wasja ...«

Und wieder verließ er sie mit einem ihm unbegreiflichen Gefühl von Unruhe, Schuld und Verwunderung ...

Die MTS wurde ins Nachbardorf verlegt. Wassilij fuhr weg und sah Dunjascha geraume Zeit nicht mehr.

Begegnete er anderen Mädchen, so verglich er sie unwillkürlich mit Dunja und dachte erstaunt:

Dunjascha gefällt mir eigentlich viel besser.

Er hatte die Jugendtorheiten hinter sich und war gereift. Abendspaziergänge, Lieder, Mädchenseufzer verlockten ihn nicht mehr wie früher.

Eines Tages sagte eine Freundin Dunjas zu ihm:

»Weißt du, Dunjascha ist berühmt geworden! Hat vierhundert Doppelzentner Kartoffeln vom Hektar geerntet und in der Bezirksstadt einen Vortrag gehalten. Siebenhundert Tagewerke hat man ihr angerechnet, der Mutter und der jüngeren Schwester außerdem noch vierhundert. Vier Tonnen Korn haben sie nach Hause gefahren. Ihre Bilder waren in der Zeitung. Und wie hübsch sie geworden ist! Du erkennst sie nicht wieder! Sie kann sich vor Freiern nicht retten.«

»Na und?«

»Sie will nicht. Gibt allen einen Korb. Fjodor Petrow hat zweimal um sie geworben. Sie hat ihm direkt gesagt: ›Warum soll ich dich heiraten, Fedjuscha, wo ich doch von einem anderen träume?‹«

Wassilij entschloß sich, Dunja einen Brief zu schreiben.

»Deine Träume sind nun meine Träume«, schrieb er. »Komm zu der Fichte, an der wir uns früher getroffen haben.«

Er kam vor ihr und legte sich ins Gras.

Wie würde sie zu ihm kommen? Mit Vorwürfen, Mißtrauen, Schwermut, den alten Kummer im Herzen, mit überströmenden Tränen? Er würde sie trösten, überreden müssen. Und wenn sie weinte ... Schließlich war es seine Schuld und ihr gutes Recht. Vielleicht würde sie schweigsam sein und zurückhaltend. Oder still und ergeben?

Am Waldrand flatterte ihr Kleid. Sie ging nicht, sie lief.

Sie kam gerannt, von Kopf bis Fuß neu eingekleidet, mit einem so strahlenden Gesicht, als lägen weder Kummer noch sehnsuchtsvolle Monate der Einsamkeit und Erwartung hinter ihr. Keine Spur von Zweifeln, von Vorwürfen oder Tränen. So vertrauensvoll, treuherzig, der Freude aufgeschlossen, spielte und sang sie, streichelte sie jedes Hälmchen auf der Wiese, daß Wassilij die Kehle wie zugeschnürt war. Solch ein Mädel zu kränken, das ist ja, als schlüge man ein kleines Kind, dachte er, während er sie liebkoste.

Einige Wochen Glück ließen Dunjas Schönheit so aufblühen, daß alle im Kolchos es sahen und staunten.

Wassilijs Beziehung zu ihr bekam eine neue Färbung, eine tolpatschige Leidenschaftlichkeit, die sie etwas ängstlich, aber geduldig ertrug.

Die Schönheit und Ergebenheit des Mädchens zogen ihn an und erregten ihn so, daß er eines Tages scheinbar nebenbei, aber mit einem forschenden Blick zum Vater lachend sagte: »Ihr solltet mich verheiraten, Vater, bevor ich ein braves Mädel verführe ...!«

»Schlägt dir also doch noch das Gewissen, ungläubiger Heide?« rief Stepanida verwundert aus, wischte sich die Hände ab und setzte sich an den Tisch. »Dunjascha Oserowa möchtest du freien?«

»Ganz richtig ...«

Beim Hochzeitsfest legte Wassilij, der leicht angeheitert war, ungeduldig den Arm um seine Frau.

Als Dunja ins Schlafzimmer ging und sich auf den Bettrand setzte, schlug ihr Herz so laut, daß sie deutlich sein Pochen hörte.

Seit dem Augenblick, als sie Wassilij unter den Fahnen auf dem mit Vogelbeerzweigen geschmückten Traktor gesehen und seine ungewöhnlich leidenschaftliche Rede gehört hatte, war ihr Leben eine einzige glückliche Erwartung. Sie wußte selbst nicht, worauf sie wartete; irgendein wunderbares Leben, in dem ihre ganze Seele aufging, stand ihr vor Augen, und Wassilij war der Mann, der allerbeste, ewig geliebte Mann, mit dem sie nun dieses Leben begann. Ihr bisheriges Zusammensein war eitel Freude gewesen, und doch war es ihr nur als der Vorbote von etwas Größerem erschienen. Wann wird es beginnen, dieses Ersehnte? Was ist es, wie ist es?

Was für Worte wird er ihr zuflüstern? Was für geheime Schätze wird er ihr erschließen? Wie wird sich ihr Leben von dieser Stunde an gestalten?

Er trat ein und schloß sie in die Arme:

»Dunjascha, endlich! ...«

Frostig und klar stieg der Morgen herauf. Sie lag unbeweglich, wagte sich nicht zu rühren, um Wassilijs Schlaf nicht zu stören, und betrachtete mit liebevollem Blick sein Gesicht. Behutsam, damit sie ihn nicht weckte, spielte sie mit seinen Locken, berührte ganz leicht mit den Fingerspitzen seine Brauen und Wimpern.

»Awdotja, junge Frau, wäre es nicht Zeit zum Aufstehen?« rief Stepanida gedehnt, mit zärtlicher Strenge durch die Tür.

Dunja sprang auf, zog sich an und ging in die Küche.

»Füttere die Schweine, junge Frau«, befahl Stepanida mit einem forschenden Blick auf ihre Schwiegertochter.

Das war ein »Ritual«, eine Prüfung. Stepanida hatte keineswegs die Absicht, die Jungverheiratete gleich am ersten Tag in die Arbeit einzuspannen, es kam ihr lediglich darauf an, sofort festzustellen, ob sie gefügig und arbeitsam sei.

Die Eile, mit der Awdotja nach dem Futtereimer griff, stellte Stepanida durchaus zufrieden, und sie schlug einen mitfühlenden Ton an:

»Ich sehe recht gut, du hast noch nicht ausgeschlafen. Hier, frühstücke und leg dich wieder hin, ich werde das Vieh schon füttern.«

Dunja ging ins Schlafzimmer zurück.

Wieder lag sie bei ihrem Mann, aber es war schon nicht mehr dasselbe. Das Gefühl festtäglicher Freude war verflogen. Jeden Augenblick erwartete die »junge Frau« einen neuen Anruf und Befehl.

Stepanida hatte ihren Zweck erreicht. Dunja spürte von

Anfang an, daß sie in einem fremden Haus, bei einer »fremden« Mutter lebte und daß man ihr nicht erlauben würde, die Hände in den Schoß zu legen.

Seitdem war ihr Leben nicht leicht gewesen. Awdotja kam es vor, als sei sie in eine völlig andere Welt geraten, die Stepanidas gierige Hände von der gewohnten, vertrauten Welt fest abgeriegelt hatten.

»Im Kolchos brauchst du jetzt nicht mehr zu arbeiten, du hast auch zu Hause genug zu tun«, erklärte Stepanida gleich in den ersten Tagen.

Dunja kam es schwer an, die Arbeit im Kolchos aufzugeben, die ihr zur lieben Gewohnheit geworden war, aber sie wollte der Schwiegermutter nicht gleich widersprechen und damit Zwietracht in die Familie ihres Mannes tragen. Sie ordnete sich also Stepanida unter und geriet in völlige Abhängigkeit von ihr. Wassilij kam selten nach Hause. Stepanida bürdete ihr die ganze Wirtschaft auf, sie selber aber ging ausschließlich ihrer Lieblingsbeschäftigung nach – dem Markthandel ...

Dunja hegte ihr Kind, besorgte den Haushalt, den eigenen und den der Schwiegereltern, fütterte das Vieh, bestellte den Gemüsegarten. Sie arbeitete unermüdlich, beglückt über jedes Lob, das man ihr gelegentlich spendete, was allerdings nicht allzuoft vorkam.

Die Männer blieben tagelang von zu Hause weg und bemerkten gar nicht, wie sie sich plackte. Stepanida aber, die Dunja zu verwöhnen fürchtete, lobte sie selten. Allenfalls hinter ihrem Rücken rühmte sie das »goldige Schwiegertöchterchen«.

So vergingen Awdotjas Tage in Arbeit und Einsamkeit, und doch fühlte sie sich glücklich.

Sie hatte die seltene Gabe, die nur Menschen mit reinem Herzen und Liebe zur Arbeit eigen ist: wirklich glücklich zu sein.

Ein Lächeln ihres Töchterchens, ein Sonnenstrahl auf den Eisblumen der Fenster, ein schön gebräunter Brotlaib – und schon leuchtete ihr Gesicht auf, sang sie mit ihrem zarten vibrierenden Stimmchen, während sie die Tränke für die Kühe mischte.

Und zeigte sich gar auf der Schwelle der lächelnde, frostgerötete Wassilij, streifte er ihre Lippen mit dem bereiften Schnurrbart, nahm er das Töchterchen auf den Arm, so gab es auf Erden keine glücklichere Frau als Dunja.

Die schwerste Arbeit verrichtete sie mit derselben Freude, mit der sie früher des Abends am Feuer auf der Uferwiese gespielt hatte. So verging Monat um Monat, und ihre Freude fing ein wenig an zu welken, wie eine Blume auf magerem Boden welkt. Einmal buddelte sie Kartoffeln im Gemüsegarten aus. Sie war allein zu Hause. Stepanida hatte Gemüse auf den Markt gebracht, die Männer waren am frühen Morgen zur Arbeit gegangen, das Kind befand sich bei der Großmutter.

Ein feiner Regen nieselte. Der Wind zerrte an einer einsamen Eberesche und riß Beerendolden ab.

Dunja erinnerte sich daran, wie sie Kartoffeln ausgegraben hatte, als sie noch Leiterin einer Feldbaugruppe im Kolchos war. Die Mädels hatten sich über das ganze Feld verstreut. In der Mitte des Ackers erhob sich ein Kartoffelberg, und darüber saß, auf dem Zweig einer großen Weide, die »Rechnungsführerin«, das Schulmädchen Tamara. Sie hatte eine Zeitung zu einem Schalltrichter gerollt und schrie übers ganze Feld: »Mädels, Katja und Natascha bringen den hundertsten Korb, Marusja aber hat noch keine achtzig!«

Der Tag war kalt, doch alle hatten, von der Arbeit erhitzt, die Wattejacken abgeworfen.

Von Zeit zu Zeit hob eins der Mädchen eine ganze Kartoffelstaude mit den schweren Knollen in die Höhe und rief klingend:

»Mädels! Mädels! Schaut her, dieser Reichtum!«

Jungpioniere mit ihrer Leiterin lasen an Ort und Stelle die besten Kartoffeln aus, um sie sofort zum Saatgutspeicher zu fahren. Sie saßen im Kreis und sangen ein lustiges Lied: »Ach, Kartoffel, schmeckst du köstlich!«

Dann kamen der Kolchosvorsitzende und der Bezirksagronom. Beide wunderten und freuten sich, daß Dunja, ein so junges Mädchen, bereits Feldgruppenleiterin war und einen so unerhört hohen Ernteertrag erzielt hatte. Mit Glückwünschen überhäuft, bemerkte sie sehr wohl, daß alle sie mit Stolz und Wohlgefallen betrachteten, obwohl sie nur ein altes Kopftuch trug und nicht nur die

Hände, sondern sogar ihre Haare von der Erde schmutzig geworden waren. Nach der Arbeitszeit wollte niemand das Feld verlassen, sie blieben bis zum Anbruch der Nacht da. Erst in der Dämmerung fuhren sie auf dem letzten mit Kartoffeln beladenen Lastkraftwagen nach Hause. Dabei sangen sie Lieder, und als das Auto vor der Kolchosverwaltung hielt, kamen alle – Kolchosbauern, Vorsitzender und Bezirksagronom – auf die Vortreppe heraus, winkten ihnen zu und nannten sie im Spaß »Kartoffelaktivisten«.

Ja, damals war das Leben voller Freude und Fröhlichkeit gewesen, wie ein einziger Festtag!

Und jetzt? ... Die gleichen Kartoffeln, eine gute Ernte, aber alles ist anders. Die Stille des verödeten Hofes. Nur manchmal muht hinter der Wand die Kuh »Burjonka«, und die Gänse fangen plötzlich aufgeregt an zu schnattern. Der Gartenzaun ist wie ein Käfiggitter, niemand ist da, mit dem man ein Wort reden könnte. Die gleichen Kartoffeln – und doch ganz andere. Damals waren sie saftig und fest, man bekam direkt Lust, sie roh zu essen. Es war schön, sie anzufassen, sie waren unter den Händen, Blicken und Stimmen der Mädchen gewachsen. Aber wer freut sich hier über die Kartoffeln? Wassilij achtet nicht darauf. Er denkt an andere Dinge. Stepanida und Finogen rechnen abends aus, wieviel die gute Ernte über ihre Erwartungen hinaus abwerfen würde. Nur der Alte weiß Dunjas Arbeit zu schätzen, betastet liebevoll und behutsam mit seinen geschwärzten Händen die auserlesenen Kartoffeln. Er ist ebenso wie sie – er liebt die Arbeit, freut sich über gute Arbeit und sieht in der Arbeit den Sinn des Lebens. Dunja streckte einen Augenblick den Rücken und betrachtete den Kartoffelacker: Bis zum Abend hab ich genug zu tun ... Bis zum Abend werd ich also allein in diesem Käfig sein ... Vielleicht kommt Mama mit der kleinen Katjuscha, immerhin eine kleine Freude! ...

Sie machte sich wieder ans Buddeln.

Die endlose Arbeit in voller Einsamkeit, an der nur alte Leute Vergnügen finden, bedrückte sie; aber noch stärker bedrückte sie, daß Wassilij sich ihr immer mehr entfremdete.

Von außen gesehen, war alles in bester Ordnung. Er verdiente gut, brachte seinen ganzen Arbeitslohn nach Hause, war seiner Frau treu und liebte das Kind. Die Familie konnte als vorbildlich gelten. In Wirklichkeit standen sie einander jedoch nicht näher, sondern ferner als vor der Heirat.

Seine Arbeit in der MTS nahm ihn ganz in Anspruch. Monatelang kehrte er nicht heim. Kam er endlich, so brachte er Geschenke mit, war umgänglich und freundlich, aber – sie hatten nichts miteinander zu sprechen. Er langweilte sich mit seiner Frau, konnte nicht zu Hause sitzenbleiben und hatte es eilig, »unter Menschen« zu gehen – in die MTS, die Kolchosverwaltung oder einfach zu guten Freunden.

Mitunter lud er Freunde zu sich ein. Meistens kamen Traktoristen und Toscha Busykin, der Mechaniker der MTS, mit seiner Frau.

Awdotja beguckte sich dieses Paar sehr genau, als fürchte sie, eine entfernte Ähnlichkeit mit ihrem eigenen Leben zu entdecken.

Im Bezirk erinnerte man sich noch gut an Toscha, den jungen, fröhlichen, krausköpfigen Heißsporn, dem die Arbeit immer so flott von der Hand ging. Man schickte ihn zum Studium in die Stadt, aber seine Frau Malanja fing an zu heulen und ließ ihn nicht weg. Sie war reizlos, beschränkt, ungeschickt bei der Arbeit und lebte, nachdem sie sich diesen Toscha geangelt hatte, in ewiger Furcht und Bangigkeit, daß er sie womöglich sitzen ließ und zu einer andern ging. Um ihn ans Haus zu fesseln, hielt sie immer ein Gläschen für ihn bereit und stellte es, sobald er Anstalten zum Weggehen machte, auf den Tisch. Sie wußte, ohne Wodka hielt er es zu Hause nicht aus, und so machte sie allmählich einen Trinker aus ihm, mit dem einzigen Ziel, ihn festzuhalten. So kam es, daß er sein Leben lang »Toscha« blieb und nie »Anton« wurde. Er nahm tausenderlei Dinge in Angriff, packte alles mit Schwung an, führte aber nichts zu Ende. War er betrunken, so sprudelte er über von Späßen und Schnurren, hinterher aber weinte er, schlug sich an die Brust und schrie:

»Ich weiß, ich bin ein Talent!«

Als lustiger Saufbruder, Liedersänger und Harmonikaspieler war er ständiger Gast bei allen Tanzabenden und Trinkgelagen.

Und in den Fußstapfen des kleinen, wendigen, unterhaltsamen Mannes tauchte sein unvermeidlicher Schatten auf, die massive Malanja. Sie folgte ihrem Toscha überallhin und saß den ganzen Abend in seiner Nähe, gewöhnlich stumm, ohne ein einziges Wort zu verlieren.

So saß sie, quallig und ausdruckslos, ein überflüssiges Möbel, unfähig, andere zu erheitern oder zu betrüben, zu trösten oder zu kränken, etwas Interessantes zu erzählen oder auf eine fremde Erzählung zu reagieren.

Angstvoll betrachtete Awdotja dieses Wesen, das sich in ein bloßes Anhängsel ihres Mannes verwandelt hatte. Geh ich etwa denselben Weg wie Malanja? überlegte sie manchmal.

Mit gleicher Aufmerksamkeit betrachtete Awdotja eine andere Frau, freilich nicht mit Abscheu, sondern mit Neid. Das war die im ganzen Gebiet bekannte Traktoristin Nastasja Ogorodnikowa. Wenn Nastasja in die Stube trat, dann belebten sich alle. Sogar Wassilij gab sich Haltung, machte ein fröhliches Gesicht und zwirbelte mit besonders kecker Bewegung den Schnurrbart. Sie nahm die Huldigungen wie einen wohlverdienten Tribut entgegen und setzte sich auf den Ehrenplatz, als käme für sie nichts anderes in Betracht. Und sofort beherrschte sie die ganze Unterhaltung. Die Männer behandelte sie streng, sogar schroff, schalt und schulmeisterte sie wie kleine Kinder und wurde von ihnen gefürchtet. Sie verstummten, wenn Nastasja sprach, umschmeichelten sie, wenn sie, heiter gestimmt, sanfter und umgänglicher erschien als gewöhnlich.

Lange schwieg Awdotja, häufte Beobachtungen und Überlegungen an, bis sie sich endlich entschloß, offen mit Wassilij zu sprechen.

»Wasja!« fragte sie in einem günstigen Moment. »Wie kommt es, daß wir so nebeneinanderher leben?«

»Wieso nebeneinanderher?«

Er hob erstaunt die Augen.

»Du sprichst ja nicht einmal mit mir ...«

»Worüber soll ich denn mit dir sprechen?« fragte er verwundert.

Fassungslos dachte sie: Stimmt! Worüber? Antwortete aber: »Mit Nastasja hast du immer etwas zu sprechen.«

Wassilij sann nach, den Kopf, wie es seine Art war, auf die Seite gelegt. Er sah, daß sie ihn allen Ernstes, nicht von ungefähr fragte, und um gerecht zu sein, wollte er ihr eine zutreffende Antwort geben. Nach kurzem Überlegen erwiderte er gewichtig:

»Nastasja und ich, wir haben eine gemeinsame Sprache«, und stand auf, um wegzugehen.

Er war der Meinung, die Frage sei erschöpft, seine Antwort recht und billig.

Nachdem er gegangen war, blieb Awdotja unbeweglich stehen, wie angenagelt von seinen Worten. Kürzer, offener und brutaler hätte man ihr kaum sagen können, worin ihr Unglück bestand. Sie und ihr Mann fanden keine »gemeinsame Sprache«. Das stimmte. Wovon könnte sie ihm schon erzählen? Von dem Kind? Man kann doch nicht ewig über Kinder sprechen. Von der Kuh oder vom Gemüsegarten – was ist da viel zu berichten?

Grübelnd saß sie da, die Spindel müßig im Schoß ...

Auf dem weißgescheuerten Boden lagen, von der Sonne durchs Fenster geworfen, freundliche Lichtvierecke. In den Blumentöpfen auf den Wandbänken grünten üppige Geranien. In der Stube war es sauber, gemütlich und traulich. Awdotja sah mit abwesendem Blick vor sich hin: Wasja ist ein guter Mensch, wenn ich ihn bitte, wird er gesprächiger sein. Aber werden wir eine »gemeinsame Sprache« finden?

Katjuscha, die sich langweilte, bat: »Mam! Sprich mit mir.«

Ja, so wie sie selbst mit Katjuscha sprach, herablassend und etwas uninteressiert, würde Wassilij mit ihr sprechen. Brauchte sie solch eine Art Unterhaltung?

Damit werde ich mich nicht abfinden. Ich bin doch kein kleines Kind. Ich bin doch nicht Malanja. Und Wassilij ist nicht Toscha. Aber warum geht es uns dann schon so ähnlich wie diesem Paar? Weil Wasja und ich verschieden leben. Er hat den Kolchos, den Dorfsowjet, den Bezirk, die Partei, meine Welt aber reicht nur bis zur Türschwelle. Wie können wir da eine »gemeinsame Sprache« finden? Was soll ich bloß tun?

Sie stand ratlos auf und ging zum Fenster.

Hellrot wie die Ofenglut war im Laufe des Morgens eine der Topfgeranien erblüht. Awdotja wollte ihrem Töchterchen die Blume zeigen.

Sie hatte die Gabe, aus jeder Kleinigkeit – einer entfalteten Blume, einer komisch verwachsenen Mohrrübe, einem neuen Hemdchen – dem Kind ein kleines Fest zu machen.

»Katjuscha! Schau ...«, rief sie munter wie immer und stockte plötzlich.

Das Mädelchen kam angelaufen:

»Was denn? Mam! Mam!«

Die Mutter schwieg mit gesenktem Kopf. Meine Heiterkeit ist vorgetäuscht, es gibt in meinem Leben kein Fest, es gibt keine rote Farbe ... dachte sie, nahm sich aber zusammen und lächelte:

»Schau, Töchterchen, was für eine schöne Blume!«

Eines Tages kam Wassilij in die Stube gelaufen, die Wattejoppe aufgeknöpft, die Mütze schief aufgesetzt.

»Ist Nastja nicht dagewesen?«

»Nein. Was ist los mit dir, Wasja, was hast du?«

»Diesem Halunken werd ich einen Denkzettel geben! Damit er weiß, was es heißt, andere Leute zu verleumden!« brummte Wassilij, ohne auf ihre Frage zu antworten. »Wenn Nastja kommt, sag ihr, ich bin zu ihr gegangen.« Er lief wieder weg, ohne zu erklären, worum es sich handelte.

Von den Nachbarn erfuhr Awdotja, daß der Direktor der MTS Wassilij gezwungen hatte, mit einem fremden, schadhaften Traktor zu arbeiten. Wassilij hatte sich zuerst geweigert, weil er ordentlich pflügen wollte, aber nach langem Hin und Her hatte er sich fügen müssen, denn die Fristen liefen ab, der Boden trocknete aus, und ein anderer Traktor war einfach nicht da. Der Bezirksagronom sah den schlechten Sturz und machte Meldung. Der Direktor schob alle Schuld auf Wassilij und behauptete, er sei beim Pflügen betrunken gewesen. Wassilij drohte ein Gerichtsverfahren.

Erregt über das Unglück, das ihren Mann betroffen hatte, war Awdotja gleichzeitig verletzt, weil er sich in diesem schweren Augenblick nicht an sie, sondern an eine andere Frau wandte.

Bald darauf kamen Wassilij und Nastasja ins Haus.

»Schrei nicht so, reg dich nicht auf! Such alle deine Ehrenurkunden zusammen«, kommandierte Nastasja. »Wir fahren direkt ins Bezirkskomitee, zu Trofim Iwanowitsch.«

Sie setzte sich auf Awdotjas Bank, zog mit gebieterischer Geste Awdotjas Katjuscha an sich und erteilte Awdotjas Mann Anweisungen, als sei sie die Herrin des Hauses. Wassilij sah sie mit folgsamen Augen an und fragte, gefügig wie ein kleiner Junge:

»Nastja, soll ich das Dankschreiben vom Kolchos ›Morgenröte‹ mitnehmen oder nicht?«

Kein einziges Mal in seinem Leben hatte er in diesem Ton mit Awdotja gesprochen.

»Nimm es mit!« verfügte Nastasja. »Mit Trofim Iwanowitsch spreche ich selbst über dich. Er kennt mich und wird mir Glauben schenken. Na, bist du fertig?«

»Sofort! Diesem Halunken werde ich ...«

»Mach keinen Krach ... Hitzkopf! Alles wird gut ...« Sie stand auf und strich im Vorbeigehen mit freundschaftlicher Nachlässigkeit über sein Haar. »Das reine Pulverfaß! ... Na, ziehn wir los?« Ihr strenges, etwas pockennarbiges, gebräuntes Gesicht kam Awdotja ausnehmend schön vor. In diese Frau muß sich ja jeder Mann vergucken, ob er will oder nicht, dachte sie.

»Die Kolchospferde sind alle eingesetzt, wir haben keine Fahrgelegenheit, Nastja.«

»Dann gehen wir zu Fuß. Unterwegs wird uns schon jemand mitnehmen.«

Während sie hinausgingen, unterhielten sie sich und vergaßen, sich von Awdotja zu verabschieden. Sie sah ihnen mit zusammengebissenen Zähnen nach.

Das war keine Eifersucht; sie kannte Wassilij und Nastasja und vertraute ihnen. Sie war dieser Frau sogar dankbar, weil sie ihrem Mann so einfach und freigebig das bot, was Awdotja selbst ihm nicht geben konnte.

Bitterer als Eifersucht und Mißtrauen war das Bewußtsein, sich in dieser für ihren Mann so schweren Stunde als schwach, nichtig und hilflos zu erweisen, daß ihr Mann eine andere Frau um Rat und Unterstützung anging, daß diese andere ihm näherstand.

Diesen kurzen Besuch konnte Awdotja ihr Leben lang nicht vergessen.

Nun folgten Tage stummen Überlegens. Was wird aus meinem Leben? dachte sie. Wen erfreut meine Arbeit, meine Kraft? Sie kommt nur meiner Schwiegermutter zugute und bringt ihr noch einen Tausender mehr zum ersparten Geld. Mir macht sie keine Freude, Wassilij auch nicht. Was bin ich ihm? Was kann ich für ihn tun? Kohlsuppe kochen? Einen Imbiß zum Wodka vorsetzen? So erbärmlich dieses Kerlchen Toscha auch ist, sogar er war einer solchen Frau um ein Haar weggelaufen. Und Wassilij ist nicht Toscha. Ist es ein Wunder, daß es ihn zu einer andern zieht? Bin ich nicht selbst daran schuld? Und wozu soll ich mich quälen, wozu in den vier Wänden hocken? Für das Kind? Was kann ich schon für Katjuscha tun? Brei kochen und Hemdchen waschen? Das kann jede Pflegerin in der Kinderkrippe. Aber sind denn die Pflichten einer Mutter damit schon erschöpft? Kann ich es denn zum Leben anleiten, wenn ich selbst nicht verstehe zu leben? Es wird heranwachsen und genau wie Wassilij um Rat, um Hilfe, um ein ernstes Gespräch zu fremden Leuten gehen, als wäre ich Luft. Und das geschieht mir ganz recht; die Mutter darf sich nicht in ein Kindermädchen, die Frau nicht in eine Köchin verwandeln. Bin ich denn unfähig zu etwas anderm? Oder bin ich Malanja, daß ich mich mit solch einem Los abfinde?

Ihr Entschluß reifte langsam, wurde aber unerschütterlich.

»Wasja!« sagte sie eines Tages beim Abendessen mit ungewohnter Festigkeit. »Ich habe mich entschlossen, wieder im Kolchos zu arbeiten.«

Er hob erstaunt den Blick.

»Was hast du dir plötzlich ausgedacht? Und was wird mit unserem Töchterchen?«

»Das bringe ich in die Kinderkrippe oder zu Mama. Ich werde mich einrichten wie andere auch.«

»Wozu willst du denn arbeiten? Und was kannst du schon arbeiten? Was wirst du tun? Schweine füttern?«

Zum erstenmal fühlte sie sich von ihm beleidigt. Er war ungerecht und rücksichtslos; was sie selbst am meisten an sich schätzte, übersah er. Ihre besten Tage, ihren Stolz und ihre Freude ließ er nicht gelten. Sie war so verletzt, daß sie herausplatzte:

»Ich ... Ich habe im Bezirk einen Vortrag gehalten, ich war die beste Feldgruppenleiterin ... du aber ...«

Die unerwartete Bitterkeit, die aus ihrer tränenerstickten Stimme klang, verblüffte Wassilij:

»Was hast du denn, Dunjascha? Wovon sprichst du?«

Doch sie hatte ihre momentane Fassungslosigkeit bereits überwunden, und Wassilij sah nun eine ganz neue, völlig verwandelte Awdotja. Sie stand vor ihm, hoch aufgerichtet, mit blitzenden Augen:

»Wer bist du, Wasja? Und was für eine Frau suchst du? Bist du der Säufer Toscha, der vom Leben nur eins verlangt: Essen und Bett? Dann merk dir, ich bin nicht Malanja! Hattest du nicht gesehen, wen du heiratest? Ich war in meiner Feldbaugruppe die Jüngste, aber frag mal: Wer hat die Feldbaugruppe besser geleitet als ich? Heute noch erinnert man sich im Kolchos an mich. Ich bin keine Malanja, Wasja, sondern dir gleichwertig, hörst du?«

Ist das wirklich Dunjascha? überlegte Wassilij. Was ist in sie gefahren? Ach, die Weiber! Nun lebe ich jahrelang mit ihr, habe geglaubt, ich kenne sie wie meine fünf Finger, und plötzlich gibt sie mir Rätsel auf.

Unterdessen setzte sich Awdotja, der nach diesem Herzenserguß die Knie zitterten, auf die Bank und fuhr bereits ruhiger fort: »Was ist aus mir geworden? Ein Kindermädchen, eine Köchin! Ich klage dich nicht an. Jeder kauft sich die Kleidung, die ihm paßt, wählt sich sein Schicksal, wie er es versteht. Nur sind mir die Kleider, die ich irrtümlich gewählt habe, zu eng, Wasja.«

Stepanida, die im Nebenzimmer zugehört und den Sinn der Rede wohl verstanden hatte, kam wie ein Habicht ins Zimmer geschossen.

»Du bist nicht recht gescheit, Frauchen! Wer soll denn für die Familie kochen, nähen und waschen?«

Awdotja wandte langsam den Kopf und sah ihre Schwiegermutter mit einem so stolzen und strengen Blick an, daß dieser die Worte im Hals steckenblieben.

»Wenn ich von der Arbeit komme, werde ich für euch sorgen, werde kochen, nähen und waschen. Ich werde für alles Kraft und Zeit finden, Mama.«

In dem Bemühen, sowohl die Kolchosarbeit zu leisten als auch die in Harnisch geratene Schwiegermutter zufriedenzustellen, rackerte Awdotja sich in wenigen Tagen so ab, daß Wassilij zu ihr sagte: »Tüchtig ist nur der Mann, bei dem die Frau gedeiht, du aber bist bei mir heruntergekommen wie ein Ferkel bei einer schlechten Bäuerin. Wir wollen uns ein Häuschen kaufen und eine eigene Wirtschaft einrichten.«

Im Mai einundvierzig siedelten sie in das neue Haus über.

Als die Nachricht von Wassilijs Tod gekommen war, hatte Awdotja zuerst nicht daran geglaubt. Es erschien ihr unfaßbar, daß sie nach wie vor am Leben und gesund sein sollte, wenn er nicht mehr auf dieser Welt war. So sehr hing sie an ihm, daß sie glaubte, in seiner Todesstunde müsse unweigerlich auch ihr Leben enden.

»Glaubt es nicht, Papa, glaubt es nicht! Ich hätte seinen Tod in meinem Herzen spüren müssen«, sagte sie zu ihrem Schwiegervater. »Er lebt! Ich fühle, daß er lebt! Ich weiß es. Unmöglich, daß ich mich täusche!«

Sie schickte eine Rückfrage an seinen Truppenteil. Während sie auf Antwort wartete, bewahrte sie eine feste, ruhige Haltung, als wollte sie dadurch die auf sie einstürmenden furchtbaren Gedanken fernhalten. Sein Truppenteil bestätigte die Todesnachricht, und ein Frontkamerad Wassilijs schrieb ihr:

»Er lag neben der Schlucht mit einem Kopfschuß. Wo er beerdigt ist, weiß ich nicht, denn wir gingen zum Sturmangriff vor, und ich wurde selbst dabei verwundet.«

Sie las den Brief, blieb eine Weile reglos sitzen und brach plötzlich ohne einen Laut zusammen. Als sie wieder zur Besinnung kam, war sie ein anderer Mensch.

Bisher hatte Wassilij ihr ganzes Leben ausgefüllt; jede Blume am Fenster, jeder Läufer auf dem Boden, alles lebte, atmete, lächelte ihr zu, weil Wassilij es sah oder noch sehen konnte. Jetzt, nachdem sie erfahren hatte, daß er gefallen war, verloren die Dinge plötzlich ihre Seele, das Haus starb, es verödete, obgleich nicht das geringste hinausgetragen wurde. Stühle, Wände, Schüsseln – alles, was Wassilijs Atem früher belebt hatte, starrte sie nun mit toten, hohlen Augen an.

Das war das Ende!

Sie kam sich ganz unwirklich vor, als habe Wassilij ihre Seele und ihr Leben mit fortgetragen, als sei nur ihr Schatten im Haus geblieben, ein gespenstisches Wesen ohne Hoffnungen, ohne Wünsche, ohne Zukunft, sogar ohne die Fähigkeit zu leiden.

Lange konnte sie weder aufräumen noch waschen oder sich um die Wirtschaft kümmern, denn früher hatte sie ja alles nur seinetwegen getan. Da er nicht mehr war, verlor jede Tätigkeit Inhalt und Sinn.

In den Nächten ging sie zu Dunjaschka, ihrem während des Krieges geborenen jüngsten Töchterchen, das dem Vater so ähnlich sah. Sie konnte sich nicht satt sehen an den scharfgebogenen schwarzen Augenbrauen des Vaters und flüsterte verzweifelt:

»Wasja! Wasjuschenjka! Wassenjka! ...«

Sie bildete sich ein, wenn sie heimlich den ersten Blick des erwachenden Töchterchens auffange, so werde unter den Brauen des Kindes hervor sekundenlang der vertraute und ersehnte spöttisch zärtliche Blick des Vaters auf sie fallen.

Hätte sie keine Kinder gehabt, wäre sie einfach im Bett liegengeblieben, zum Sterben bereit, zutiefst davon überzeugt, daß ihre Stunde gekommen sei. Aber sie mußte sich bewegen, den Kindern zuliebe. Allmählich brannte der Schmerz in ihr aus, und sie erwachte aus ihrer Totenstarre. Dem Leben zurückgegeben, übertrug sie die ganze Liebe zu ihrem Mann auf die Kinder.

Schon früher hatte sie ihre Töchter bis zur Selbstvergessenheit geliebt, aber jetzt wurde ihre Liebe fast krankhaft – ein ständiges Zittern und Zagen. Selbst in den Augenblicken der tiefsten Trauer, als sie außerstande war, an sich zu denken, etwas für sich zu tun, blieb ihr trotz allem das Bedürfnis, sich um andere zu kümmern. Fremdes Leid zu lindern, erleichterte und tröstete sie.

Aus diesem Bedürfnis heraus nahm sie auch den Traktoristen Stepan Mochow ins Haus.

Er war ganz anders als Wassilij: hager, blond, keineswegs hübsch, mit ruhigen, aufmerksamen Augen, mit zurückhaltenden, gemächlichen Bewegungen.

Der Umstand, daß er noch an einer schweren Verwundung litt, weckte in ihr das ewig weibliche Mitleid und den Wunsch, für ihn zu sorgen wie für ein Kind.

Zunächst begegnete er ihrer Fürsorge nur mit Argwohn und Mißtrauen. Er glaubte, sie sei der Einsamkeit überdrüssig und suche sich ihm zu nähern. Als er sie besser kennenlernte, schämte er sich seines Verdachts.

Er sah, daß sie sich ebenso wie um ihn auch um eine kranke Nachbarin kümmerte, um einen alleinstehenden Greis, um jeden beliebigen ins Unglück geratenen Menschen. Und ebenso hingebungsvoll wie zu den Menschen verhielt sie sich auch zur Arbeit im Kolchos.

Er gewann den Eindruck, daß sie, selbst wenn sie es gewollt hätte, außerstande gewesen wäre, etwas schlecht, flüchtig oder nachlässig zu tun.

Als er ihr Wesen restlos erfaßt hatte, erstaunte ihn die Zähigkeit, durch die sich diese stille blonde Frau auszeichnete.

»Ruh dich ein Stündchen aus, Awdotja Tichonowna. Brennholz werd ich dir hacken, das ist keine Weiberarbeit. Setz dich, ruh dich aus!«

»Die Arbeit macht mich fröhlicher, Stepan Nikititsch. Untätigkeit kann ich nicht ertragen.«

Stepan genas nur langsam von seiner Verwundung, und sein kränklicher Zustand zwang ihn, häufig zu Haus zu sitzen. An den langen Winterabenden nähte Awdotja, ihre Mutter strickte und Stepan schusterte.

Dieses stille abendliche Zusammensein mit den ruhigen, trauten Unterhaltungen hatte einen Reiz, der Awdotja völlig neu war. Auch Bücher wurden ihr seit diesem Winter ein Lebensbedürfnis.

»Katjuscha, lies uns etwas von Akademiemitglied Wassilij Robertowitsch Wiljams vor«, sagte Stepan.

Katjuscha nahm das fein säuberlich in Zeitungspapier eingeschlagene Buch.

»Wo sind wir gestern stehengeblieben, Onkel Stjopa?«

»Als das Licht ausging, lasen wir über die Wasservorräte in strukturlosem Boden. Gib her, ich zeig dir die Stelle.«

Stolz auf ihre verantwortliche Rolle im Familienkreis, setzte sich Katjuscha näher zur Lampe und las vor, wobei sie mit dem Zeigefinger über die Zeilen fuhr und die Worte möglichst deutlich aussprach.

»›Der Schnee ist geschmolzen‹«, las sie, »›der Regen hat aufgehört. Wie erfolgt nun die weitere Durchdringung des strukturlosen Bodens mit Wasser?‹ Hier steht ein Fragezeichen, Onkel Stjopa.«

Ratlos vor diesem unerwarteten Hindernis, sah sie Stepan beunruhigt an.

»Das liest man nicht, Kindchen, das zeigt man durch einen Tonfall an.«

Awdotja nahm zunächst weniger den Sinn des Gelesenen auf, sie genoß diese ganz neue Freude des friedlichen Lesens im häuslichen Kreis, erbaute sich an Katjuschas heller Stimme und an ihrer klaren Aussprache der gedruckten Worte.

Nach solchen Feierstunden wird einem leichter ... Sie sind wie kühlender Wind auf einer brennenden Wunde, dachte sie.

Doch bald wurde sie angesteckt von Stepans regem Interesse; er nahm alles Gelesene auf wie eine Entdeckung, die sein persönliches Schicksal betraf.

»Sieh mal an, wie die Erde lebt!« staunte sie. »Und wir wissen das nicht, obwohl wir uns unser Leben lang von ihr nähren, unser Leben lang auf ihr herumspazieren.«

Nicht nur Stepan und Awdotja, auch Praskowja versuchte jedes Wort zu erhaschen.

»›Die oberste Bodenschicht krümelt nicht, und jeder Versuch, sie zu zerkrümeln, ist zwecklos. Man muß sie entfernen. Das geschieht mit Hilfe des Vorschälers.‹ Onkel Stjopa, was ist ein Vorschäler?« fragte Katjuscha. »Wirst du's uns zeigen?«

»Das Unglück ist nur, Kindchen, daß die Traktorpflüge in unserer MTS keine Vorschäler haben.« Stepan stand auf, ging im Zimmer auf und ab: »Die Hände sollen mir verdorren, wenn ich noch ein einziges Mal ohne Vorschäler auf den Acker fahre. Wenn ich sie in der MTS nicht kriege, werde ich sie in der Schmiede eigenhändig, zusammen mit dem Schmied, anfertigen. Aber ohne Vorschäler will ich nicht mehr ackern.«

Als Stepan bald darauf aus der Stadt die ersten Vorschäler mitbrachte, war das ein Ereignis, an dem die ganze Familie Anteil nahm. Während er sie befestigte, wichen Katjuscha und die kleine Dunjascha keinen Schritt von der Seite. Und auch Awdotja, die in der Mittagspause zur MTS hinübergelaufen war, vergaß das Essen und sah wie gebannt zu.

Nach der Lektüre des Buches von Wiljams war ihnen das Lesen schon zur lieben Gewohnheit geworden.

Nahm hier nicht das Neue seinen Anfang, das Awdotjas Leben jetzt umwälzte?

Schon lange hatte Praskowja, die ihrer Tochter von ganzem Herzen Glück wünschte, dahinterzukommen versucht, ob Stepan nicht manchmal in Awdotjas Stube ging.

Auch die Nachbarn hegten längst keine Zweifel mehr, daß die beiden zusammenlebten. Sie aber scheuten immer noch vor jeder Berührung zurück, nannten einander hartnäckiger denn je bei Vor- und Vatersnamen, ja, sprachen sich manchmal sogar mit »Sie« an. Die beiderseitige Zurückhaltung erregte sie stärker, als die leidenschaftlichsten Worte es vermocht hätten; sie war der beste Beweis für die Tiefe ihrer Gefühle.

Wanderte Stepan nachts durchs Zimmer, auf leisen Sohlen, damit die Dielen nicht knarrten, so blickte Awdotja, die hinter der Wand lag, wach ins Dunkel und lächelte vor Seligkeit.

Sie wußte, daß er sich nach ihr sehnte. Aber weil er sie grenzenlos schätzte und verehrte, wagte er nicht, sich ihr zu nähern. In seiner Schüchternheit fürchtete er, die Atmosphäre des Vertrauens, der Fürsorglichkeit, der unausgesprochenen, aber überquellenden Zärtlichkeit, die sich zwischen ihnen herausgebildet hatte, zu stören und zu vernichten.

Bei aller Liebe zu Wassilij hatte sie doch früher nie eine solche Einheit im Fühlen und Denken, eine solch restlose Übereinstimmung in allem gekannt.

Beide arbeiteten von früh bis spät, und beide gewöhnten sich daran, abends aufeinander zu warten. Kam Stepan früher nach Hause, so wartete er am gedeckten Tisch auf Awdotja, um mit ihr zu essen, und auch sie aß nicht ohne ihn.

Häufig kehrte er spät heim, wenn Praskowja und die Kinder bereits schliefen. Awdotja begrüßte ihn dann mit solcher Freude, als habe sie ihn lange nicht gesehen. Bei beiden häufte sich im Laufe des Arbeitstages viel Gesprächsstoff an, sie hatten das Bedürfnis, ihre Meinungen auszutauschen, und während des Abendessens führten sie flüsternd, um die Schlafenden nicht zu wecken, lange und lebhafte Unterhaltungen. Besonders nahe brachte sie einander die gemeinsame Arbeit auf dem Grundstück der Farm.

Awdotja leitete die Milchwirtschaft des Kolchos und kam mit ihren Mitarbeitern überein, auf einem Feld Klee anzubauen.

»Awdotja Tichonowna«, sagte Stepan einmal, »kennst du das brachliegende Kleefeld am Hohlweg? Es ist schon drei, vier Jahre nicht umgepflügt worden. Überall wuchern junge Birken und Fichten, aber dazwischen wächst bester Sortenklee. Da sind schöne Köpfchen reif geworden, jetzt wäre gerade Zeit, sie abzuernten. Mit Kleesamen steht es im Bezirk schlecht, wir könnten ihn hier fürs nächste Jahr sammeln.«

Awdotja befolgte seinen Rat. Im nächsten Frühjahr bat sie ihn: »Stepan Nikititsch, im Plan der MTS ist das nicht vorgesehen, aber tu mir den Gefallen und pflüg das Wiesenstück um, damit ich den Klee aussäen kann.«

Und nachts, in seiner freien Zeit, kam Stepan auf die Wiese.

Die feuchte Frühlingsluft war gesättigt von Erdgerüchen. Gleichmäßig knatterte der Traktor. Die weißen Lichtgarben der Scheinwerfer griffen in die Dunkelheit. Die Halmbüschel, die das Licht der schwarzen Nacht herausriß, sahen fahl, groß und wunderlich verworren aus.

Awdotja saß auf einem Stapel gerodeter junger Fichten, und jedesmal, wenn Stepan vorbeifuhr, sah er ihre dunkle Gestalt und die großen Augen in ihrem lächelnden bleichen Gesicht.

»Geh lieber nach Hause, Awdotja Tichonowna, du bist sicher müde.«

»Ich werde dich doch nicht allein hierlassen. Nein, ich warte. Dauert es noch lange?«

Dann saßen sie nebeneinander auf dem dunklen Feld und aßen Brotfladen und tranken Milch.

»Morgen ist die rechte Zeit zum Säen. Schau, die Erde

ist weich, sie wird den Samen gut aufnehmen«, sagte Awdotja.

»Ja, morgen ist es gerade richtig. Laß nur nicht den Boden austrocknen.«

Es waren alltägliche Worte, aber beide sprachen mit gedämpften Stimmen, als unterhielten sie sich über etwas ganz Besonderes. Auf der Heimfahrt gab sich Awdotja, die schon halb schlief, Zukunftsträumen hin:

»Dies Jahr ernten wir Samen und im nächsten säen wir sie wieder aus. Wenn es mit der Wirtschaft aufwärtsgeht, werden sie im Kolchos sicher darauf kommen, Klee anzubauen. Und wer hat vorgesorgt? Wir beide.«

Und sie fühlten sich einander so nahe, als gäbe es nichts, was sie noch näher bringen könnte.

Als der Siegestag kam, weinte sich Awdotja noch einmal von Herzen aus. Es war für sie ein Tag des Jubels und gleichzeitig der Trauer, weil Wassilij ihn nicht mehr erlebte. Sie weinte still vor sich hin, vergoß herbe, bittere Tränen, weinte aber nicht lange; das Leid löste sich in der allgemeinen Freude.

Es gab viele Schwierigkeiten, aber stärker war die Zuversicht, daß diese Schwierigkeiten bald ein Ende nehmen würden. Die Freude des Sieges verflocht sich mit der Freude der neuen Liebe, die Awdotjas Herz erfüllte. Ohne daß Stepan sie jemals berührt hatte, war er bereits ihr Mann. Das ergab sich aus der Übereinstimmung ihrer Charaktere und Gefühle, die sie immer fester verband. Awdotja erfuhr eigentlich zum erstenmal, was wahres Familienleben ist. Dies überwältigende Glück verjüngte sie.

Eines Tages wurde Stepans Traktor nicht mit Treibstoff versorgt; da nahm er die Sense und ging mit den Kolchosbauern zur Heumahd.

Sie mähten die Schwemmwiesen. Praskowja, Awdotja und ihre Base Tatjana arbeiteten an einem entfernten Abschnitt. Sie mähten, bis es dunkel wurde.

Im Feldlager jenseits des Flusses brannte schon ein Feuer, dort wurde das Abendessen gekocht. Ein feiner Geruch von Rauch zog durch die Luft.

Der Himmel verblaßte, die Bäume und Sträucher färbten sich dunkel. Ein Spiegel des Himmels, schimmerte die

Bucht in der gleichen glasklaren Helligkeit und hob sich von der Luft und vom dunklen Grün ab.

Besonders klar und deutlich spiegelten sich die Uferstraucher und das leerstehende Fährmannshäuschen am fernen alten Flußübergang. Der erste Stern blinkte am Himmel, und gleich darauf legte sich sein Widerschein aufs Wasser. Große, dunkle Blätter von Seerosen schwammen, geöffneten Händen gleich, ruhig und vertrauensvoll auf der hellen Fläche.

Als Awdotja das letzte Wiesenstück am Wasser zu Ende mähte, sprang ein Rebhuhn unter ihrer Sense hervor und hüpfte, mit Flügeln schlagend, um sie herum.

»Es hat sein Nest hier, es will uns weglocken!«

Awdotja bog das Gras auseinander und erblickte große, schon gefiederte Küken. Stepan beugte sich über das Nest. Dabei streifte er Awdotjas Schulter. Sie hörte seinen ungleichmäßigen Atem.

»Wir dürfen ihnen nichts tun«, sagte sie und wich hastig vor Stepans Berührung zurück.

»Keine Sorge, ich werde ihnen nichts tun«, antwortete Stepan leise, ihr in die Augen schauend.

Und sie verstand den zweiten – den geheimen – Sinn seiner Worte; er beruhigte sie, er versprach ihr, nichts zu tun, was ihr Schaden oder Unruhe bringen könnte. Ein überströmendes Gefühl von Freude, Erregung und Dankbarkeit ergriff sie.

Behutsam deckten sie Gras über das Nest und gingen zum Feldlager, um Abendbrot zu essen.

Stepan riß Mummeln und weiße Wasserrosen ab und schenkte sie Awdotja, die sie ins Haar steckte.

Jenseits des Flusses sangen Mädchen. Awdotja, Stepan, Praskowja und Tatjana stimmten in das Lied ein.

Die Melodie stieg empor und verwehte.

Awdotja war leicht und froh zumute; ihr Herz sang:

Heute! ... Heute wird es sein ...

Am Rand einer kleinen Wiese, auf einem Hügel, stand ein niedriger Heuschober, aus dem die Stange gezogen war. Awdotja preßte das Heu zusammen und legte sich darauf.

Im Haar trug sie immer noch die Wasserrosen. Schon etwas verwelkt, dufteten sie betäubend und zart zugleich.

Sie rochen süßlich feucht nach dem Fluß. Awdotja lag auf dem Rücken, das Gesicht dem Himmelszelt zugewandt. Über ihr zuckten, zitterten und flimmerten unzählige Sterne. Man sah ihr Licht rieseln, und es schien, als flöchten sie unaufhörlich und mühselig ein strahlendes Gewebe, das den ganzen Himmel umspannte.

Eine verspätete Feldbaubrigade kehrte singend auf einem fernen Uferpfad von der Mahd zurück.

Awdotja lauschte dem Lied und blickte zum Himmel empor. Eine Sternschnuppe stürzte, für den Bruchteil einer Sekunde eine feurige Spur hinterlassend, in steilem Flug durch das All.

Wie viele Sterne? Welcher ist meiner? dachte Awdotja. Wo ist mein Sternlein? Gib mir ein Zeichen! Sie streckte die Hand zum Himmel aus, und wie als Antwort riß sich hoch oben ein Stern los, funkelte und verschwand. Awdotja freute sich abergläubisch darüber. Wird Stjopa kommen? Hat er erraten? Warum sollte er nicht kommen!

Sie hörte leichte Schritte.

Stepan wagte lange nicht, sich Awdotja zu nähern. Er wußte zwar, daß sie ihn erwartete, fürchtete aber noch, sich zu irren, sie gegen seinen Willen zu beleidigen und die Freude des gegenseitigen Vertrauens, in der er dieses ganze Jahr hindurch gelebt hatte, aufs Spiel zu setzen.

Er ging umher, steckte sich eine Zigarette nach der andern an, warf sie weg und fand schließlich eine Lösung. Ich werde meinen Mantel nehmen und ihr bringen, als wollte ich sie zudecken, als sorgte ich mich darum, daß sie nicht friert. Dann werden wir ja sehen.

Den Mantel überm Arm, schritt er zu der kleinen Wiese, ärgerte sich dann über seine Schüchternheit. Er warf den Mantel zu Boden, schleuderte die Zigarette weg. Was benehme ich mich wie ein kleiner Junge, wen will ich damit täuschen?

Mit klopfendem Herzen trat er an den Heuschober heran.

»Hab keine Angst vor mir, Awdotja Tichonowna!«

Sie streckte die Arme nach ihm aus:

»Stjopa! ...«

Stepan und Awdotja hatten geheiratet.

Awdotja war glücklich, und als sie sich an ihr Glück gewöhnt hatte, als sie daran zu glauben begann, daß es fest begründet und unverbrüchlich sei, kehrte Wassilij zurück.

»Sie sollten einmal bei den Stunden von Natalja Andrejewna zuhören«, wandte sich bald darauf der Schulinspektor Anatoli Dmitrijewitsch an mich. »Sie ist ein prächtiger Mensch und eine gute Pädagogin. Und zu allem andern hat sie auch noch eine große Erfahrung. Kein Wunder: sie unterrichtet seit vierzig Jahren! Sehen Sie ihr zu, hören Sie ihr zu – es wird für Sie sehr interessant sein!«

Ich aber war so töricht und ging nicht hin. Heute verstehe ich selbst nicht mehr, warum ich es damals nicht tat. Es war ein gewisser Trotz von mir und der Wunsch, meinen Weg allein zu finden, was es auch immer kosten möge.

Aber eines Tages trat Natalja Andrejewna im Lehrerzimmer auf mich zu und fragte:

»Darf ich einmal bei Ihnen hospitieren?«

»Bitte sehr«, antwortete ich.

Sie kam, nicht nur ein- oder zweimal, sie kam öfter. Sie setzte sich in die letzte Bankreihe, sie hörte, sie sah. Ehrlich gesagt, ich liebe es nicht, wenn in meinen Unterrichtsstunden Außenstehende zuhören. Es entsteht eine gewisse Spannung, die Kinder benehmen sich anders als sonst, wir sind nicht mehr unter uns, und unwillkürlich fühlen sie sich ebenso wie ich durch die Anwesenheit eines Fremden gehemmt. Als aber Natalja Andrejewna in die Klasse kam, merkte ich davon fast gar nichts. Derart strömten von ihr Wohlwollen und Güte aus! Sie lachte so herzlich, wenn die Kinder oder ich einen Witz machten, sie lauschte aufmerksam auf die Antworten der Kinder und nickte anerkennend, wenn dieselben richtig waren.

Zu mir sagte sie:

»Es ist gut, daß Sie die Kinder mit ihren Vornamen anreden.«

Oder auch:

»Haben Sie bemerkt, daß jener Kleine immerzu schweigt, warum ist er so wortkarg?«

Einmal bat sie mich:

»Erzählen Sie mir doch mehr über die Kinder!«

Ich erzählte ihr von den Jungens. Sie hörte sehr interessiert zu, sie schob manchmal ihre noch jugendlich dunklen Augenbrauen zusammen, dann wieder klopfte sie mit dem Finger auf die Pultplatte – ich sah, sie nahm regen Anteil an meinen Kümmernissen und Enttäuschungen. Dann sagte sie:

»Besuchen Sie mich, ich werde Ihnen dann von meinen Jungens erzählen.«

Von dem Tage an ging ich öfters zu Natalja Andrejewna. Ich saß dabei, wenn sie unterrichtete, ich hörte zu, wie sie mit den Kindern sprach, ich hörte, wie gern und wie verständig die Jungen ihr antworteten. Es war eine Freude, zuzuhören.

Aber noch interessanter als in ihren Stunden war es, wenn Natalja Andrejewna von den Kindern berichtete. Und bald bemerkte ich: Sie sprach am liebsten nicht von den guten Schülern, sondern von denen, die es ihr schwer machten. Einer dieser Jungen hatte zwei Jahre lang in einem vom Feind besetzten Gebiet gewohnt. Einmal hatte ein deutscher Soldat ihm befohlen, ein Beil zu holen. Der Junge erschrak. Jetzt wird er mich totschlagen ..., dachte er – und wurde vor Schreck stumm. Auch die Beine waren wie gelähmt. Es wurde langsam wieder besser mit ihm, doch er stotterte seither. Er war zwei Jahre älter als seine Klassenkameraden, da er erst mit neun Jahren eingeschult worden war. Während der Stunden saß er meist schweigsam und teilnahmslos da, oft blickte er mit Tränen in den Augen aus dem Fenster; er konnte es kaum erwarten, daß die Mutter ihn abholte und mit ihm nach Hause ging. Man merkte es ihm auch an, wie peinlich es für ihn war, nicht nur zwei Jahre älter, sondern auch viel größer zu sein als die anderen Jungen seiner Klasse. Natalja Andrejewna verstand es, diesen Umstand als einen besonderen Vorzug hinzustellen. »Witja ist der Längste von euch, er wird mir helfen, das Bild aufzuhängen«, sagte sie wohl, oder ein anderes Mal: »Witja, du bist so groß, komm, nimm mir doch mal die Bücher aus dem obersten Regal heraus.«

Da sie wußte, daß der Knabe sich qualvoll aufregte, wenn er unerwartet während des Unterrichts aufgerufen wurde, machte sie ihn schon im voraus darauf aufmerksam, daß er bald an die Reihe kommen werde, entweder durch einen Blick oder durch eine wie zufällig ausgesprochene Bemerkung wie diese: »Jetzt schreiben wir diesen Satz in die Hefte, und dann wird uns Witja sagen ...«

Und Witja hatte Zeit, sich innerlich darauf vorzubereiten, daß er werde sprechen müssen.

Jede richtige Antwort, die Witja gab, wurde ausdrücklich belobt, jeder Buchstabe, den Witja heute besser geschrieben hatte als gestern, wurde bemerkt. Und so führte sie den Knaben Schritt für Schritt so weit, daß er endlich wieder Selbstvertrauen gewann. Natalja Andrejewna ließ mich die Beurteilung über ihn lesen (sie führte ein Tagebuch mit ausführlichen Eintragungen über jedes Kind), und ich ersah aus diesen Aufzeichnungen, wie er sich in den letzten vier Jahren entwickelt hatte. Ein großer Teil seiner Hemmungen war geschwunden, er hatte mit der Lehrerin Freundschaft geschlossen, doch von den Kameraden hielt er sich immer noch zurück.

Jetzt kam es darauf an, sein Ansehen in den Augen seiner Mitschüler zu heben. Es fand sich eine Gelegenheit dazu. Witja hatte in sein Zeichenheft einen Winterwald und einen erschreckt davonlaufenden Hasen recht nett gezeichnet. Natalja Andrejewna ließ ihn das Bild auf einen großen Bogen Papier vergrößert kopieren, sie hängte das Bild an die Tafel und ließ die ganze Klasse einen Aufsatz über das Bild schreiben. »Das hat unser Witja sehr hübsch gemacht. Seht mal, was für erschrockene Augen der Hase macht und wie er die Ohren anlegt! Wir haben schon lange nicht mehr über ein so hübsches Bild geschrieben«, sagte Natalja Andrejewna.

Die Knaben sahen Witja mit Interesse und Hochachtung an – und ein Mensch wird stärker, wenn andere an ihn glauben.

»Wenn man aber bei Witja jeden kleinen Fortschritt loben muß, so muß man mit Walja ganz anders umgehen«, sagte Natalja Andrejewna. »Dieses Bürschlein kam mit der felsenfesten Überzeugung in die Schule: Ich bin der Beste, ich bin der Klügste! Alles, was ich mache, ist vorzüglich! Natürlich ist er das einzige Kind seiner Eltern. In meiner Klasse habe ich siebzehn ›Einzige‹ – es ist ein wahres Elend! Die Wurzel des Übels liegt auch gar nicht in Walja, sondern vielmehr in seiner Mutter, denn sie glaubt an die Vortrefflichkeit ihres Sohnes. In einem solchen Fall lade ich die Eltern immer wieder in die Schule ein: Mögen sie in den Stunden dabei sein und sich davon überzeugen, daß ihr Kind nicht besser und nicht schlechter lernt als die andern, daß mancher Junge rascher lesen, besser im Kopf rechnen kann.«

»Und wie behandeln Sie Walja?«

»Nun, ich hemme ihn nicht, ich sage nicht: Dräng dich nicht vor, blas dich nicht auf mit deiner Weisheit! Aber ich hindere ihn daran, sich über seine Klassenkameraden zu überheben. Da hat er irgendwo etwas schmutzig gemacht und erwartet, daß ein anderer es für ihn aufräumt; aber ich sehe darauf, daß er es selbst in Ordnung bringt. Da hat er eine Aufgabe als erster gelöst und sieht sich stolz um. Ich aber sage: Die Aufgabe hast du gelöst, aber warum hast du beim Schreiben keinen Rand gelassen? Und warum hast du so geschmiert, ein Klecks neben dem andern, dein Heft ist gar nicht schön sauber ... Wissen Sie, mit ihm ist es eigentlich noch schwerer als mit Witja ... So ein unausgeglichener, aufgeblasener Charakter! Und den muß man rechtzeitig hinbiegen, sonst werden alle diese Ecken und Stacheln noch schärfer, sie bilden sich immer mehr aus, und der Mensch wird ein schlechter Mitmensch, ein schlechter Arbeiter werden ... In den Vorlesungen über Pädagogik nennt man das wohl einen ›schwierigen Fall‹, nicht wahr?«

»So ist es ...«, antwortete ich seufzend.

»Nun, und die, die gut lernen, die ›gutgearteten‹ Kinder, die erfolgreichen Schüler? Denken Sie, daß man mit denen keine Mühe hat? Sehen Sie mal hier, Sascha und Mitja, die haben in den Heften nur die besten Noten, lauter Einsen. Die Noten sind gleich. Aber die Kinder sind ganz und gar verschieden. Saschas Banknachbar gießt das Tintenfaß um, die Tinte fließt über das ganze Pult. Sascha veranlaßt ihn, alles sauber aufzuwischen, und sagt der Lehrerin nichts davon. Aber Mitja, der würde gleich die Hand heben und rufen: ›Natalja Andrejewna! Kolja hat mein Heft schmutzig gemacht! Natalja Andrejewna! Kolja hat Sie um ein Buch gebeten, dabei hat er doch selber eins!‹ Ich frage ihn dann ganz ruhig: Bist du der Kolja? Kolja wird es mir selbst sagen, wenn er will.«

Natalja Andrejewna und ich saßen in dem leeren Klassenraum. Es war schon dunkel, aber wir machten kein Licht. Der Regen klopfte an die Fenster, und mir war traurig zumute, obgleich ich mit der größten Aufmerksamkeit zuhörte. Ja, ich hörte und verstand alles, was mir Natalja Andrejewna erzählte, aber ich fand keine Antwort auf das Problem, das für mich das wichtigste war und das mich bewegte, während ich mit ihr sprach.

Wie soll ich mich zu Kolja Sawenkow stellen? dachte ich. Natalja Andrejewna, die ist klug und begabt, die findet stets den richtigen Weg, für sie ist alles so einfach. Aber ich kann mir nichts ausdenken, mir gelingt nichts.

»Was, was ist denn das Allerwichtigste in unserer Arbeit?« fragte ich leise. »Ich weiß wohl, es gibt keine fertigen Rezepte, jeder Fall muß anders behandelt werden. Aber gibt es denn nicht etwas, das auch in den allerschwersten, verwirrtesten Fällen helfen kann?«

»Das Allerwichtigste?« wiederholte Natalja Andrejewna nachdenklich. »Nun, ich werde Ihnen mal folgenden Fall erzählen. Bei uns arbeitete eine junge Lehrerin. Ich hörte in ihren Unterrichtsstunden zu – es schien alles ganz schön zu sein, alles nach den Regeln der Methodik. Ich fragte sie: ›Sind Ihre Kinder gut?‹ – ›Sie sind gut!‹ antwortete sie. ›Nun, zum Beispiel, der Knabe dort in der ersten Bankreihe, kommt er gut voran?‹ – ›Das ist ein prächtiger Junge. Er hat lauter Einsen. Sehr gut entwikkelt, sehr verständig.‹ – ›Und jener, der kleine Schwarzäugige, der im blauen Kittel?‹ – ›Das ist ein mittelmäßiger Schüler, hat meistens nur Dreien. Aber er ist gut diszipliniert.‹ – ›Und der, mit den Sommersprossen über dem Stupsnäschen?‹ – ›Der hat meistens nur Zweien, doch im Rechnen hat er eine Eins.‹«

»Und, verstehen Sie wohl«, fuhr Natalja Andrejewna fort, »plötzlich ähnelten sich diese Kinder wie ein Ei dem andern, und das einzige, was sie voneinander unterschied, das waren die Einsen, die Zweien und die Dreien, oder daß einer von ihnen ein Musterschüler war. Als ob man einen Schüler lediglich nach seinen Noten charakterisieren könnte! Die Noten dürfen doch den Menschen nicht auslöschen! Selbst wenn der kleine Mensch erst acht Jahre alt sein sollte!

Und das sagte ich ihr auch. Aber sie antwortete mir so seelenruhig: ›Ich habe vierzig in meiner Klasse, wie sollte ich sie wohl alle persönlich kennen?‹ Ich frage: Wie kann man mit Kindern arbeiten, wenn man sie nicht persönlich kennt? Wie ist es möglich, ihnen dann Rechtschreibung und Multiplikation beizubringen? Vierzig Kinder, das sind vierzig verschiedene Charaktere. Wenn man die Kinder nicht kennt, dann stürzt man sich wie ein Blinder in die Arbeit, dann dürfte man allerdings nicht die geringste Aussicht auf Erfolg haben.«

Sie schwieg und fuhr dann ruhiger fort:

»Sie erzählten mir, daß der Kolja ein so schlimmer Bengel sei. Er hat gewiß manche unangenehmen Seiten, er ist mürrisch, heftig, er spielt gern einen Streich. Sie sollten ihn aufmerksam beobachten, immer und immer wieder. Und waren Sie schon bei seiner Familie?«

»Nein.«

»Aber, hören Sie mal, Sie sollten unbedingt hingehen!«

»Ich weiß wohl, daß es nötig wäre ... Aber ich habe eine feindselige Einstellung gegen ihn. Zu allem übrigen ist er auch noch feige: bei Anatoli Dmitrijewitsch benimmt er sich still und brav, doch kaum ist der aus der Tür, so setzt Kolja wieder mir und der Klasse zu.«

»Ja, das ist schwierig, das ist bestimmt schwierig«, sagte Natalja Andrejewna nachdenklich. »Aber ich bin sicher, Sie werden den Schlüssel zu seinem Wesen finden. Wissen Sie, ich unterrichte nun schon seit vierzig Jahren, und ich kann mich keines einzigen Falles erinnern, daß nichts, wirklich gar nichts half ... Sie fragten da eben, was das Allerwichtigste sei? Für den Erzieher ist das Allerwichtigste, das Allernotwendigste, den Schüler zu verstehen, den Augenblick zu erwarten und ihn zu nützen, jene oft ganz unerwartet eintretende Gelegenheit, da sich ihm das Wertvolle und Verborgene in dem jungen Menschen offenbart.«

Man gab mir einige Bezugsscheine für Schuhwerk und Kleidung, die ich unter den Schülern meiner Klasse verteilen sollte. Ich entschied mit den Kindern gemeinsam über die Verteilung, denn sie wußten besser als ich, wer von ihnen es am nötigsten hatte.

»Koljas Schuhe sind sehr schlecht ...«, sagte Sascha etwas unsicher.

»Nein, Kolja soll keinen Schein bekommen«, entgegnete Serjoscha. »Er hat ja auch nicht darum gebeten, also braucht er wohl keine.«

»Man muß ihm einen Bezugsschein geben«, entschied ich, ohne dabei irgendwelche erzieherischen Zwecke im Sinn zu haben. Koljas Stiefel waren nämlich schon sehr abgerissen.

Als Kolja in der Klasse erschien – er verspätete sich um eine ganze Stunde, wie dies oft vorkam –, übergab ich ihm den Bezugsschein. Er sah mich mit so großem, ungeheucheltem Erstaunen an, daß es mich seltsam berührte. Den Schein nahm er. Am nächsten Tag erschien Kolja in neuen Lederstiefeln. Während der Pause bemerkte ich, daß er nicht im Korridor war, und öffnete die Tür zu unserer Klasse. Da sah ich Kolja am Fenster stehen, er stützte den einen Fuß auf den Heizungskörper und putzte seinen rechten Stiefel mit dem Taschentuch ab. Leise schloß ich die Tür und ging langsam ins Lehrerzimmer. Ich fühlte mich tief beschämt.

... Dieser Junge brachte mich auf, er störte mich. Ich liebte ihn nicht, und er spürte das. Wenn ich zurückdachte, so konnte ich nur finden, daß er sich von Tag zu Tag schlechter benahm, daß er immer unleidlicher wurde. War das nicht die Reaktion auf meine Abneigung gegen ihn? Was wußte ich mehr von ihm, als daß er mürrisch und unliebenswürdig war und daß seine Hefte schmutzig und seine Hände ungewaschen waren? Ich hatte ihn zum Vertrauensschüler gemacht, aber was war daraus geworden? Ich hatte nach einem mir aus Büchern bekannt gewordenen Rezept gehandelt, und es ging sozusagen vom Verstand aus, nicht vom Herzen. Schließlich war Kolja doch nur ein elfjähriger Junge; wie hatte ich es zulassen können, daß zwischen uns eine solche dumme gegenseitige Abneigung entstehen konnte?

Am nächsten Tage stand ich vor Koljas Haus. Ich traf ihn im Hof, doch er kam nicht heran, begrüßte mich nicht und warf mir lediglich einen mißtrauischen und unwilligen Blick zu.

»Kolja, deine Lehrerin ist gekommen, sie will sich gewiß über dich beklagen«, hörte ich hinter meinem Rücken sagen.

Kolja stieß einen Pfiff aus und rannte auf die Straße hinaus. Ich läutete, und nach einer Minute öffnete mir eine etwa dreißigjährige Frau mit müdem und brummigem Gesichtsausdruck.

»Zu wem wollen Sie?«

»Zu Sawenkows ... ich komme von der Schule.«

»Von der Schule?« fragte die Frau mißtrauisch. »Bitte, kommen Sie herein.«

Ich folgte ihr bis an das Ende eines kaum erhellten Korridors. In einem sauberen, kleinen Zimmer saß ein sechsjähriges Mädchen an einem Tisch; sie hatte eine gewisse Ähnlichkeit mit Kolja. Es war das gleiche breite Gesicht, die grauen Augen, aber der Blick war offen und der Mund ganz kindlich. Als ich ins Zimmer kam, stand das Mädchen auf und sah die Mutter fragend an.

»Wer sind Sie?« fragte die Mutter und sah mich erwartungsvoll an. »Sind Sie etwa die Lehrerin?«

»Ja, ich bin Koljas Lehrerin. Und Sie sind wohl seine Mutter?«

»Nein, er ist mein Stiefsohn. Sein Vater ist gefallen und hat mich mit den beiden Kindern allein gelassen.«

Sie sagte das ganz ruhig und schlicht, wie etwas ganz Alltägliches, aber ich fühlte sofort, daß ich einen furchtbar müden und kummergebeugten Menschen vor mir hatte.

»Gewiß hat Kolja Unfug getrieben?« fragte sie.

»Aber nein, deswegen komme ich nicht«, antwortete ich. »Ich wollte nur sehen, wie er wohnt.«

»Wenn er ungezogen sein sollte, so sagen Sie ihm nur, sein Onkel werde ihn mit dem Riemen verhauen. Bei uns herrscht Ordnung, das weiß er. Kürzlich, als er im Hof ein Fenster zerschmissen hatte, da hat ihn der Onkel ganz schön vorgenommen. Hier im Hause ist er sonst ganz brav, er hilft mir viel. Er paßt auf das Mädelchen auf, er holt das Essen aus der Gemeinschaftsküche und hackt Holz.«

Während wir uns unterhielten, kam das Schwesterchen von Kolja dicht an mich heran und hörte zu. Ihr Blick ging zwischen mir und der Mutter hin und her.

»Wie heißt du denn?« fragte ich sie.

»Lida.«

»Sie liebt Kolja sehr«, sagte die Mutter weich. »Sie vertragen sich sehr gut miteinander. Er geht mit ihr im Park spazieren, er liest ihr Märchen vor.«

Sie schwieg einen Augenblick, dann sagte sie leiser:

»Kolja liebte seinen Vater über alles. Als wir die Nachricht von seinem Tode erhielten, veränderte er sich ganz und gar. Er wurde so düster, er bekam ein ganz anderes Gesicht. Vorher war er ein vergnügter Bursche. Wir sprechen niemals vom Vater mit ihm. Aber ihr erzählt er, wie Papachen war, wie er ging, was er sagte. Lida hat ja gar keine Erinnerung an den Vater.«

Die Frau sprach mit leiser, eintöniger Stimme. Tränen rannen über ihre Wangen, sie wischte sie nicht fort, vielleicht bemerkte sie es gar nicht, daß sie weinte. Ich konnte sie nicht länger ansehen. Sie fügte noch hinzu:

»Wir erwarteten ihn gerade zum Urlaub, hatten alles vorbereitet. Er fiel am letzten Kriegstag, die Nachricht kam erst nach Kriegsende in unsere Hände ...«

Ich wußte: Ich hätte noch länger dableiben, noch mehr erfragen sollen ... Aber ich erkannte, daß ich eben nicht imstande dazu war. So versicherte ich der Stiefmutter von Sawenkow nochmals, daß ich mich nicht über Kolja zu beschweren hätte, und verabschiedete mich von ihr.

Vor der Tür auf der Treppe wartete Kolja. Er sah mich voller Trotz und Zorn an, und ich las in diesem Blick: »Hast du dich über mich beklagt? Bist du nun zufrieden?« Er wartete, bis ich einige Stufen hinuntergestiegen war, kehrte sich dann auf dem Absatz um, ging in die Wohnung hinein und schmiß die Tür dröhnend hinter sich zu.

Am nächsten Morgen traf ich ihn auf dem Schulweg nicht weit von der Schule. Ganz gegen seine sonstige Gepflogenheit ging er langsam und schien auf irgend jemanden zu warten. Als er mich sah, blieb er stehen, wartete, bis ich neben ihm angelangt war, und sagte leise:

»Guten Tag, Marina Nikolajewna ...«

»Guten Tag«, antwortete ich.

Wir gingen zusammen bis vor die Schule, wir stiegen schweigend die Treppe hinauf und kamen in die Klasse.

In der Stunde war Kolja leise wie ein Mäuslein. Den ganzen Tag über hatte ich das Gefühl, als habe sich etwas sehr Wichtiges und Schönes ereignet, wenn ich auch nicht genau wußte, was es war.

Am nächsten Tag, als ich nach Schluß des Unterrichts die Schule verließ, traf ich Kolja wieder auf der Straße; er spazierte am Zaun entlang, beide Hände tief in den Hosentaschen.

»Was machst du hier?« fragte ich ihn unwillkürlich.

»Gar nichts ...«, antwortete er und ging neben mir her.

Ich sah ihn von der Seite her an. Ich bemerkte, daß er über irgend etwas angestrengt nachdachte, er hatte die Augenbrauen gerunzelt und die Lippen fest geschlossen. Doch sein Gesicht sah heute nicht so unfreundlich und mürrisch aus.

»Haben Sie Lida gesehen?« fragte er mich plötzlich.

»Deine Schwester ... gewiß! Sie ähnelt dir sehr.«

»Im Gesicht?«

»Jawohl. Von ihrem Charakter weiß ich ja nichts, den kann man bei einem so kurzen Besuch nicht kennenlernen.«

»Was kann sie schon für einen Charakter haben«, antwortete Kolja. »Sie ist ja noch so klein.«

Wir schwiegen beide. Nach ein paar Schritten sagte er: »Auf Wiedersehen, Marina Nikolajewna!« und schon war er in einem Durchgangshof verschwunden.

Ich ging betreten weiter. Das war ein recht eigenartiges Gespräch gewesen, und noch sonderbarer war sein Schluß. Vielleicht habe ich mich falsch ausgedrückt? Es scheint, ich habe ihn gekränkt, dachte ich.

Kolja wartete jetzt täglich nach Schluß des Unterrichts auf mich und ging bis an meine Straße neben mir her. Unsere Unterhaltung war recht einsilbig. Ich erinnere mich, daß er eines Tages nur ein paar Worte vor sich hinbrummte:

»Alle sagen immer: Stiefmutter, Stiefmutter ... In den Büchern liest man es auch ... Aber sie ist nicht so. Sie hat mich noch niemals ungerecht behandelt.«

Er sprach von seiner Stiefmutter. Ich wollte etwas sagen, doch ehe ich den Mund auftun konnte, war er schon mit dem Gruß »Auf Wiedersehen, Marina Nikolajewna!« um die Ecke verschwunden.

Wenn noch ein anderer von den Jungens neben uns her ging – und das war meistens der Fall –, dann sprach Kolja kein Wort, und sein Gesicht war dermaßen verschlossen, daß man nicht den Eindruck haben konnte, als höre er unser Gespräch mit an.

An einem regnerischen Tag, als wir zusammen von der Schule nach Hause gingen, sagte Kolja plötzlich:

»Geben Sie mir die Hefte, ich werde sie Ihnen tragen!«

»Danke sehr«, sagte ich. »Trag sie aber vorsichtig, daß sie nicht Eselsohren bekommen.«

Er nahm mir das dicke Paket Hefte sehr vorsichtig ab.

»Marina Nikolajewna, ob es wohl vorkommt, daß eine Todesnachricht vom Regiment eintrifft und daß der Mann doch noch lebt?« In Koljas Stimme schwang Kummer und Hoffnung zugleich. »Man hat mir zum Beispiel erzählt, daß ein Soldat von der Front zu einem alten Frauchen kam und ihr sagte: ›Ihr Sohn ist gefallen, ich hab' es mit eigenen Augen gesehen.‹ Nun, die Alte weint und fragt ihn nach allen Einzelheiten aus. Ein Monat geht hin, abends sitzt sie allein in ihrer Wohnung, da klingelt es. Sie geht an die Tür und fragt: ›Wer ist da?‹ Und vor der Tür sagt jemand: ›Mach doch auf, Mutter!‹ Der Sohn war gar nicht gefallen, er war nur verwundet worden.«

Kolja schwieg und sah mich Antwort heischend an.

»Es kann schon vorkommen ...«, sagte ich. »Es kommt alles mögliche vor. Ein Bruder von mir ist verschollen, und ich habe lange auf seine Heimkehr gewartet. Aber jetzt sind schon drei Jahre darüber hingegangen. Er wird wohl nicht mehr am Leben sein.«

Wir waren vor der Tür meines Hauses angelangt. Diesmal hatte Kolja sich nicht schon an der Ecke verabschiedet.

»Komm doch mit herauf!« forderte ich ihn auf.

Er machte zuerst einen Schritt nach rückwärts, doch dann überlegte er es sich, trat hinter mir ein und ging die Treppe hinauf, wobei er mit der Handfläche auf das Treppengeländer klatschte. Als ich die Wohnungstür aufschloß, sah ich auf seinem Gesicht wieder jenen gespannten und verschlossenen Ausdruck.

»Leg den Mantel ab und nimm Platz!« forderte ich ihn auf. Dann wandte ich ihm den Rücken, legte die Mappe und die Hefte auf ihren Platz, nahm Seife und Handtuch und ging in die Küche hinaus, um mir die Hände zu waschen.

Als ich zurückkam, stand Kolja vor dem Bücherschrank.

»Was für eine Menge Bücher!« sagte er und strich mit der Hand über die Glasscheiben.

»Such dir doch irgendeines davon aus«, schlug ich ihm vor. Kolja warf mir einen raschen Blick zu, wurde ganz rot und wandte sich wieder dem Schrank zu.

»Warum, wie kommen Sie darauf ...«, hörte ich seine erstaunte, ungläubige Antwort.

»Nimm nur!« wiederholte ich und öffnete die Schranktür. »Ich schenke es dir! Sieh mal, da ist ›Kaschtanka‹ von Tschechow. Dies Buch hab' ich einmal von meiner Lehrerin Anna Iwanowna geschenkt bekommen, und ich habe es bis jetzt aufbewahrt. Sieh mal, da steht vorn im Buch: Marina zur Erinnerung an unsere treue Freundschaft während der Schulzeit.«

»Wie alt waren Sie denn damals?«

»Vierzehn.«

»Wieso waren Sie denn befreundet? Kann man mit einer Lehrerin befreundet sein?«

»Wir waren sehr gute Freunde! Und wir sind es heute noch. Nun, such dir aus, was dir gefällt.«

Kolja strich mit der Hand über die Buchrücken und zog eines der dicksten Bücher heraus. Es war die ›Vergleichende Sprachlehre‹ von Marr, ein Buch, das meinem Bruder gehört hatte. Ich verbarg ein Lächeln und sagte: »Dies Buch würde dir bestimmt nicht interessant erscheinen. Vielleicht nimmst du lieber dies hier?« und ich streckte ihm Gorkis ›Kindheit‹ entgegen.

»Ja, dies hier!« nickte Kolja, sein Gesicht wurde noch röter. Er steckte den Band in seine ausgeblichene Gasmaskentasche und ging zur Tür.

»Wart, wo willst du denn hin?« rief ich erstaunt.

»Nein, jetzt gehe ich. Danke sehr, Marina Nikolajewna!« und ehe ich ihn zurückhalten, noch mich von ihm verabschieden konnte, rannte er schon die Treppe hinunter, immer drei Stufen auf einmal nehmend.

In meinen Unterrichtsstunden saß er jetzt so still da, daß ich ihn leicht hätte übersehen können; wenn ich aber der Klasse irgend etwas erklärte, dann traf ich immer wieder seinen aufmerksam auf mich gerichteten Blick. Bald darauf brachte er mir sein Heft, in dem er seine Hausaufgaben gemacht hatte. Seine Schrift war schauderhaft, seine Buchstaben glichen krüppeligen Wesen, aber dafür war kein einziger Klecks im Heft, und er hatte nirgends über den Rand geschrieben.

Meistens schrieb ich außer der Note noch eine kurze Bemerkung in die Hefte: Sauber und ordentlich, oder: Schmuddelig, Flüchtig, Vergiß nicht den Rand! Wenn ich den Kindern die Hefte zurückgab, sahen sie als erstes immer gleich nach den Bemerkungen, und es war für sie immer besonders interessant, festzustellen, ob ich mit großer oder kleiner Schrift geschrieben hatte, ob ich einen roten, blauen oder grünen Farbstift benutzt hatte. Wenn ich mit einem Rotstift gearbeitet hatte, freuten sie sich; den Blaustift liebten sie weniger, und den grünen Stift schätzten sie aus irgendeinem Grunde am wenigsten.

Unter Koljas Arbeit hatte ich vermerkt: »Sauber, aber schlechte Schrift!«

»Zeig her, was hast du?« fragte Sascha.

»Ich zeig' es nicht!« sagte Kolja und ging an seinen Platz.

»Ich hab's gelesen!« mischte sich ein Dritter hinein. »›Sauber‹ steht drunter geschrieben. Aber Kolja hat alle Hausarbeiten in einem Zug hingeschrieben, das gilt nicht, man muß jeden Tag die Aufgaben machen und dabei immer gut schreiben.«

Kolja saß schon auf seinem Platz und machte ein Gesicht, als ob ihn das alles gar nichts angehe. Aber ich sah, daß er einen kurzen Blick auf Sascha warf, und ich wußte, daß ihm kein Wort des Gespräches entging.

Nach der Stunde konnte ich die beiden kaum trennen, sie prügelten sich. Ich wurde wieder ganz mutlos; gerade hatte ich gedacht: nun habe ich die Klasse in der Hand, und da rauften sie wieder wie am Anfang!

Ich brauchte gar nicht erst zu fragen, wer von ihnen angefangen hatte. Natürlich war es Kolja gewesen.

»Warum hast du ihn geschlagen?«

»Was mischt er sich in Dinge, die ihn nichts angehen!«

»Ich weiß nicht, was du meinst.«

»Sie haben ins Heft geschrieben: Sauber. Und er kommt an und sagt: ›Das ist keine Kunst, man muß jeden Tag sauber schreiben!‹ Was geht es ihn an?«

»Er hat ganz recht, man muß seine Hausaufgaben jeden Tag sauber schreiben. Und wenn du dich auch über ihn geärgert hast, glaubst du denn, daß Schläge einen Menschen belehren können?«

»Anders würde er es nicht verstehen. Das ist die allerbeste Lehre für ihn«, behauptete Kolja mit Überzeugung.

»Und was würdest du wohl sagen, wenn ich dir auf diese Weise etwas beibringen wollte?«

Meine Worte hatten eine unerwartete Wirkung: Kolja hob den Kopf, sah mich an und lächelte breit – er bekam ein ganz kindliches, offenes Jungensgesicht.

»Ich werde es nicht mehr tun, Marina Nikolajewna«, sagte er. »Ich tu es nicht mehr, Ehrenwort!«

Seine Arbeiten wurden immer besser, und er sah jedesmal äußerst gespannt nach, was ich hingeschrieben hatte.

Zum Vertrauensschüler war Kolja aber nicht geeignet, und wir wählten einen anderen an seiner Stelle. Doch die letzte Bankreihe auf der rechten Seite störte mich hinfort niemals mehr während des Unterrichts.

»Sawenkow hat sich so verändert«, sagte einmal Borja.

Kolja stieß ihn mit der Faust in die Rippen und machte ein Gesicht, als habe sich Borja in etwas hineingemischt, das nur ihn allein anging. Borja gehörte nicht zu denen, die einen Schlag unerwidert einstecken, doch er hatte selbst das Gefühl, zu weit gegangen zu sein.

»Komm mir nicht nahe!« rief er, doch er schlug nicht wieder.

»Bleib selber, wo du bist«, entgegnete ihm Kolja.

Ich erinnere mich: Als wir auf der Hochschule lernten, da verbanden wir unser pädagogisches Wissen noch nicht mit unserem zukünftigen Beruf. Es waren zwei voneinander gesonderte, gar nicht in Beziehung stehende Gebiete: die Pädagogik als Hochschulfach war eines, die Pädagogik als Arbeit, als Aufgabe des Lehrers, war etwas ganz anderes. Es kam mehr als einmal vor, daß ein Student, der in der pädagogischen Praxis die besten Erfolge hatte, im Examen eine unzureichende Note für Pädagogik bekam. Und ich selbst kannte eine junge Studentin, von der alle sagten, daß sie in den Stunden grob und unfreundlich zu den Kindern sei, und die doch ein glänzendes Examen in Pädagogik ablegte, weil sie gute Formulierungen fand und ausgezeichnete theoretische Kenntnisse aufwies.

Auch etwas anderes ist mir unverständlich: Wir hörten Vorlesungen über Pädagogik im zweiten Jahr unserer Ausbildung, als wir noch nicht praktisch in Schulen gearbeitet hatten, mit anderen Worten, wir lernten Pädagogik, ehe wir die Schule kennengelernt hatten.

Gewiß, ich verstehe, daß ein Kursus in Pädagogik nicht alles vorhersehen und einen vor allen Fehlern bewahren kann, das Leben stellt einen vor schwierige und unlösbare Rätsel, die niemand voraussehen kann. Ein Kursus in Pädagogik sollte aber wenigstens pädagogisches Denken, Gefühl und Takt entwickeln. Statt dessen gab man uns nur abstrakte Regeln und Formeln. Ich kann den Satz noch auswendig hersagen: »Unter Erziehungstheorie verstehen wir die Lehre vom Inhalt, von der Organisation und den Methoden des zielbewußten und vom Lehrer gelenkten Prozesses der Persönlichkeitsentwicklung des Kindes, sowohl in der Schule als auch außerhalb derselben, während des Unterrichts und in der Freizeit ...«

Ich habe es damals nicht verstehen können, und ich verstehe es heute noch nicht: Woher stammen diese trokkenen Formulierungen, die das Gedächtnis mit totem Ballast beschweren? Wie herrlich einfach, wie verständlich und einprägsam schrieb doch Uschinski, wie schlicht sprach Makarenko mit seinen Schülern! Was für herzliche und gescheite Worte fand Michail Iwanowitsch Kalinin! Wenn ich seine Gespräche mit Lehrern lese, dann sehe ich: Pädagogik ist etwas Herrliches und Begeisterndes, ist sie doch die Kunst, einen jungen Menschen, den zukünftigen Bürger der kommunistischen Gesellschaft, zu erziehen!

Als wir Studenten waren, da lasen wir die pädagogischen Lehrbücher nur mit dem einen Gedanken: alles möglichst genau auswendig zu lernen, das Examen abzulegen und dann alles zu vergessen und aus unseren Köpfen hinauszuwerfen! Weil das alles so trocken, so langweilig und tot war, weil es weder dem Verstand noch dem Herzen etwas bot. Liebe ich denn etwa meinen Beruf nicht? Ich kann es kaum mit Worten ausdrücken, wie sehr ich ihn liebe, wieviel ich gelernt und verstanden habe, seit ich ihn ausübe. Aber stets, ob ich Erfolg habe oder auf Schwierigkeiten treffe und mich plagen muß, weil ich zu verstehen versuche und den richtigen Weg finden will – die auswendig gelernten Formeln haben mir noch nie dabei helfen können. Könnte man sich einen Studenten der Medizin vorstellen, der nicht die Namen der größten lebenden Ärzte kennt? Einen Theaterschüler, der nicht die besten Schauspieler gesehen hat? Und wir Studenten des Pädagogischen Instituts, die wir vier Jahre lang in Moskau die Hochschule besuchten, wir kannten solche Moskauer Lehrer wie Natalja Andrejewna nicht! Wir hatten niemals die 110. oder die 610. Schule aufgesucht und uns mit der Arbeitsweise ihrer Direktoren, der weitbekannten Schulmänner Iwan Kusmitsch Nowikow und Lydia Alexejewna Pomeranzewa bekannt gemacht. Die Hochschule stellte nicht die Verbindung zwischen uns und diesen Persönlichkeiten her, die uns am eindringlichsten hätten zeigen können, was eigentlich ein Pädagoge und seine Arbeit bedeutet, was für eine wunderbare Kunst und wunderbare Arbeit die Pädagogik ist. Wenn ich ehrlich sein soll, so muß ich bekennen: Die beste, die unvergeßlichste Lektion in Pädagogik gaben mir meine Schüler.

Die Rechnung der Vergangenheit:
bezahlt mit allen Spesen.
... Wir waren arm zu jener Zeit,
und sind doch reich gewesen.
Wir waren jung, wir waren stolz,
mit uns war nicht leicht schalten;
wir waren ja von hartem Holz,
das ließ sich nicht leicht spalten;
und sei es, welcher Krieg es sei,
er wurde überwunden.
Doch das ist heute einerlei,
da unsre Schuld gefunden.
Wir sind davongekommen.
                                        Gut,
ihr mögt das »schuldig« nennen!
Wir waren feige, hatten Mut,
die Scham konnt' uns verbrennen;
Verlust gab's, Siege, Bitterkeit,
und Licht aus dunkler Stunde.
... In meiner ganzen Lebenszeit,
ob Zukunft, ob Vergangenheit,
sind keine Schulden weit und breit:
bezahlt ist meine Wunde.

Vizma Belševica
Nur wegen der verrückten Pauline

Keinem Menschen können wir mehr unter die Augen treten. Dauernd das Getuschel: schu-schu-schu ... Guck mal, das sind die beiden Ollen, die man wegen groben Unfugs verknackt hat ... Der arme Mann ... Schwere Körperverletzung ... Invalide lebenslänglich ... Ins Gefängnis gehören die, aber denkste – Bewährung haben die gekriegt ... Wo bleibt da die Gerechtigkeit ...

Neulich geh ich bei Klaburs am Fenster vorbei und höre, wie der kleine Peteris bockt. Da sagt doch die Mutter: »Wenn du nicht gleich aufhörst, kommen die Rowdy-Omas!« Sofort war der Bengel still. Früher, wenn Pauline und ich mal bei schönem Wetter auf den Hof gegangen sind und unterm Fliederbusch saßen, waren die Kinder dauernd um uns rum, haben um Bonbons gebettelt und Pauline bedrängt, sie soll ihnen »Hautab, halbaus, ganzaus« erzählen oder vom Ostermarkt mit den Karussells, der an der Ecke war, wo heute die neue Schule steht. Jetzt spielen sie hinterm Schuppen, oder wenn sie rauskommen und uns auf der Treppe sehen, schrecken sie zurück und verschwinden gleich wieder. Na, und an den Fenstern auf der Hofseite regen sich die Gardinen. Lauern. Genauso auf der Straße – man knufft sich in die Seite, räuspert sich, verrenkt sich nach uns die Hälse: schu-schu-schu ...

Aber die verrückte Pauline, die lacht bloß. »Sollen sie doch! Die haben ihr Gaudi, wir auch. Endlich mal guckt einer nach uns, als wir jung waren, hat keiner geguckt.« Daß ich nicht lache! Nach ihr vielleicht nicht. Nach mir ja. Ich hab was, woran ich mich im Alter erinnern kann. Pauline, die hat bloß den einen gehabt, diesen Ganeff, der ihr das ganze sauer Ersparte abgeluchst hat. Und dann ist er weg, wie ein Sechser in den Gully. Nicht mal die Polizei hat ihn gekriegt. Na, und Pauline blieb sitzen. Obwohl sie später alles, was sie verdient hat, nur für Staat und Putz rausgeschmissen hat. Aufgetakelt hat sie sich, ohne Rücksicht auf Verluste. An jedem Gehaltstag kam sie mit einem Einkaufspäckchen heim. Das wurde sofort aufgerissen – ohne vorher was zu essen oder zu trinken, geschweige denn die Hände zu waschen. Die Strippe – ratsch – mit dem Messer durch und, ganz verfitzt, fort damit, das Papier zerfetzt und zusammengeknüllt. Wo man doch im Haushalt jedes Stück Schnur und Papier brauchen kann. Ich werf nie was weg. Und wenn ich noch so lange rumknüppern muß – ich bind alles schön ordentlich auf, streiche das Papier glatt und verwahr es. Ja, ich, aber doch nicht Pauline. Die zog gleich die neue Bluse, oder was sonst da drin war, an und bestaunte sich vorm Spiegel: von vorn, von hinten, von rechts, von links und schräg über die Schulter. Stundenlang hintereinander. Ich sag: »Was drehst du dich vorm Spiegel? Hier sieht dich doch keiner. Zeig dich lieber da, wo Mannsbilder rumlaufen, vielleicht bleibt einer kleben.« Sie: »Meinst du? Ich schmeiß mich doch nicht ran wie manche!« Manche! Daß ich nicht lache! Entgegenkommen heißt noch lange nicht sich ranschmeißen. Wenn du nicht entgegenkommst, dich nicht zeigst – wer merkt dann überhaupt, daß du da bist? Durch die Wände sieht doch keiner, wie du vorm Spiegel rumtanzt. Aber ach, es war ja sinnlos!

Pauline war und blieb verrückt, und nur wegen ihrer Verrücktheit und Putzsucht sind wir auf der Anklagebank gelandet. Und dann noch wegen ihres schnippischen Gehabes! Wegen ihrem ewigen: »Meinst du?« Egal, was und wie, immer steckt sie die Nase in die Luft und sagt: »Meinst du?« So richtig herablassend, wie eine Königin. Sogar wenn ich sie früher morgens geweckt hab – wecken mußte immer ich, Pauline schlief wie ein Murmeltier –, wie ich sie also gerüttelt hab und gerufen: »Aufstehen! Wir müssen zur Arbeit!«, da kam sie so ganz würdevoll im Bett hoch und hat gesagt: »Meinst du?« Das hat sie sich so angewöhnt, daß sie sogar dann, wenn sie mal von selbst aufwacht, ruft: »Meinst du?«, obwohl niemand was zu ihr gesagt hat.

Aber der Mensch ist nun mal, wie er ist, und jeder muß sein Päckchen tragen. Verrückt ist sie ja, die Pauline, aber was hilft's – sie ist meine Schwester, und unsre anderen Verwandten liegen auf dem Friedhof, und langsam müssen auch wir an den Sensenkavalier denken.

Angefangen haben wir damit vor fünf Jahren. Woran Pauline dachte, ist klar: an die Leichenkleider! Wer was für eins kriegt und wie schick. Seide, Atlas, Brokat! Ich sagte: »Für Seide und Brokat reicht unsre Rente nicht.« Paulines Nase war gleich hoch. »Meinst du?« Und los ging's: Andre alte Frauen verdienen sich was mit Morcheln, Steinpilzen und Preiselbeeren – bloß wir hocken auf unsren Renten wie Gräfinnen. Außerdem kann Bewegung an der frischen Luft nicht schaden – bringt Geld und ist für die Gesichtsfarbe gut. Ich hab mich gesperrt, mir ist's egal, welche Farbe meine Runzeln haben, aber wer redet schon Pauline was aus? Die Ohren hat sie mir vollgesummt wie so ein Brummer im Herbst. Eines Morgens sind wir vor Tau und Tag aus den Federn – und mit Körben in den Wald von Limbaži. Ein Unglück kommt selten allein: Es war richtiges Steinpilzwetter, gute Stellen haben wir gefunden und gut verdient auch. Na, da war erst was los! Pauline blieb überhaupt nicht mehr zu Hause, und ich mußte immer mit. Mit den Steinpilzen ging's ja noch – aber als die Preiselbeerzeit kam! Barmherziger Gott! So was von Hexenschuß, die Arme haben geschmerzt von dem Geschleppe, und abends das Einreiben mit Bienengift – nicht nur in unsrer Stube, im ganzen Treppenflur hat's gestunken wie im Armenhaus. Erst um die Moosbeerzeit gab Pauline Ruhe: zu weit von Riga, an einem Tag nicht zu schaffen. An Moosbeeren kommt heutzutage bloß noch ran, wer einen Wagen hat, aber doch nicht wir zwei olle Frauen. Außerdem hatten wir einen Haufen Geld zusammen, wir brauchten bloß noch zu überlegen, was für Stoffe kaufen und wo eine Schneiderin hernehmen – von den PGHs wollte Pauline nichts hören.

Na, das gab vielleicht einen Krieg, bis wir uns einig waren, was für Stoffe gekauft werden! Ich wollte ein schwarzes Seidenkleid mit weißem Krägelchen und weißen Manschetten. Wie es sich für eine anständige Leiche geziemt. Aber damit kam ich bei Pauline nicht an: nein, nein und nein! Ein schwarzes Kleid unter einem weißen Schleier – wie sieht denn das aus! Ein hellgraues brauch ich, vielleicht sogar ein weißes. »So, weiß?« sag ich. »Und auf dem Kopf ein Kränzlein von deiner Hochzeitsmyrte, was?« Die Myrte, die hatte Pauline noch als Mädel gepflanzt, und schon in den Zeiten von diesem Ganeff war sie so üppig, daß sich Pauline damit vom Scheitel bis zum Zeh hätte bekränzen können, wenn der nicht verduftet wäre; aber nun verdeckte sie längst das ganze Fenster, und in der Stubenecke war es immer dämmrig grün. Pauline fauchte, sagte dann aber spitz, bei der Beerdigung kommt uns bestimmt ein Myrtenzweig zupaß, und gut, daß sie vorgesorgt hat.

Zwei Wochen lang ging das Gezerre und Gezeter, aber Pauline wäre nicht Pauline gewesen, wenn sie mir nicht Grau aufgeschwatzt hätte. Na, und was sie sich selber nähen läßt, das sagt sie mir gar nicht erst – das seh ich noch zeitig genug, wenn sie den Stoff bringt. Den Stoff für mich, den kauft sie auch, sie hat einen besseren Geschmack. Daß ich nicht lache! Eine vergoldete Uhr schnallt sie auf den Ärmel – und das soll Geschmack sein! Den Stoff ging ich selber kaufen! Pauline – immer hinter mir her, durch ganz Riga, dauernd hat sie mich am Ärmel gezupft. »Den nicht! Jenen nicht! Den erst recht nicht, der fällt doch gar nicht!« Als ob's darauf ankommt, wenn man auf dem Rücken liegt! Denkt sie vielleicht, ich steig aus dem Sarg oder was? Aber mach das einer Verrückten klar.

Den Stoff für mich besorgten wir an einem Tag. So ein hübsches Grau, Silastik. Pauline dagegen rannte bis Silvester rum – mich nahm sie nicht mit, danke, ich wollte auch gar nicht. Na, und als sie endlich damit ankam und wieder nach ihrer Unsitte die Schnur zerschnitt und das Papier zerfetzte, da dachte ich, mich trifft der Schlag. Lila! Mit goldnen und silbernen Blumen. Brokat! Ich kriegte bloß raus: »Du bist verrückt!« Pauline riß gleich das Kinn hoch. »Meinst du?«

Ich meinte. Und sagte es frei von der Leber weg: Alte Schachtel, drei eingedrehte Haare auf dem Kopf, Hände wie Knorren, aber goldne Blumen auf dem Bauch. Ein Anblick für Götter!

»Meinst du? Du hast wohl mehr Haare als ich? Vier oder wieviel? Wir kaufen Perücken. Weiße, mit Löckchen. Und weiße Handschuhe.«

Perücken! Wo nach all dem Silastik und dem Brokat

höchstens noch was für die Schneiderin übrig war. Aber so was erschüttert doch Pauline nicht! Wir werden ja nicht schon diesen Winter sterben, und im nächsten Sommer sammeln wir wieder Steinpilze und machen Geld.

Nein, wir starben nicht, aber als nach den Steinpilzen die Preiselbeeren kamen, tat es mir leid, daß wir nicht doch schon im Winter gestorben waren. Wieder Gliederreißen, Bienengift, Herztropfen. Aber für die Perücken langte es, obwohl sie mehr kosteten, als wir gedacht hatten. Dafür waren sie wirklich schön. Ich setzte meine auf, guckte, wie sie mir steht, sah – gut – und packte sie weg in mein Leichenfach, zu dem langen grauen Kleid. Aber Pauline, was macht die? Jeden Tag das Kleid an, die Perücke auf und vorm Spiegel beguckt: von vorn, von hinten, von rechts, von links und schräg über die Schulter. Die goldenen und silbernen Blumen glitzerten nur so. Wenn du so weitermachst, hab ich gesagt, ist die ganze Pracht bis zur Beerdigung hin. »Meinst du?« – das war alles, was ich zu hören bekam.

Als wir nach einem weiteren Steinpilz- und Preiselbeersommer Handschuhe, seidene Unterröcke, Tüllschleier und weiß der Kuckuck was noch alles beisammen hatten, da erklärte Pauline, in einen Sarg vom Bestattungsinstitut aus der Revolutionsstraße legt sie sich nicht, und wenn man sie totschlägt. Wir suchen einen Privathandwerker und lassen uns rechtzeitig welche bauen. Unsre Stube ist groß, ein richtiger Feuerwehrschuppen; obwohl wir beide drin wohnen – für die Särge ist allemal ein Winkel frei, sollen die stehen und warten, bis es soweit ist.

Ich stritt mich nicht mehr mit Pauline, besonders nachdem sich rausgestellt hatte, daß ich mit dem grauen Kleid, den weißen Handschuhen und der Perücke tatsächlich wie eine Baronesse aussah, wenn nicht gar noch vornehmer. Die Särge kosteten uns weitere zwei Steinpilz- und Preiselbeersommer. Meiner ist aus hellem Eschenholz, lackiert, Paulines – mit weißer Seide überzogen, lauter Kräuselspitze am Rand. Hochzeit hat sie keine gehabt, also will sie wenigstens zur Beerdigung weiße Seide.

Die Särge wurden bei uns in der Stube gezimmert, woanders geht's nicht, hat der Meister gesagt. Die Nachbarn platzten vor Neugier und haben dauernd gefragt, wer bei uns rumklopft und hobelt. Wir sagten: nur Renovierung. Als die Särge fertig waren, breiteten wir Treibhausfolie und Decken darüber, damit sie nicht verstauben und ein zufälliger Gast nicht erschrickt. Die Leute sind ja so nervös.

Endlich war die Ausstattung komplett. Nun ist Ruhe, hab ich gedacht. Ja, ich – aber nicht Pauline! Alles Quatsch, was man über dieses Perpetuum mobile schreibt – daß man's nicht erfinden kann und so. Pauline ist Perpetuum und mobil in einer Person. Daß ihr die Puste nicht ausgeht! Wenn man sie so ansieht: Haut und Knochen, kaum was, woran sich das Leben festhalten kann, aber nein – tuckert und puckert und wuselt rum wie ein Hamster im Laufrad, bloß nachts nicht. Das heißt, auch dann schmeißt sie sich im Bett hin und her, fährt auf und ruft: »Meinst du?« Mit dem Murmeltierschlaf ist's vorbei, das war in der Jugend. Na, und morgens, kaum ist sie aufgestanden, geht sie an die Kommode, beguckt sich ihren Leichenstaat, stülpt die Perücke auf. »Du machst noch was dreckig«, hab ich gesagt, und das ist dann auch passiert. Einmal, da hat sie sich wieder vor dem Spiegel gedreht, ein Schritt zurück, noch ein Schritt zurück – bis sie an die Tischdecke stieß, wo mein Teller mit geriebenem Apfel stand. Den ganzen Teller hat sie sich auf den Hintern gekippt. Alle meine Mühe umsonst, und der lila Brokat hin! Wer kriegt schon Apfelflecken aus goldnen und silbernen Blumen raus? Da hat sie dann geheult, bis ihr aufgegangen ist, daß sie auf dem Fleck draufliegen und keiner was sehen wird.

Nach dem geriebenen Apfel war Ruhe. Guckt auf die Kommode, seufzt, macht die Schublade auf, macht sie wieder zu. Eine ganze Woche lang. Sie nahm noch mehr ab, obwohl an ihr eigentlich gar nichts dran war, was abnehmen konnte. Und fing an zu reden, wir hätten uns ganz umsonst so abgestrampelt, von der ganzen Beerdigung hat sie nichts, wenn sie sich nicht im Sarg sehen kann. Als wenn sich schon mal eine Leiche selbst im Sarg gesehen hat! Du bist verrückt, hab ich gesagt. Aber Pauline wirft bloß den Kopf zurück. »Meinst du?« Ich soll abwarten, ihr fällt schon was ein.

Ihr fiel was ein. Wir machen es so: Wir stellen ihren

Sarg auf den Tisch, sie zieht sich an und legt sich rein, ich schmücke sie mit Schleier und Myrte, zünde rings die Kerzen an und hole einen Fotografen, der soll sie knipsen. Fotografen fragen ja nicht nach dem Totenschein. Das Bild läßt sich hübsch vergrößern, und dann kann sie sich nach Herzenslust an ihrem Leichenschick erfreuen. Mit mir machen wir es genauso, nur darf der Fotograf nicht aus demselben Atelier sein. Und wieder mal hat sie mich rumgekriegt.

An einem schönen Frühlingsmorgen mußte ich zum Atelier und den Fotografen bestellen. Ich hab mir so einen richtig soliden ausgesucht, mit Bäuchlein und sanft wie ein Pfarrer, schon ein bißchen grau. Die Jungschen – kriegen denn die noch ein vernünftiges Bild zustande? dachte ich, und er meinte es auch. Ich kann mich auf ihn verlassen: Ein Bild macht er von der teuren Toten, ich werd meine Freude daran haben, auf Vorkriegspapier. Er kommt nach der Arbeit, um sieben. Ich gab dem soliden Herrn unsre Adresse und ging auf den Markt, Anemonen kaufen. Pauline wünschte sich, auf dem Schleier sollen acht Anemonensträuße sein, zwischen den Myrtenzweigen. Kerzen mußte ich auch noch besorgen.

Als ich völlig zerschlagen nach Hause kam, hatte Pauline ihren weißen Sarg bereits unter der Folie hervor in die Mitte der Stube bugsiert und hielt sich stöhnend und jammernd das Kreuz. Aber das Schwerste kam ja noch: Wir mußten den Sarg ganz allein mit unsren Spatzenkräften auf den Tisch heben. Bei all dem Theater konnten wir doch nicht die Nachbarn zu Hilfe rufen. Auch vor dem Fotografen hatte ich mich geniert und ihm nicht gesagt, daß die Tote noch gar nicht tot war. Ich hatte Angst, er lacht, obwohl er so solide und höflich war, in so verständnisvollem Alter.

Zweimal hoben wir den Sarg an und ließen ihn wieder sinken. Beim drittenmal ließ Pauline ihr Ende fallen, und es krachte, als wenn was zerbrochen ist. Durch das weiße Seidengekräusel war nichts zu sehen. Wir tasteten das verunglückte Ende ab, wurden aber nicht schlau draus, ob was kaputt war oder nicht. Für alle Fälle weinte Pauline. Ich sagte: »Wein nicht, eine Leiche darf keine roten Augen haben.« Zuerst hieß es wieder: »Meinst du?«, dann schnaubte sie sich die Nase und beruhigte sich. Dafür machte ich ihr Zuckerwasser. Anschließend erholten wir uns eine halbe Stunde, und beim vierten Anlauf schafften wir es. Wirklich hübsch, der Sarg, bloß das Ende, das runtergekracht war, sah nach nichts mehr aus. Ein Glück, daß Pauline selbst losgelassen hatte, ich wäre sonst meines Lebens nicht mehr froh geworden.

Zwei Stunden lang putzte sich Pauline, drehte sich vor dem Spiegel, stieg in den Sarg und wieder raus, ich mußte ihr sogar den Spiegel an den Sarg bringen. Aber es war und war nicht das richtige – bis ihr einfiel, sie muß auch die Lippen weiß pudern, sonst sieht sie gar nicht wie eine echte Leiche aus. Hätte ich sie nicht dauernd angetrieben, wäre der Fotograf dazugekommen, wie sie sich vor dem Spiegel dreht. Kaum hatte ich den Schleier über sie gelegt und Myrte und Anemonen verteilt, da war er auch schon da. Die Kerzen zündete ich an, während er mit seinen Lampen und Gestellen rumwirtschaftete. Ich muß schon sagen, das dauerte bei ihm ewig. Ist wirklich kein Kinderspiel, das Fotografieren.

Trotz meines Alters hab ich Ohren wie eine Maus. Auf einmal hör ich, während der solide Herr daherplappert und rumfummelt und einfach nicht den richtigen Platz finden kann, von wo aus knipsen, beginnt meine Pauline so ganz fein durch die Nase zu pfeifen. Eingeschlafen! Das Gepfeife, das war ja nicht weiter schlimm, ich redete einfach lauter und bat auch den soliden Herrn, lauter zu reden, weil ich angeblich schwerhörig bin. Dabei wurden mir die Knie weich: Fehlt bloß noch, daß sich Pauline im Schlaf bewegt oder was. Meine einzige Hoffnung war, daß sie von unserem lauten Gerede sachte wieder erwacht.

Ich muß schon sagen, der Herr war zwar solide, aber ein bißchen zu kurz, der Tisch war hoch, und Pauline lag in ihrem weißen Sarg wie eine Prinzessin auf dem Glasberg – ohne Hochklettern war sie nicht aufs Bild zu kriegen. Der Herr stieg auf einen Hocker, auf einen Stuhl – alles umsonst. Schließlich fiel mir ein, im Treppenflur steht doch die Leiter vom Nachbarn. Die holte ich also rein, wobei ich möglichst laut redete und mit den Schuhen klapperte, damit der Herr Paulines Gepfeife nicht hörte.

Die Leiter bauten wir an Paulines Fußende auf, daneben

stellten wir einen Stuhl, auf den mußte ich steigen und eine Lampe halten. So bekommen wir, sagte der Herr, den richtigen Blickwinkel. Aber oje – wie die Leiter krachte und wackelte! Dem Herrn zitterten die Beine, daß die Hosen raschelten. Aber er hielt sich wacker, ließ mich mal so, mal so leuchten und verkündete schließlich lautstark: »So ist's gut!«

Im Nu war die Leiche hoch und rief: »Meinst du?« Genauso barsch und verächtlich wie stets, wenn Pauline aus dem Schlaf fuhr.

Der solide Herr stieß ein Röcheln aus, rutschte mit einem Bein in die Leiter und stürzte mit seinem ganzen Kram um. Zu allem Unglück – nicht auf einen Ritt. Zuerst schlug er mit der Wange auf die Tischecke, daß das Blut nur so spritzte, und dann mit seinem feinen Apparat gegen einen Leuchter, der ihm auch noch auf den Kopf fiel.

Ich schrie, Pauline schrie und rappelte sich aus dem Sarg. Der Fotograf lag unten, die Wange blutete, das Bein stak ganz verdreht in der Leiter, von den Augen war nur das Weiße zu sehen. Pauline rannte nach dem Riechfläschchen – bloß gut, daß ich immer alles am richtigen Platz verwahre, man braucht nie lange zu suchen – und hielt dem Herrn den Stöpsel unter die Nase. Der Herr stöhnte auf, in den Augen zeigte sich schon was Blaues, doch da erblickte er Pauline mit ihren goldenen Blumen und dem Leichenschleier, der beim Raussteigen an den Brokatschnörkeln hängengeblieben war. Wieder ein Röcheln, wieder erschien bei dem Herrn das Weiße in den Augen. »Spuk doch nicht vor ihm rum, du Verrückte!« zischte ich, und zum erstenmal im Leben verzichtete Pauline auf ihr »Meinst du?«. Verzog sich in die Ecke zu ihrer Myrte und krächzte leise wie ein Huhn bei Gewitter. Und ich konnte zusehen, wie ich allein fertig wurde. Wenn ich nur gewußt hätte, wo anfangen.

Zuerst brachte ich ihn zu sich, dann wollte ich das Bein aus der Leiter ziehen, aber kein Gedanke daran – kaum faßte ich es an, da brüllte der Herr wie am Spieß und fluchte derart widerlich, wie ich's mein Lebtag nicht gehört hab. Ich soll gleich die Schnelle Hilfe rufen, das Bein ist in x Stücke gebrochen! Ja, das war es wohl auch –

hätte es sonst so gut in diese unglückselige Leiter gepaßt? Und die Miliz soll ich rufen, aber sofort und auf der Stelle, er wird es uns alten Hexen schon zeigen, was es heißt, Menschen zu verkrüppeln. Je mehr er brüllte, desto heftiger spritzte das Blut aus seiner kaputten Wange. Ich sagte, ich will wenigstens das Blut aufwischen, aber der Herr schrie, nein, nein, die Miliz und die Schnelle Hilfe sollen sehen, wie wir ihn zugerichtet haben.

Zu diesem sagenhaften Skandal waren unbemerkt und ungerufen die Nachbarsleute reingekommen, denen die Leiter gehörte. Der Mann biß sich auf den Schnauzbart, die Frau machte Stielaugen wie Lots Weib beim Anblick des brennenden Sodom – und zu sehen gab's ja auch allerhand. Nicht mal sosehr den Sarg und die Kerzen und den soliden Herrn in Leiter und Blut – vor allem Pauline in Lilagold und Schleier. Endlich mal guckte einer nach ihr.

Als der Herr die beiden Fremden entdeckte, schrie er erst recht zetermordio. Da sagte ich zum Nachbarn, er soll zu den Klaburs runtergehen, die als einzige Telefon im Haus haben, und die Schnelle Hilfe und die Miliz rufen. Was blieb mir denn übrig?

Die Miliz raste als erste herbei. Und begann uns zu verhören und Protokoll zu schreiben – in den Erdboden hätte ich versinken mögen vor all den Nachbarn. Die gingen natürlich nicht, nein, es kamen noch einige hinzu, die Klaburs und welche, mit denen wir uns nicht mal richtig grüßten. Pauline glühte wie eine Tomate, mir kamen vor Scham und Kränkung die Tränen, aber erzählen mußten wir alles, bis ins letzte. Und als die Schnelle Hilfe kam – noch mal. Sehen, wie sich die Milizmänner das Lachen verbissen. Auch der Arzt biß sich auf die Unterlippe, aber die Sanitäter, blutjunge Burschen, die prusteten immerzu, denen fiel gar nicht ein, sich zu beherrschen. Gut konnte dieses alberne Gegacker nicht ausgehen, und so war es auch.

Während der Arzt unter fürchterlichem Gebrüll von dem Herrn das Bein aus der Leiter fädelte und es schlecht und recht schiente, damit es unterwegs nicht unnütz schlenkerte, und die Wange verband, inzwischen also guckten die beiden Kalbsköpfe immerzu mal auf Pauline, mal auf mich, guckten sich an und schütteten sich aus vor Lachen. Aber als sie den Herrn auf die Trage heben mußten, erging's ihnen wegen ihres Gezappels nicht besser als Pauline und mir mit dem Sarg. Der Doktor schimpfte, der Herr brüllte, die beiden trugen ihn, und die Trage hüpfte und hopste wie bei diesem neumodischen Getanze. So hopsten sie zur Tür raus und schüttelten und rüttelten die Treppe runter.

Ich ging nicht mit, mir reichte die Blamage. Sowieso hörte ich das Fußgescharre und Gekicher beim Hinabsteigen. Aber plötzlich ging das Gekicher wieder in Gewieher über, dann folgte ein mächtiger Bums und ein Mordsgeschrei, wie wir es den Abend noch nicht gehört hatten. Alle brüllten, was das Zeug hielt, und die Stimme des Herrn hallte über allem wie die Posaune vom Jüngsten Gericht. Diese Flegel hatten ihn doch aus der Trage geschüttelt, und, ob ihr's glaubt oder nicht, der Herr hatte sich auch noch den Arm gebrochen!

Verklagt hat er uns wahrscheinlich schon, als er noch im Krankenhaus lag; denn als er nach anderthalb Monaten rauskam, wurden Pauline und ich vor Gericht zitiert. Wieder mußten wir alles von vorn erzählen und sind vor Schmach fast vergangen, und wieder haben sich alle auf die Lippen gebissen, und der Richter hat dauernd die Luft eingezogen, als wenn er heiße Milch im Mund hat, bloß der Herr hat nicht gelacht und Pauline und ich auch nicht. Nicht nur, daß ihm Arm und Bein gebrochen seien – dazu noch Gehirnerschütterung und der teure Apparat im Eimer! Der Herr beharrte drauf, Pauline und ich hätten es aus purer Gemeinheit getan; denn als er auf der Leiter stand und sagte: »So ist's gut«, da hat ihn Pauline angeschrien: »Meinst du?« So erwache doch keiner aus dem Schlaf.

Ich konnte beteuern, soviel ich wollte, daß Pauline ihr Lebtag so erwacht ist – das Gericht glaubte dem Herrn, nicht uns. Und verurteilte uns wegen böswilligen groben Unfugs zu drei Jahren mit Bewährung.

Drei Jahre! Mir wurde schwarz vor Augen, kein Sterbenswort hätte ich rausgebracht, Pauline dagegen, die Verrückte, warf schon den Kopf zurück, und ich zog sie am Ärmel, damit sie nicht auch noch den Richter mit ihrem »Meinst du?« anblaffte. Aber nein, Pauline fragte, ob sie in Amtskleidern oder in ihren eigenen bestattet wird, wenn sie im Gefängnis stirbt. Sogar auf der Anklagebank dachte sie bloß an ihr Lilagoldnes und den weißen Sarg. Der Richter zog ganz tief die Luft ein und preßte irgendwie komisch raus, ins Gefängnis müssen wir gar nicht, nur in unsren Dokumenten steht, daß wir bestraft sind.

Da fingen Pauline und ich zu weinen an, die anderen aber lächelten, und bloß unser geschädigter Herr zischte und brabbelte, das sei ungerecht. Aber nur so in den Bart, weil man ja das Gericht nicht ärgern darf.

Da haben wir nun so anständig gelebt, daß man geglaubt hat, wir brauchen uns nicht mal vor dem Jüngsten Gericht zu fürchten, und nun sind wir wegen Paulines Verrücktheit noch auf dieser Welt vors Gericht gekommen. Zu unsrem Leidwesen und zum Gespött der Leute.

Richtiger wäre: zu meinem Leidwesen. Für Pauline ist das Gespött der reinste Himmelssegen. Je mehr wir angestarrt werden, um so stolzer wirft sie den Kopf zurück und stupst mich noch mit dem Daumen in die Seite: Na, merkst du was? Und die Perücke, die trägt sie jetzt jeden Tag, mit eignem Haar und Kopftuch geht sie überhaupt nicht mehr raus. Wenn die Beerdigung kommt, ist die genauso dünn wie ihr eigner Flaum. Aber ich hab es satt, was zu sagen, soll sie doch machen, was sie will, bloß eins hab ich ihr klargemacht: In die Preiselbeeren fahr ich ihretwegen nicht. Mein Leichenstaat ist noch frisch wie am ersten Tag – der wartet auf seine Stunde, ich brauch nirgendshin zu rennen.

Na, dann soll ich es lassen, hat sie gesagt. Soweit, so gut. Aber vorige Woche, wie ich vom Laden komme, was seh ich da? Das Fenster steht sperrangelweit offen, meine Pauline sitzt mit ihrer weißen Perücke auf dem Fensterbrett, und daneben steht der gelbe Plasteimer, den uns der Nachbar zum Frauentag geschenkt hat. Ich glaub, er hat ihn für seine Frau gekauft, aber der hat er nicht gefallen, das ist so ein halb abgeschnittener, was geht da schon rein, sonst hätte er ihn bestimmt nicht verschenkt. Ja, und dieser mißratene Eimer also, der steht neben Pauline und ist voll Wasser.

»Jetzt willst du wohl schon mit der Perücke Fenster putzen?« frag ich.

»Meinst du?« krieg ich zur Antwort. Fenster putzen – von wegen! Aber wenn man jemand einen Wassereimer über den Kopf kippt – ob das grober Unfug ist?

»Hast du noch nicht genug von dem groben Unfug?« frag ich. »Du willst wohl wieder vors Gericht?«

Da sagt sie doch: »Was für ein netter und höflicher Mann, der Herr Richter! Den möchte ich gern wiedersehen.« Und guckt mit verdrehten Augen übers Schuppendach, als wenn der nette Herr gleich vom Himmel herabgeschwebt kommt. Dabei lächelt sie wehmütig und glücklich – wie eine richtige Braut.

Ist doch nicht zu fassen! Mir graut, wenn ich mir vorstelle, was uns noch alles blüht – und nur wegen der verrückten Pauline!

Bella Achmadulina
Märchen vom Regen

(in mehreren Episoden,
mit Dialogen und Kinderchor)
Für J. Jewtuschenko

1

Ein *Regen* läuft mir nach, auf Schritt und Tritt.
»Verschwinde, du, sonst kannst du was erleben!«
Er bleibt zurück, um traurig und ergeben
sich wieder anzuhängen wie ein Kind.

Er wächst mir wie ein Flügel hinten an.
»Was fällt dir ein, du Bummelant, du Teufel!
Bescher lieber den Blumen dein Geträufel.
Was findest du an mir? Na geh schon, Mann!«

Die Hitze rings indessen schwillt zur Schwüle.
Der *Regen* bleibt verbissen weltvergessen,
und mich umzingeln Kinder, wie versessen
auf Spritzer einer Straßensprengmaschine.

Ich geh in ein Café; tauch unters Dach,
verzieh mich schlau an einen Nischentisch.
Der *Regen* steht am Fenster, bettlerisch,
und will am liebsten durch die Scheibe nach.

Ich gehe raus. Da kommt er doch gesprungen
und schlägt nach mir mit seinen Regenstrippen.
Dann netzt er rasch, wie abbittend, die Lippen
mir mit dem Fellruch eines Hundejungen.

Wahrscheinlich seh ich ziemlich komisch aus:
das Halstuch, naß, wie ein verrutschtes Beffchen,
den *Regen* auf der Schulter wie ein Äffchen –
die Stadt kommt aus dem Kopfschütteln nicht raus.

Mit Kinderfingern kitzelt er mein Ohr.
Mir wird ganz schwach, da kichert er frohlockend.
Die Hitze drückt, dörrt alles knochentrocken,
bloß ich, ich trief vor Nässe nach wie vor.

2

Doch bin ich heut zu Gast, wie es so geht –
bei Leuten, wo man weiß, was sich gebührt,
und wo ein Kronleuchter als Mond brilliert
in einem Bernsteinteiche von Parkett.

Wie mach ichs also mit dem *Regen* aus?
Er will nicht von mir gehen, der Apoll.
Und näßt den Teppich dann, tapst alles voll!
Da fliege ich doch achtkantig hinaus.

Ich rede streng: »Selbst Güte – irgendwann
hat alles seine Grenze, auch bei mir.
Ich finde das recht unverschämt von dir.«
Er schaut mich wie ein Waisenknäblein an.

Ich werde weich. »Na, komm schon mit, du Strick.
Durchtränkst mich hier mit einem Liebesschwall!
Ein dummes Wetter auch, verflixt noch mal.«
Er spritzt ein Stück voraus, vergnügt, verrückt.

3

Der Hausherr zollt mir da viel Ehre, weiß ich!
Verdien ich gar nicht! Trotzdem steh ich nun
am Eingang, tropfend wie ein Wasserhuhn,
und drück die Klingel; es ist sechs Uhr dreißig.

Der *Regen* macht sich hinter mir ganz klein.
Sein Atem kitzelt, wispert mir im Nacken.
Dann: Schritte – Stille – Guckloch – Schlüsselknacken ...
»Pardon, mein *Regen* ... darf er wohl mit rein?

Ach nein, ich mein ja: nur auf den Balkon.
Fürs Zimmer ist er viel zu lang und flüssig.«
»Hm, so.« Der Hausherr stutzt, ist sich nicht schlüssig
und schielt besorgt nach hinten zum Salon.

4

Ich liebe dieses Haus, muß ich gestehn.
Hier tanzt die Leichtigkeit im Spitzentanz,
hier eckt kein Möbelellbogen dich an,
hier schneidet dich kein Messer aus Versehn.

Ich liebe, wie der seidne Faltenfall
des Kleids der Hausfrau raschelt – weich, gewichtig.
Und ach, im Schrank gefangen, zartgesichtig,
mein schlafendes Schneewittchen – das Kristall!

Spektrales Siebenrosenrot – verschanzt
im Glassarg, scheintot, lieblich bis zur Qual! ...
Doch hoppla, das Begrüßungsritual
wird eben ausgesungen und -getanzt.

5

Die Frau des Hauses ist mir, muß ich meinen,
in ihrem tiefsten Herzen nicht recht grün.
Doch hält sie wohl – ergötzliches Bemühn –
der Wunsch etwas zurück, modern zu scheinen.

»Wie geht es Ihnen?« (O Gewittersegen,
im Stimmchen einer Stolzen unterdrückt!)
»Och danke«, sag ich, »hab – es war verrückt –
im Fieber wie ein Schwein im Dreck gelegen.«

(Was kam da meiner Absicht in die Quere?
Ich hatte doch zu sagen mich entschieden:
O gut! Ich leb zwar unstet, doch zufrieden,
zumal ich Sie heut seh zu meiner Ehre.)

Sie spricht: »Ich muß Sie tadeln, meine Beste.
Bei Ihren Gaben! Großer Gott, zu Fuß
den fernen Weg durch diesen Regenguß!«
Und alles ruft: »Ans Feuer sie!« – »O Gäste!

Zu andren Zeiten, biedre Ungeheuer,
da hättet ihr zu Trommel und Drommet
mich tausendzüngig auf dem Markt geschmäht
und gar geschrien: Ins Feuer sie, ins Feuer!

Für jetzt, für damals und nachher, für alles –
die schwarz im Auge sengende Magie,
die Laute, die den Lippen spielend wie
die Kerne reifer Süßkirschen entfallen.

Willkommen, Feuer! Springe mir entgegen,
mein Bruderherz, mein Hundchen, komm und lecke
mir zärtlich züngelnd beide Hände, stecke
in Brand! Dein Brand ist feucht! Auch du bist *Regen.*«

»Ihr Monolog ist recht absonderlich«,
bemerkt der Hausherr, sichtlich nicht erbaut.
»Nun ja, die Jugend halt, sie schießt ins Kraut.
Ihr gutes Recht, ihr Charme auch, meine ich.«

»Ich red im Fieber. Geben Sie nichts drauf.
Der *Regen* ist dran schuld, seis ihm bescheinigt.
Er hat mich wie ein Dämon heut gepeinigt.
Ja, er. Er gab dem Unheil seinen Lauf.«

Da sehe ich, am Fenster überm Fries
steht trostlos weinend mein getreuer *Regen.*
Ich spür, wie sich zwei Tränen in mir regen –
als Spur, die er verstohlen hinterließ.

6

Und eine Dame mit toupiertem Haar,
vernebelt wie ein Täubchen auf dem Giebel,

fragt spitz, ja feindselig: »Ach meine Liebe,
wie war das gleich, Ihr Mann ist reich, nicht wahr?«

»Mein Mann ist reich? Ich weiß nicht, sehs nicht ab.
Doch *reich*, das ist er; Arbeit macht ihm Freude.
Bloß denken Sie mal an, ich selber leide
an einem schlimmen Hang zum Bettelstab.

Ich lehrte meinen Mann die Zauberei«
(die Offenheit geht mit mir durch!), »ruckzuck
verwandelt er dir alle Art von Schmuck
in Wasserkreise, Hummeln, in Salbei ...

Ja – geben Sie den Ring, ich kann es zeigen.
Erlösen wir den Stern aus Zwang und Enge!«
Sie hält natürlich sehr auf ihr Gepränge
und ignoriert mein Ansinnen mit Schweigen.

»Und wissen Sie, noch eins sei angeführt:
Mich lockt es, in der Gosse zu krepieren.«
(Mein Mundwerk schwätzt drauflos, Gott, zum Genieren!
Mein lieber *Regen*, das hast du souffliert.

7

Na warte, Freundchen!) – Aus dem Damenchor
fragt nunmehr eine, nahezu im Baß:
»Die Gottbegnadeten, wie ist denn das,
begnadet wer und wie, was geht da vor?«

Da knarrt der Schüttelfrost aus meiner Kehle:
»Ein lustig-lieber Gott kommt jedesmal,
ein bißchen altmodisch-professoral,
und segnet einem schmunzelnd Hirn und Seele.

Dann fliegt man auf und nieder wie am Faden,
zerschrammt sich gräßlich Arme, Beine, Becken
an Licht und Schneewind, an Quarenghi-Ecken,
an weißen Laken von Hotelfassaden.

Wassil Blashenny kennen Sie bestimmt.
Der mit den vielen spitzen Zwiebelkuppeln.
Oje, da auf dem Bauch drauf langzurubbeln!«
»So setzen Sie sich!« zischelt sie ergrimmt.

8

Da gibt man an der Türe freie Bahn
zu allgemeinem: »Wie entzückend, seht!«
Herein kommt eine Kinderschar geweht –
ein silbern-helles Wolkenfiligran.

Ach Hausmama, ich hab mich bloß verstellt –
und dumm benommen, ja, verzeih es mir.
Du brachtest wie ein Glasbläser aus dir
ein Bild von feinstem Glas ans Licht der Welt.

Ein Wesen, zart gegossen, hell durchtränkt
vom Atem deines Seelenleibs – dein Kind.
Kontur, die klar liegt und doch erst beginnt.
Das hab ich nicht gewußt, sei nicht gekränkt.

Ach Hausmama, dein Muttertierinstinkt
hält über deinem Söhnchen, deiner Brut
mit täglich, nächtlich wachem Raubtiermut,
in stiller Angst das schwere Haupt gesenkt.

Der *Regen* mahnt: »Die Hand küß ihr, sofort!«
»Verzeih, verzeih mir«, bitte ich sie leise.
»Dein Augenpaar, wie rein ist es, wie weise!«

9

Jetzt meldet sich der Kinderchor zu Wort:

»Kindermund. Du liebe Güte.
Alles nach Programm.
Unsres Wesens Witz: Der Apfel
fällt nicht weit vom Stamm.

Achtung, Achtung. Kinderplappern.
Keiner wird blamiert.
Schon weil so ein Prachtkamin
dieses Zimmer ziert.

Huch, ein Kribbeln in den Schultern,
dann zwei Flügelspitzen.
Eingepfercht in Aluminium
sitzt die Haut, wir schwitzen.

Unser Gähnen unterbrechend,
rührt oft ach so lind
uns die liebe kleine Kunst, dies
fremder Leute Kind.

Regen – ein Fauxpas des Himmels!
O Klischee, dich heißt
man zu Unrecht dumm, du bietest
Sicherheit dem Geist.

Wirst uns einst vor Wut und Wehmut
tugendsam bewahren.
Also küssen wir flugs deinen
Samtsaum, holde Zarin.«

10

Ich spüre, wie mich Apathie umklammert.
Ists meine Hand an diesem schweren Arm?
Sie hält das Glas – dies Vogeljunge – warm,
sein aufgesperrter Schnabel piepst und jammert.

He, Mutter du, doch war dein Herz in Not,
als du, das wehe Lechzmündchen des Knaben
an deiner giftverzehrten Brust zu laben,
dich neigtest, spendend frühen Seelentod?

Dein Sohn, er war vielleicht – noch schwang sie nicht –
von einer Saite voll Musik durchzogen?

Wie glattes Weiß – vom bunten Regenbogen,
von noch verklärter Schönheit – ein Gesicht,

der kleine Sascha – schon vom Dichter Block?
Du Bärin du! Wie konnte es dich packen,
aus deinem Kind verliebt herauszuknacken
die Göttlichkeit, als wärs ein Läuseschock!

11

Die Hausfrau, während sie mein Weinglas füllt,
sagt: »Gehn Sie zum Kamin, Sie haben Fieber.«
Adjö, mein *Regen!* 's ist halt schön, mein Lieber,
wenn einem Wein die heiße Zunge stillt.

O Wein! Du Rosenduft in meiner Hand.
Du bist nicht schuld, du bist hier nicht der Grund.
Mein Ich hat dein Atom gespalten, und
da ist in mir der Rosenkrieg entbrannt.

Ich bin dein Fürst*, ich bin – vergaloppiert –
gefesselt an die Wipfel zweier Eichen.
Zerreiße mich. Na bitte. Gib das Zeichen
der Hinrichtung, die mich von mir halbiert!

Wie wächst mein Herz, wird herzensgut und besser,
schon ists ein beßrer Clown, der ganz verzückt
im Bückling vor euch bis zum Boden knickt,
schon füllts den Raum, wird riesengroß und größer.

Wie groß macht diese Güte mich, wie schlicht!
Ich knie nieder. Weine Liebeszähren.
Das scheue liebeheischende Begehren
des Krüppels zuckt mir schmerzlich im Gesicht.

* Der Sage nach wurde Fürst Igor 945 auf dem Rückweg von einem Beutezug nach Byzanz von den Dromljanen gefangengenommen und wegen seiner unbarmherzigen Tributnahme getötet, indem man ihn zwischen zwei Baumwipfel band, die ihn im Hochschnellen zerrissen.

Wie soll ich meine Liebe bloß bekunden?
Bespuckt, verhöhnt mich, keinen Mitleidseinwand!
Hier! Meine bloße Haut ist, wie die Leinwand
für Farbstriche, bereit für tausend Wunden.

Ich lieb euch ohne Maßen, ohne Scham.
Millionen, seid millionenfach umschlungen!
Wir sind doch einem Taufbecken entsprungen.
Sind Brüder. – *Regen,* komm fix her, mein Lamm!

12

Ein Schauer fährt den Gästen durch die Lenden.
Die Hausfrau kreischt ein Kreischen ohnegleichen.
Und geisterhafte rostig-gelbe Zeichen,
im Nu verschwimmend, treten aus den Wänden.

Der *Regen* plauzt herein. Man rennt und fängt
mit Schüsseln ihn, man knebelt ihn mit Lappen.
Er reißt sich los, er klatscht auf Haarattrappen,
in Mondgesichter, die er grau verhängt.

Er tanzt Cancan zum Tamburingerassel
des klimpernd auferstandenen Kristalls.
Indessen zielt man ihm auf Kopf und Hals
und wirft vereint das mörderische Lasso.

Er stürzt zu Boden, krabbelt hilfesuchend,
den Teppich nässend, schluchzend auf mich zu.
Die Männer treten nach ihm, überm Schuh
die Ausgehhosen aufgekrempelt, fluchend.

Und wieder gehts mit Lappen los und Eimer.
Man wringt und würgt ihn, schleppt ihn zum Klosett.
Da schrei ich heiser, stampf ich aufs Parkett:
»Ihr Pack, laßt ihn in Ruhe, er ist meiner!

Er war doch wie ein Tierlein, wie ein Kind.
Daß Unheil sich auf eure Kinder wende!

Warum habt ihr ihn umgebracht, ihr Hände,
um kein Geheimnis wissend, grausam blind!«

Der Hausherr flüstert: »Diesen dummen Gag,
den zahl ich dir noch heim!« Ich lache auf:
»Was mir den Buckel runterrutscht, nehm ich in Kauf.
Ihr Monstren ihr. Macht Platz. Ich will hier weg!«

13

Die Fußgänger beäugen mich voll Schreck.
»Was haben Sie?« – »Ach nichts, ich muß bloß heulen.«
Ich küsse zwischen trocknen Asphaltbeulen
mit ganzer Seele einen Wasserfleck.

Die Erde liegt in Hitzevollnarkose.
Der Horizont ist rosarot verbrüht.
Dem Wetterdienst schlägts schrecklich aufs Gemüt:
Der Niederschlag entsprach nicht der Prognose.

Ljudmila Petruschewskaja
Netze und Fallen

Folgendes widerfuhr mir, als ich zwanzig war.

Eigentlich spielen meine zwanzig Jahre dabei keine Rolle, ich hätte genausogut siebzehn oder dreißig sein können; wichtig ist, daß ich zum erstenmal in solch einer Situation war. In solch eine Situation geriet ich nie wieder; man kann sagen, daß ich instinktiv die Möglichkeit spürte, erneut in die gleiche Rolle zu verfallen, und sofort den ausgelegten Netzen auswich und entging. Übrigens gab es niemals ausgelegte Netze, niemand hatte es je darauf abgesehen – auch nicht bei jenem ersten und einzigen Mal –, mich in irgendwelche Netze zu treiben; ehrlich gesagt, gab es von keiner Seite böse Absichten und Fallen, weder beim ersten Mal noch bei den folgenden Malen, es gab nicht einmal ein einfaches, minimales Interesse an meiner Person; ich war in dieser Situation nur als Frau meines Mannes von Interesse und Nutzen, sonst nichts.

Also, es gab überhaupt keine ausgelegten Netze in jenem Moment, als mein Mann, angehender Aspirant, sich noch an seinem Arbeitsplatz aufhielt, während ich, seine Frau, in anderen Umständen befindlich, zu seiner Mutter in eine andere Stadt fuhr. Bald sollte mein Mann nachkommen, um am neuen Ort alles für mich einzurichten, mit mir zum Standesamt zu gehen, endlich unsere Hochzeit zu feiern, die Aspiranturprüfungen abzulegen und ein neues Leben zu beginnen.

Somit war die nächste Zukunft wolkenlos klar, alles übrige mußte sich im weiteren finden, und so kam es auch.

Die Lage, in der ich mich befand, war ganz einfach, klar und sauber, das heißt, sie wäre einfach, klar und sauber gewesen, wenn ich ein Dokument in den Händen gehabt hätte, das mich als Georgijs Frau auswies. Alles übrige war normal: Ich bin Georgijs Frau und fahre vorerst allein zu seiner Mutter, um dort zu entbinden, denn er kann sich noch nicht frei machen; er möchte, daß ich das Kind in seinem Haus zur Welt bringe, denn ein Kind muß in einer ruhigen Umgebung geboren werden, nicht aber in der Atmosphäre jener Bude, in der ich mit Georgij lebte. Ich hätte zur Entbindung freilich auch zu meinen Eltern fahren können, die sehr weit weg lebten; aber ich wollte mein Schicksal so eng wie möglich mit dem Schicksal Georgijs, seiner Familie, seiner Mutter verbinden, die ich noch nie gesehen hatte und die von meiner Existenz nur aus den Briefen ihres Sohnes wußte.

Somit sah alles ganz normal aus, wenn man außer Betracht läßt, daß ich noch nicht Georgijs Frau war. Und ich war es nicht aus dem einfachen Grund, weil Georgij noch verheiratet war und ein fünfjähriges Kind hatte, und seine erste Frau lebte ausgerechnet in der Stadt, in der auch seine Mutter lebte und in der er selbst einen Großteil seines Lebens verbracht hatte. Georgij war mit seiner Frau schon lange auseinander, und das war nicht einfach das Resultat einer lang dauernden Trennung, wie sie entsteht, wenn der Ehemann in der einen Stadt arbeitet und die Frau mit dem Kind in einer anderen lebt, die Bindungen sich allmählich lockern, die Ehepartner sich entfremden und einander nicht mehr besuchen, obwohl es keine direkten Gründe für eine formelle Scheidung noch für eine grundsätzliche Aussprache gibt. In Georgijs Fall war alles weitaus überzeugender, sie hatten sich getrennt, als sie noch in derselben Stadt lebten, Georgijs Frau war zu ihren Eltern gezogen und hatte das Kind mitgenommen, und Georgij war kurz darauf zum Absolventeneinsatz in eine andere Stadt gefahren, in die auch ich aus dem Fernen Osten kam, und nun zahlte er seiner Frau Alimente für den Sohn.

Da haben Sie die Geschichte meiner Bekanntschaft mit Georgij und zugleich die Geschichte, warum ich drei Jahre nach Beginn meines Studiums im heißen Sommer zur Mutter meines Mannes in die fremde Stadt fuhr, mit Koffer, Regenmantel und Tasche, in der ein Brief Georgijs an seine Mutter lag.

Um die Wahrheit zu sagen, Georgij war nicht gerade sehr erfreut, daß ich zur Entbindung zu seiner Mutter fuhr. Aber ich konnte mich durchsetzen, genauer, ich tat einfach alles nach meinem Kopf, denn ich hatte meinem Zustand innewohnende Ängste: Wenn ich in den Fernen

Osten zu meinen Eltern fahre, Georgij aber seine Aspirantur antritt, können wir nicht so bald zusammenkommen und ein Familienleben führen. Im Fernen Osten bin ich gut versorgt, mein Kind erhält eine ausgezeichnete Pflege, ich gehe bald arbeiten oder studiere, und mein ganzes Leben gestaltet sich so, daß sich alles auch ohne Georgij regelt. Eben das fürchtete ich am meisten: Ruhe und Versorgtheit ohne Georgij. Ich zog Unversorgtheit und eine ungesicherte Existenz ohne Georgij vor, weil ich seinen gewissenhaften und lauteren Charakter kannte, der ihm nicht erlaubte, mich mit dem Kind in ungesicherter Lage zu lassen. Ich wußte, daß er mir in solch einer Situation, sollte sie sich einstellen, zu Hilfe kommen würde. Er würde kommen und alles Nötige regeln.

Die Unversorgtheit mußte automatisch das Streben nach Versorgtheit zur Folge haben, während eine wie immer geartete Versorgtheit – im Fernen Osten bei meiner Mutter oder in der Stadt, wo ich mit Georgij lebte und wo ich notfalls um einen Platz im Studentenheim bitten konnte, während solch eine Versorgtheit eine Verzögerung der wirklichen Versorgtheit zur Folge hätte, denn Georgij wäre von Anfang an jeder Sorge um mich und das Kind enthoben, und er würde leichten Herzens das neue Leben im Institut beginnen, und ihn dann zu irgend etwas zu zwingen – die Scheidung einzureichen und mich mit dem Kind zu sich zu nehmen – wäre praktisch unmöglich.

Doch meine bisherigen Ausführungen erklären keineswegs den damaligen Zustand blinder Begeisterung, mit dem ich mich in die Umarmung einer fremden Familie stürzte, nämlich der Mutter Georgijs, Nina Nikolajewnas. Sie wohnte in einem großen, alten, komfortablen Haus, und welche Wonne empfand ich, nach der staubigen sommerlichen Straße ins Badezimmer zu gehen, wo ein altertümliches Porzellanwaschbecken mit blauem Muster und einem Sprung war und eine Wanne, durch deren Emaille schon das Gußeisen schimmerte.

Nichtsdestoweniger verlief unsere erste Begegnung ohne übermäßigen Enthusiasmus. Es sei gesagt, daß Nina Nikolajewna ihre Zweifel nicht verhehlte. Sie las aufmerksam den Brief, während ich in der Diele stand, bereit und entschlossen, bei der geringsten Kleinigkeit zu gehen. Den Koffer hatte ich in der Gepäckaufbewahrung gelassen, außerdem hatte ich den halben Tag (ich war am Morgen angekommen) damit zugebracht, in der Nähe des Bahnhofs eine Übernachtungsmöglichkeit zu suchen.

Es sei gesagt, daß ich damit rechnete, in Georgijs Haus nicht gerade erwartet zu werden. Ich war in dieser Hinsicht auf alles gefaßt, weil Georgij, der zehn Jahre älter war als ich und vieles im Leben gesehen hatte, mir die Gegebenheiten seines Hauses und seine Mutter genau beschrieben hatte. Er sagte mir, daß alles von mir abhängen werde, ausschließlich von mir, davon, wie klug und selbständig ich mich zeigen würde, jawohl, selbständig. Er wiederholte dieses Wort in allen Tonarten und erklärte mir seine Bedeutung: Selbständig ist, wer für sich selbst einsteht, sich auf keinen stützt, von keinem etwas verlangt. Nur solch ein Mensch, belehrte mich Georgij, könne bei seiner Mutter auf Erfolg rechnen, nur solch einer, nicht aber ein schwacher, der sich über jedwedes Mitgefühl freue, der bereit sei, nachzugeben, zu helfen, um seine Güte und Rechtschaffenheit zu zeigen. Georgij belehrte mich darüber, weil ihm mein Bedürfnis mißfiel, es allen recht zu machen, allen zu gefallen, sofort und vorbehaltlos zu allen Vertrauen zu fassen; weil ihm mein Bestreben mißfiel, meine Seele jeder anderen mir entgegenkommenden Seele zu öffnen, um Verständnis zu finden. Georgij verlangte von mir mehr Härte und versteinerte innerlich, wenn ich den Versuch machte, in unserem Zimmerchen, das wir bewohnten, seit ich aus dem Wohnheim ausgezogen war, Gäste zu empfangen. Ihm mißfiel meine Dienstfertigkeit, meine Bereitwilligkeit, über jeden Spaß zu lachen und jedes Zeichen von Aufmerksamkeit für bare Münze zu nehmen, für den Wunsch nach Freundschaft und nur nach Freundschaft. Waren Georgijs Freunde gegangen, so brachte er es fertig, tagelang nicht mit mir zu reden, aus Verdrossenheit, daß all seine Erziehung für die Katz war, daß aus mir nicht jener unbeugsame, selbständige Mensch wurde, der nur mit größter Würde auf grobe Scherze und oberflächliche Gespräche reagiert. Sogar darin, wie ich Georgijs Schweigen aufnahm, wie ich weinte und um sein Wohlwollen warb, sogar darin spürte er eine deutliche Abweichung von der Norm, von der Verhaltensnorm eines stolzen, unabhängigen Menschen. »Sei doch wenigstens für eine Minute stolz«, pflegte er schließlich zu sagen und verstummte wieder.

Im letzten Monat unseres gemeinsamen Lebens war mit Georgij überhaupt nichts mehr anzufangen; er verschwand ständig irgendwohin, sprach nicht von seinen Plänen, nicht einmal davon, wie er mit seinen Prüfungsvorbereitungen vorankam, als ob ich ihn ausforschen wollte, selbst über solch eine Bagatelle wie die Prüfungsvorbereitungen, als ob ich diese Einzelheiten brauchte. Allein, er hütete sie vor meinem Eindringen, als könnte ich nicht leben, ohne ihn mit Fragen zu bestürmen, wie er den Tag verbracht und was er alles erlebt hatte. Er hütete vor mir geflissentlich seine Hefte, Bücher, seinen Schnellhefter, seine kleinen Einkäufe.

Zugleich aber setzte er sich mit größter Selbstverständlichkeit hin und schrieb seiner Mutter den Brief, als ich ihm sagte, ich wolle zur Entbindung zu ihr fahren, weil ich die Fahrt in den Fernen Osten nicht bezahlen könne. Er schrieb den Brief nicht nur, weil ich vor ihm auf den Knien rutschte, sondern, wie mir schien, auch deshalb, weil es für ihn selbst unerläßlich war, daß ich so schnell wie möglich wegfuhr, egal wie und wohin, wenn ich nur wegfuhr. In diesem Sinne war ich voreilig gewesen mit meinem Auf-den-Knien-Rutschen, meinem Flehen, denn auf diese Weise sei noch kein Mensch gezwungen worden, etwas zu tun, wie mir Georgij sagte, der sich wieder in Moralpredigten erging. Er tadelte mich, daß ich die Stimmung des Augenblicks nicht verstünde und nicht über meine Nasenspitze hinaussähe, daß ich ein Mensch ohne Selbständigkeit wäre und daß meine Fahrt zu seiner Mutter sowieso nichts bringen würde, eben weil ich kein selbständiger Mensch wäre. Er hielt mir mal wieder eine Lektion zu dem Thema, wie er mich gern gesehen hätte, und das war ein außerordentliches Ereignis, der Höhepunkt im letzten Monat, denn er hatte mich ja eigentlich kaum noch beachtet, hatte nur noch seine Innenwelt vor mir gehütet, mein Eindringen in sie so gut er konnte eingeschränkt und nach und nach die Grenzen des Sperrgebiets ausgedehnt, so daß ich fast die ganze Zeit in der Küche saß. Es war Sommer, ich aber saß immer nur in der Küche, denn ich wollte nicht den Moment verpassen, da Georgij zu den Prüfungen fuhr. Zu allem übrigen hätte er ja einfach den Schlüssel mitnehmen können, dann hätte ich zur Wirtin nach außerhalb fahren müssen, die Wirtin aber war mir nicht gerade wohlgesonnen, denn sie hatte rasch meinen besonderen Umstand mitbekommen und sagte häufig, sie habe das Zimmer einem alleinstehenden Ingenieur vermietet, und nun hause darin eine ganze Bande.

Also, Georgij hatte sich hingesetzt und den Brief geschrieben, und ich nahm das Blatt Papier, ohne ihm ein Wort zu sagen, und ging in meine Küche. Damit begann ich meinen Beschluß über eine grundlegende Umgestaltung unserer Beziehungen, über meine Selbsterziehung zum Stolz in die Tat umzusetzen. Also, ich nahm wortlos den Brief, wartete, bis Georgij gegangen war, packte still meine Sachen und fuhr weg, ohne ihm auch nur eine Nachricht zu hinterlassen.

Ich sann darüber nach, warum Georgij mich so widerspruchslos zu seiner Mutter fahren ließ, und kam zu keinem Ergebnis. Ich wußte, daß die Beziehungen zwischen ihm und seiner Mutter kompliziert waren, daß seine erste Frau vor allem mit seiner Mutter Probleme gehabt hatte, und dann erst mit ihm. Aber seltsamerweise schreckte mich das nicht, ich grübelte und grübelte darüber nach, bis ich es aufgab, und der Zug fuhr und fuhr, bis er mich nach vierundzwanzigstündiger Fahrt zum Bahnhof jener Stadt brachte, die Georgijs Heimat war, wo seine rechtmäßige Frau mit dem Sohn lebte, wo das Haus stand, in dem er die Kindheit verlebt hatte, und so weiter – alle diese Betrachtungen hatten mich außerordentlich aufgewühlt, so daß ich nach der Ankunft noch etwas zögerte, mein Vorhaben zu verwirklichen, das heißt, mir ein Nachtlager zu suchen.

War also der Empfang, den mir Georgijs Mutter bereitete, nicht allzu liebenswürdig, so hatte ich ja auch auf nichts gerechnet. Nina Nikolajewna las den Brief in der Diele, ließ mich nicht in die Wohnung. Ich sah eigentlich recht manierlich aus – ich hatte mich bei der Wirtin gewaschen, bei der ich ein Bett für die Nacht gemietet hatte. Dort hatte ich mir auch ein weißes Krägelchen an mein Kleid genäht, denn der Reiz einer Schwangeren besteht vor allem in Sauberkeit und Adrettheit, in dem besonderen Zauber der Hygiene, keineswegs aber in modischen Dingen.

Als Nina Nikolajewna den Brief gelesen hatte, wurde sie nicht herzlicher, bat mich aber in die Wohnung.

Ihr Zimmer war riesengroß und etwas schummrig, hatte schöne alte Möbel und ein fast schwarzes Parkett. Ich gewann dieses Zimmer sofort von ganzem Herzen lieb, mein Inneres füllte sich mit unerklärlicher Begeisterung und dem heißen Wunsch, für immer hier zu leben.

Auf die Frage jedoch, wo ich abgestiegen sei, antwortete ich, bei Bekannten, und damit war alles geklärt. Auf die Frage, ob ich Geld hätte, antwortete ich, ja, das hätte ich, und ich sei nur gekommen, um sie kennenzulernen, da ich nun mal in der Stadt sei. Auf die Frage, warum ich in die Stadt gekommen sei, antwortete ich, ich wolle hier mit dem Kind auf Georgij warten. »Kommt das Kind bald?« fragte Nina Nikolajewna, und ich antwortete, das könne ich nicht genau sagen, weil die Ärzte das eine behaupteten, ich aber etwas anderes wisse. Nina Nikolajewna fragte, was ich denn darüber wisse, und ich antwortete, man müsse von den Oktoberfeiertagen an rechnen. Dann fragte sie, ob das Kind von Georgij sei, und ich antwortete, ja, von ihm, und brach in Tränen aus.

Ich konnte dieses schreckliche Weinen nicht zurückhalten, das offenbar allen Kummer der letzten Monate einschloß, in denen ich nicht geweint, sondern auf Georgijs Bemerkungen über meine Unselbständigkeit gelacht hatte. Dieses idiotische, grundlose Lachen hatte ihn übrigens am meisten aufgebracht, aber ich kam nicht dagegen an, das Lachen brach aus mir ebenso unwillkürlich heraus, wie ich unwillkürlich zu weinen anfing, als Nina Nikolajewna mich fragte, ob das Kind von Georgij sei.

Mein Weinen beeindruckte Nina Nikolajewna. Sie schien verstanden zu haben, mit wem sie es zu tun hatte, denn von da an behandelte sie mich so, daß all ihre Handlungen in mir ungeheure, mit nichts zu vergleichende Dankbarkeit und ein solches Glück auslösten, als wäre ich ins Elternhaus gekommen, nur mit dem Unterschied, daß ich nicht in mein Elternhaus wollte. Das eben war ja das Dilemma, daß es mich nirgendwohin sonst, in kein Haus der Welt, nicht mal in die Neubauwohnung, die Georgij und ich später erhielten, dermaßen zog, wie in das Haus zu Nina Nikolajewna, in dieses wunderschöne, liebenswerte Haus, wo nichts für mich vorbestimmt war, wo jedes Ding auf einem mir überlegenen Niveau zu existieren schien, edler und schöner war als ich, und wo gleichzeitig all das so viel Glückserwartung für mich barg. Mit welcher Andacht betrachtete ich die Bilder in den schweren Rahmen, die wunderschönen Kissen auf dem Sofa, den Teppich auf dem Fußboden, die Tischuhr in der Ecke.

Darüber hinaus rührten mich sogar die vielen geschmacklosen Sächelchen, vierzig Jahre alte Schatullen und Schühchen, mit Muscheln beklebt, leere Parfümflakons. Ich hätte das alles gern liebevoll mit einem Lappen abgewischt und unter dem Spiegel aufgestellt. Später versuchte ich es auch zu tun, aber Nina Nikolajewna erstickte alle derartigen Versuche im Keim, ließ mich in ihrem Zimmer rein gar nichts anrühren.

Im Grunde war dieses Zimmer gar nicht so schön und auch gar nicht so sorgsam aufgeräumt. Doch der besondere Zauber des hier gelebten langen Lebens, der Zauber der dauerhaften alten Gegenstände teilte sich mir sofort mit, sprang mir in die Augen, so wie einem ewig Hungrigen eine Speise in die Augen springt und einem Landstreicher eine stille Zuflucht.

Ich wiederhole, keinerlei Netze waren ausgelegt, um mich zu fangen und zu vernichten. Mehr noch, ich selber ging blind drauflos, ohne jede Ahnung, daß irgendwann irgendwelche Netze für mich ausgelegt würden. Denn man kann doch nicht jene rührende Anteilnahme und mütterliche Gönnerschaft, die ich in Nina Nikolajewna spürte, für eine Falle halten! Ich habe mich falsch ausgedrückt: nicht mütterliche, sondern höhere Gönnerschaft, denn eine Mutter erweist keine Gönnerschaft. Zugleich war ich so rührselig gestimmt, daß ich eines Tages aus dem Zimmer Nina Nikolajewna, die im Bad war, zurief, ich wolle sie der Kürze halber Mama nennen. Sie verstand nicht, fragte zurück, aber das Wasserrauschen übertönte meine Worte, und ich unterließ künftig so weitreichende Vorschläge.

Ich war wie im Paradies. Hatte ich in der ersten Zeit noch die Absicht gehegt, zu jener Frau am Bahnhof zu gehen und mit ihr für alle Fälle eine künftige Schlafstelle auszuhandeln, so erwähnte ich das späterhin mit keinem Wort mehr (ich hatte Nina Nikolajewna sehr rasch meine Geheimnisse bezüglich der im voraus gemieteten Schlafstelle enthüllt)!

Nina Nikolajewna ließ mich am ersten Tag nicht mehr aus dem Haus und schloß mich mit jedem Tag fester ins Herz. Sie ließ buchstäblich kein Staubkörnchen auf mich fallen und brachte es fertig, schon vor der Arbeit auf dem Markt Gemüse einzukaufen und mir für den Morgen eine Mohrrübe zu reiben.

Wie ich schon sagte, ich durfte nichts anrühren, Nina Nikolajewna kochte das Essen für den ganzen Tag, ich brauchte es mittags bloß aufzuwärmen. Mit dem Abendessen wartete ich, am Fenster sitzend, auf sie. Sie kam, wir aßen und gingen vor dem Schlafengehen spazieren. Ich schlief auf dem ungemein breiten Sofa, auf Leinenlaken.

Nina Nikolajewna machte mir immerfort Geschenke; wir gingen zusammen in ein Geschäft und kauften zwei baumwollene Umstandskleider; sie kaufte mir unter anderem auch Nachthemden und Sandaletten, da meine Füße mit jedem Tag mehr anschwollen.

Nie wieder, weder früher noch später, fühlte ich mich so glücklich. Die völlige Übereinstimmung unserer Herzen wurde noch dadurch gekrönt, daß Nina Nikolajewna Witze mochte und auch ich gern lachte, und so lachten wir unbeschwert und ausgiebig, froh über jeden Anlaß.

Nina Nikolajewna bekannte, daß sie sich ohne mich langweilen würde und daß meine klingende Stimme Leben in ihr stilles und einsames Dasein brachte.

Von Georgij kam keinerlei Nachricht, wir wußten nicht, wie es mit seinen Prüfungsvorbereitungen stand und wo er überhaupt war. Ich hatte ihm in Nina Nikolajewnas Beisein mehrere Briefe geschrieben, aber weder eine Antwort erhalten noch die Briefe mit dem Vermerk »Adressat verzogen« zurückbekommen.

Da wir nichts Neues wußten, kauten wir stundenlang unsere alten Kenntnisse über Georgij durch, erzählten einander von seiner Kindheit, über die ich nicht weniger wußte als Nina Nikolajewna, vielleicht sogar mehr. Ich erzählte ihr, was sie nicht wußte – über seinen Sturz vom Dach, als er zehn war (er hatte es damals verschwiegen), über seine erste Liebe, dann über die späteren Zeiten, über seine Arbeit, seine Freunde, seine Gewohnheiten, seine Beziehungen zu Vorgesetzten. Nina Nikolajewna war sehr empfänglich für solche Gespräche, fing rasch Feuer und verlangte neue und immer neue Einzelheiten über unser Zusammenleben, über die Verteilung der Pflichten in unserer Familie, darüber, wie Georgij die Nachricht von dem zu erwartenden Kind aufgenommen hatte. Ich erzählte ihr, wie ich ihn auf einem Institutsabend kennengelernt hatte, damals hatten mich zwei Männer – er und mein Bekannter (»Was für ein Bekannter?«) – zum Wohnheim begleitet. (»Und wo ist dieser Bekannte jetzt?«) Ich verstand alles, ich verstand, daß sie Daten und Namen und Ereignisse wissen wollte, um sicherzugehen, daß ich tatsächlich Georgijs Sohn, ihren Enkel, unterm Herzen trug und nicht das Kind eines anderen Verehrers, der mich auch in dunkler Nacht nach Hause gebracht hatte, dann aber verschwunden war, so daß Georgij die Suppe auslöffeln mußte. Ehrlich gesagt, mich rührten sogar diese treuherzigen Verhöre, diese unverhohlenen Zweifel, denn sie zeigten mir noch deutlicher, wie sehr sie fürchtete, in ihren Hoffnungen betrogen zu werden, wie sehr sie den Traum von ihrem künftigen Enkel hegte und pflegte.

Ihren ersten Enkel besuchte Nina Nikolajewna einmal in der Woche, sie fuhr mit Geschenken zu ihm auf die Datsche, und mir gefiel dieser Brauch, dieses Nichtvergessen, diese Pflichterfüllung gegenüber einem Kind, das keine Schuld trug. Ich bat sie sogar ein paarmal, mich mitzunehmen, aber sie wurde ungewöhnlich schroff und verwies mich augenblicklich mit einfachen, aber schonungslosen Worten auf meinen Platz; ich sah, daß sie auch ihre eigene, besondere Welt hatte, die sich von der Welt unserer gemeinsamen Beziehungen unterschied – wieder eine eigene Welt, wie bei Georgij; diese eigene

Welt, zu der ich keinen Zutritt hatte, entwickelte sich allmählich, unmerklich, doch unaufhaltsam, und Nina Nikolajewna begann sie eifersüchtig vor meinem Eindringen zu schützen, ich aber, die ich mich wieder ganz ausgeliefert hatte, behielt nichts. Sie führte mit irgend jemandem Ferngespräche und sagte mir nicht, mit wem. Sie ging ganze Abende weg und ließ mich ohne Schlüssel. Unsere abendlichen Gespräche waren nicht mehr gleichberechtigt, ich fragte jetzt, ich erzählte, ich rühmte Nina Nikolajewnas Figur, ich goß ihr saure Sahne zu, und sie sagte: »Ich bin hier die Hausfrau, ich habe gekocht und nehme mir selber, und du laß dich bewirten.«

Auf welche Weise diese Metamorphose vor sich gegangen war, weiß ich nicht. Ich gewann plötzlich den Eindruck, als habe sie sich hoch über mich erhoben, rage über mir wie ein Berg und beschwere alle meine Bewegungen. Ich hatte jetzt Mühe, mich in ihrem Zimmer zu bewegen, hatte Mühe, mit ihr zu sprechen. Alles reizte sie, manchmal antwortete sie nicht einmal auf meine Fragen.

Doch diese Situation, die ich schon einmal durchlitten hatte, war für mich eine bereits bekannte Falle, ein bekanntes Netz, obwohl hier, ich wiederhole, weder von Falle noch Netz die Rede sein konnte, aber es war eine für mich unabwendbar trostlose Situation, diesmal noch trostloser als vorher, denn in der Geschichte mit Georgij hatte ich für den Fall, in eine ausweglose Lage zu geraten, immer noch die Hoffnung auf seine Mutter, auf ihre Großherzigkeit gehabt.

Ich fristete weiterhin mein zwiespältiges Dasein in Nina Nikolajewnas Haus, denn ich konnte nirgendwo anders hin. Die Frau am Bahnhof, die ich aufsuchte, riet mir, mich an das zu halten, was ich hätte, denn niemand würde mir mit einem Kind ein Zimmer geben.

Ich begann auf die sogenannte Börse zu gehen, wo sich Zimmerbesitzer und Mieter trafen. Der Sommer neigte sich zum Herbst, Georgij war längst angekommen, das fühlte ich, fühlte körperlich, daß er da war, obwohl er sich nicht bei seiner Mutter sehen ließ, und sie verbitterte immer mehr. Plötzlich, als habe sie sich jeglicher Verpflichtungen entledigt, sprach sie von einer Freundin, die mit ihren Töchtern eine Weile bei ihr wohnen wolle, anschließend werde sie zu ihnen fahren, und die Wohnung werde verschlossen, die anderen Mieter der Gemeinschaftswohnung seien nicht in der Stadt, sie hätten ihr die Wohnung anvertraut, und keiner erlaube, daß ein fremder, zu niemandem gehöriger Mensch darin lebe.

Ich bat sie, offen zu reden, wie es sich gehört. Sie sagte, es liege ohnehin alles widerwärtig offen zutage, und es gehöre sich nicht, ein fremdes Kind einem Mann unterzuschieben, der weder mit dem Körper noch mit dem Geist daran beteiligt sei, zumal es ja alle möglichen Tanzabende und Männerbegleitungen gegeben habe.

Ich begann zu lachen, und damit endete das Gespräch. Meine Sachen wurden in den Flur getragen, Nina Nikolajewna schloß sich in ihrem Zimmer ein, und ich verbrachte die Nacht in der Küche. Am Morgen trug Nina Nikolajewna meine Sachen ins Treppenhaus.

So endete mein Abenteuer. Alles weitere ist nicht mehr interessant, ich wohnte bei der Frau am Bahnhof und ging regelmäßig auf die Börse, wobei ich meine auseinandergegangene Taille mit dem Regenmantel verhüllte, und schließlich überließ mir ein verrückter Kerl, der sich für den Norden hatte anwerben lassen, für ein paar Groschen sein Zimmer. Ich brauche nicht zu erwähnen, daß in dem Zimmer ein völlig nacktes Bett mit Federboden stand, und ich schlief die erste Nacht am neuen Ort, nachdem ich den Mantel über den Federboden gebreitet hatte, glücklich und sorglos, bis es am Morgen soweit war, in die Entbindungsstation zu gehen.

Damit endete diese Periode meines Lebens – eine Periode, die sich niemals wiederholen wird, da ich mir ein paar einfache Kniffe angeeignet habe. Niemals wird sich jene Periode meines Lebens wiederholen, in der ich so an das Glück glaubte, so stark liebte und mich allen so bedingungslos in die Hand gab, bis in die letzten Eingeweide, als hätte ich keinen Wert. Niemals wird sich diese Periode wiederholen – im weiteren kamen ganz andere Perioden und andere Menschen, im weiteren kommt das Leben meiner Tochter, unserer

Tochter, die ich mit Georgij recht und schlecht erziehe und an der Georgij mit so ergebener Liebe hängt, wie er mich nie geliebt hat. Aber mich kümmert das wenig – denn es läuft eine andere Periode meines Lebens, eine ganz andere, ganz andere.

Jetzt habe ich das Grausamste gesehen; mehr wird man mir nicht zeigen. Ich kann jetzt wieder umkehren. Ich bin an die äußersten Grenzen gelangt und habe einen Blick dahinter geworfen. Lest ...

Tief in der Nacht hat man mich und meine Weggenossin in die Zelle 247 gebracht. Vor Schmutz konnte man kaum den Fuß auf den Boden setzen. Aber wir waren zu erschöpft, kletterten auf die Pritschen und schliefen wie tot ein. Morgens krempelten wir die Ärmel auf und räumten unseren Augiasstall auf. Kaum einen Tag hatten wir ohne Schmutz verbracht, als plötzlich ein Transport aus der Kolonie der minderjährigen Verbrecher aus Tomsk kam.

Die Gruppe ist äußerst malerisch; es sind echte Schönheiten darunter. Alle sind eben 18 geworden – und nun werden sie auf die Kolonien der Erwachsenen verteilt. Man hat das Gefühl, daß sie sehr zusammenhalten: Eines der Mädchen wurde unterwegs krank, und sie trugen sie fast auf Händen, legten sie auf den besten Platz, machten Tee für sie und deckten sie mit ihren armseligen Lumpen zu.

Nach einer Stunde brachte man sie in eine andere Zelle ...

Am 22. Mai teilt man mir und meiner Weggenossin den morgigen Abtransport mit und führt uns ins Bad. Unterwegs sind noch die ehemaligen Minderjährigen zu uns gestoßen. Sie haben wieder die Kranke dabei. Hohes Fieber, Wahnvorstellungen, starke Bauchschmerzen und Durchfall. Ich frage: Habt ihr einen Arzt bestellt? – Ja, sie hat uns ein paar Tabletten gegeben und gesagt, sie könne den Transport weitermachen.

Lärmend und singend zieht der Schwarm aus, und man führt uns zu den Duschen. Der Duschraum ist 6, höchstens 8 qm groß. Wir sind etwa 20, stehen ziemlich dicht nebeneinander. Und plötzlich strömt das kochende Wasser auf uns nieder! Wir stürzen schreiend zu den Wänden. Nach einer Minute eine eisige Dusche – dann wieder kochendes Wasser. Richtig kochendes Wasser, Natascha, daß man sich verbrennen konnte! Zuerst denke ich, daß in der Mechanik etwas kaputt ist; mit allen Kräften habe ich mit meiner nackten Ferse an die Tür getrommelt. Eine Frau aus dem Wachpersonal kommt. Ich erkläre ihr, daß die Dusche kaputt ist. Sie lacht. Ich werde wütend: »Machen Sie die Tür sofort auf!« Da kommt normales Wasser. Wir können aufatmen und seifen die Haare ein. In dem Moment hört plötzlich alles auf. Das Wasser ist abgestellt. – Kommt raus! – Und wir die Haare voller Schaum. Schon ganz hysterisch verlangen wir, daß man das Wasser anstellt. Das Wasser kommt. Kochendes Wasser, dann wieder eisiges. Alle hängen wieder an den Wänden, kreischen und reiben die Augen. Die Türen werden aufgerissen. – Kommt raus! – Die Mädchen spülen sich mit ein paar Tropfen kalten Wassers irgendwie das Gesicht ab und springen raus auf den Korridor. Meine Weggenossin und ich pfeifen auf alles und spülen die Seife mit kaltem Wasser ab. Die Aufseherin schreit wie verrückt, das rührt uns nicht. Erst als man das Wasser völlig abstellt, gehen wir raus. Die Mädchen drängen sich gleich neben die Türen des Duschraums und schreien, als ob man sie abstechen wollte. Wir verstehen gar nichts, stehen an der Tür. Daneben stehen die Aufseherin und der Arzt, ein junger Mann um 25. Beide scheinen aus irgendeinem Grund sehr zufrieden zu sein. Die Aufseherin schreit: »Kommt, kommt, es passiert euch nichts!« – Die Mädchen laufen den Korridor entlang. Da stehen Aufseher und Diensthäftlinge (die das Gefängnis putzen, Malerarbeiten verrichten usw.). Sie stehen da und lachen wiehernd über die armen Mädchen, und die laufen über den Korridor. Ich habe schon längst begriffen, daß dieses Baden während des Transports stets begleitet ist von so einer Show, und deswegen habe ich mir die schlechte Gewohnheit zugelegt, mich im Hemd zu waschen. Ich renne nicht, sondern gehe ruhig an den sich amüsierenden Typen vorbei, schenke ihnen ein paar zärtliche Worte und gehe dann zum Arzt und zum diensthabenden Aufseher, bei denen ich mich bedanke: »Von solchen Dingen habe ich bei Solschenizyn gelesen; eine ähnliche

Szene habe ich in Romms Film ›Der gewöhnliche Faschismus‹ gesehen. Aber nie hätte ich gedacht, einmal das Glück zu haben, selbst bei so einem faschistischen Spektakel dabei zu sein. Vielen Dank für das ausgezeichnete Material, das Sie mir gegeben haben!« – Verblüfft verstummen sie, und ich – in meinem nassen Hemd – mache auf dem Absatz kehrt und gehe ruhig durch den belebten Flur. Keiner der Hunde wagt zu grinsen, aber ich war bereit, vor Wut zu brüllen; ich zitterte richtig, aber nicht wegen des kalten Wassers.

Wir kehrten in unsre Zelle zurück, packten unsre Sachen für den Transport und legten uns schlafen. Nachts hörten wir plötzlich Geschrei aus der Zelle der Jugendlichen. Sie schrien: Mama – und unverständliche Laute. Dann wurde alles ruhig, aber wir schliefen nicht. Nach einiger Zeit wieder Schreie. Wahrscheinlich bringt man sie zum Transport –, dachten wir und begannen zu warten, daß man uns abholte. Sie machten so viel Lärm, diese Mädchen, daß wir auf die Schreie nicht besonders reagierten.

Aber am nächsten Tag führte man sie wieder zu uns, und da erfuhren wir, was das für Schreie gewesen waren. Ich habe alles nach ihren Worten aufgeschrieben:

Aus der Arbeitserziehungskolonie kam am 21. Mai ein Transport von Mädchen in das Nowosibirsker Gefängnis, die in eine Erwachsenenkolonie geführt werden sollten, 22 Leute. Auf dem Transport waren zwei Mädchen erkrankt: Lisa Maximowa hatte einen Herzanfall, und bei Ira Krupenkowa begannen Fieber und Durchfall (ich habe schon von ihr geschrieben; in den Lagern geht zur Zeit eine Epidemie von Darmerkrankungen um, überall herrscht Quarantäne). Die Ärzte von Nowosibirsk hatten gar keine Hilfe gewährt und sie nicht vom Transport befreit. Am Morgen hatten sie die Mädchen ins Bad geführt. Später benachrichtigte man sie über den Transport. In der Regel muß man davor baden; und abends führte man sie zum zweitenmal hin. Sie wollten nicht und sagten, sie hätten schon morgens geduscht. Aber sogar die kranke Ira Krupenkowa wurde gezwungen. Über den kostenlosen striptease habe ich ja schon geschrieben. Ich habe selbst diese Schmach erlebt, die der Hilflosigkeit der Jugendlichen zugedacht war.

Nach dem Bad legten sich einige Mädchen sofort schlafen, und andere begannen, den Transport vorzubereiten. Tagsüber hatten sie Lieder gesungen, und deshalb hatte ein Aufseher mit ihnen getobt. Später hatten mir die Mädchen dann erzählt, daß in der Kolonie niemand ihnen das Singen verboten hätte und daß sie dem Verbot des Aufsehers keine Bedeutung beigemessen hätten: Sie hatten nicht gedacht, daß im Gefängnis das Singen verboten war. Der Aufseher drohte ihnen mit Strafen: »Ihr kennt unsere Regeln noch nicht, aber ich werde sie euch zeigen zum Abschied!«

Abends hat niemand gesungen. Es gab nicht einmal besonders großes Geschwätz, alle bereiteten sich auf den Weg vor.

Gegen Mitternacht wurde die Tür aufgerissen, und zwei diensthabende Aufseher erschienen mit Feuerwehrschläuchen in den Händen. – Wir bereiten euch zum Abschied ein Bad –, erklärten sie. Im Korridor standen noch andere Aufseher.

Zwei kamen in die Zelle und begannen, die Mädchen abzuspritzen. Mit dem starken Strahl jagten sie sie durch die Zelle. Viele waren nackt. Dann spritzte der eine weiter und schlug sie mit dem Schlauch, und der andere schmiß sie einzeln in den Korridor. Im Korridor stand in zwei Reihen eine Gruppe des Gefängnis-Notdienstes. Die Mädchen wurden durch die Reihe von ungefähr 24 Personen getrieben. Die schlugen sie mit Fäusten, Schläuchen und Schlüsseln. Dann trieb man sie durch die Kellergänge zu den Boxen. Die Gänge waren naß, schmutzig, auf dem Boden Pfützen; es gab fast kein Licht. Die Mädchen liefen halbnackt, barfuß. Die Kranken mit den Gesunden. Aus dem Keller begann man, sie in die Gänge zu den Boxen zu treiben. Die Wächter überholten sie durch einen anderen Gang und stellten sich wieder in zwei Reihen auf. Man trieb sie das zweite Mal durch die Reihe. Alle wurden in eine Box für vier Menschen gesperrt. 21 Mädchen! (Eine hatte man schon am Abend vorher, angeblich wegen einer Schlägerei in der Zelle, ausgesondert.) Sie sprachen unter sich davon, daß es notwendig sei, daß jemand die Zelle aufräumte. Fünf Mädchen wurden herausgeholt und in die Zelle zurückgeführt. – »Wenn ihr in zehn Minuten nicht alles aufgeräumt habt, wird alles wiederholt.« – In der Zelle war der Tisch umgeworfen, die Betten waren naßgespritzt, das Wasser stand knöchelhoch.

In der Box wagten die Mädchen nicht einmal zu flüstern. Sie begannen schon, Atemnot zu bekommen (in den Boxen kann sogar ein einziger Mensch nach einer halben Stunde nicht mehr atmen). Aus dem Flur hörten sie Verhöhnungen und Drohungen. Man drohte ihnen mit Handschellen, Zwangsjacken und neuen Schlägen. Etwa nach zehn Minuten waren alle bewußtlos. Als erste verlor Sweta Medwedewa das Bewußtsein. Die Mädchen begannen, an die Tür zu klopfen und zu bitten, daß sie freigelassen würden, um Sweta hinauszutragen. »Wenn sie verreckt, öffnen wir.« Aber die Tür wurde trotzdem nach ungefähr 15 Minuten geöffnet. Die Diensthabende befahl, sie auf den Boden zu legen und wieder in die Box zu gehen.

Sweta kam schon in der Sanitätsstation zu sich. Die Ärzte sahen ihre Akte durch, erfuhren, daß sie krank sei, und begannen, sich dafür zu interessieren, warum sie nicht von einem Arzt begleitet wurde. Im Beisein von Sweta wurde telefonisch mitgeteilt, daß Natascha Katschulina einen epileptischen Anfall hätte (sie ist seit ihrer Kindheit krank). Die Ärztin erklärte dem diensthabenden Aufseher: »Was sie verdient haben, das sollen sie auch bekommen. Sie simulieren.«

(Als ich am nächsten Tag von der Leiterin der Sanitätsstation verlangte, daß alle Geschlagenen ärztlich untersucht würden und dem Vorfall nachzugehen sei, stellte sie mir eine interessante Frage: »Ja, aber warum interessieren Sie sich nicht dafür, warum ihnen das passiert ist? Vielleicht haben sie es verdient!« – Und erst, als sie davon überzeugt war, daß die Mädchen wirklich kein besonderes Vergehen begangen hatten, begann die Gefängnisbehörde mit der Untersuchung des Vorfalls. Alle Betroffenen wurden verhört, und man versprach, die Schuldigen zu bestrafen. Ach, ich glaube nicht an diese Versprechungen – die Behörde war so wenig überrascht von dieser Geschichte.)

Das zweite Mädchen, das auch seit Kindheit an Epilepsie leidet, bekam einen Anfall, und auch ihr hat man die ärztliche Hilfe verweigert. Ihre Krankheiten sind in ihren Akten vermerkt, aber die sind bei denen.

Tanja Tapenja bekam einen Anfall von Atemnot. Sie fiel auf den Boden, zitterte am ganzen Körper und begann, mit den Fingern ihren Mund zu zerreißen, dann verlor sie das Bewußtsein. Die Mädchen begannen wieder zu klopfen. Man öffnete die Tür und erlaubte, alle drei hinauszutragen. Man legte sie auf den kalten Zementfußboden. In der Kälte kamen die Mädchen zu sich. Man befahl ihnen, sofort in eine andere Box zu gehen. Sie hatten keine Kraft. Man schrie sie an und begann, ihnen zu drohen. Sie krochen am Boden auf allen vieren in die befohlene Box. Im Gang waren ein Aufseher und zwei Aufseherinnen. Sie verhöhnten sie, lachten darüber, daß die Mädchen nicht aufrecht gehen konnten und auf allen vieren krochen, nannten sie Hunde und fluchten. Tanja Tapenja wiederholte die ganze Zeit nur: »Niemals, niemals hat man mich so beleidigt.«

Die drei wurden in eine größere Box eingesperrt, die aber einen nassen Zementfußboden hatte, mit Pfützen. Sie konnten nicht vom Boden aufstehen.

Als nächste verlor in der kleinen Box Ira Rusak das Bewußtsein. Ein völlig gesundes Mädchen. Danach Ira Ewseewa. Sie klopften ungefähr 25 Minuten. Dann wurde die Tür geöffnet, und man befahl: »Alle rauskommen!« Man führte sie in die Box zu den anderen. Dort blieben sie bis zum Morgen. Sie standen und saßen auf dem nassen Boden. Es gab nur zwei Bänke, aber nicht alle konnten sitzen. Aus der Sanitätsstation brachte man Sweta Medwedewa. Jenia Wlassowa bekam einen Wadenkrampf. Um fünf Uhr hielten sie es nicht mehr aus und begannen zu klopfen (einige waren nur in Badehose und Büstenhalter, und ein Mädchen sogar nur im Schlüpfer; alle waren klitschnaß). Die diensthabende Aufseherin sagte: »Wenn ihr weiterklopft, könnt ihr den ganzen Tag hier sitzen!« – Man führte sie erst zum Frühstück hinaus. In der Zelle schliefen sie alle auf den nassen Matratzen ein.

Als die Mädchen am selben Abend zu uns gebracht wurden, hatten viele noch nasse Kleider, Hosen und Pullover. Viele haben keine Kleidung zum Wechseln. Ich erhob natürlich ein Geschrei und überzeugte sie davon, daß körperliche Züchtigung auch im Gefängnis für Erwachsene verboten ist. Sie sind wirklich Kinder. Viele von ihnen leben schon drei bis vier Jahre in Kolonien und haben überhaupt keine Vorstellung vom Leben der Erwachsenen. – »In der Kolonie lebten wir wie Pioniere. Dort wurde auf Sauberkeit geachtet, auf Disziplin, aber man behandelte uns wie Kinder, niemand hat uns beleidigt.« – Sie rauchen, sie fluchen sogar, aber sie sind mehr Kinder als die Kinder in Freiheit. Hilflos, vor Furcht zitternd, wissen sie nicht, wo sie Schutz suchen sollen. Das Schreckliche ist, daß es im Nowosibirsker Gefängnis nicht der erste Fall von Schlagen war. Dieselben Mädchen waren schon geschlagen worden, als sie noch jünger waren. Einige jedenfalls.

Tanja Tapenja erzählt: Im Dezember 1975 ging ein Transport nach Tomsk, in die Arbeitserziehungskolonie. In der Zelle 245 ereignete sich dieselbe Geschichte mit den Schläuchen und den Schlägen. Die Mädchen wurden beschuldigt, daß sie die Ärztin zu einer kranken Kameradin gefordert hätten, die an einem angeborenen Herzfehler leidet (an ihren Namen kann sich Tanja nicht mehr erinnern). Die Ärztin erklärte: »Ihr spinnt alle!« – Und dann spritzten sie sie auch mit Wasser und jagten sie die Gänge entlang. Die Mädchen Puskanwa, Sackjeh, Pawlenko wurden mit Handschellen gefesselt. Dabei waren noch Galja Pawlenko, Katja Chalilowa, Vera Titowa, Lida Schefer, Ljuba Mjaksina. Alle befanden sich danach in der Arbeitserziehungskolonie II in Tomsk.

In November 1976 wieder dieselbe Geschichte. Nachts fällt im ganzen Gefängnis das Licht aus. Die Mädchen fangen an, vor Angst zu schreien. Sie wissen nicht, daß es im ganzen Gefängnis dunkel ist. Sie haben Angst, daß man mit Absicht nur bei ihnen, in ihrer Zelle, das Licht ausgeschaltet hat. Wieder wird die Notdienstgruppe gerufen, und wieder treibt man sie durch die Reihen. Danach sperrt man sie bis zum Morgen in die Boxen. Mit dabei waren Ira Rusak, Ira Oleicik, Anja Artemjewa.

Jetzt fahre ich mit ihnen nach Irkutsk. Viele husten, viele haben Halsschmerzen. Natascha Katschulina liegt unbeweglich, blaß, steht nicht auf. Tamara Tapelewas Rheuma hat sich verschlimmert. (Sie war barfuß und nur im Schlüpfer.) In einem schlimmen Zustand ist auch Ira Krupenkowa (sie hat den vierten Tag schon nichts gegessen, auch diese Nacht nicht). Alle sind heiser und verschnupft. Alle sind bis in den Tod beleidigt.

Ach, Natascha! Wenn nicht alle diese Geschichte erfahren, was sind wir dann wert!

Wolha Ipatawa
Zwanzig Minuten mit Nemesis

Es war ein Tag wie jeder andere. Ich hatte in Ruhe die Wohnung aufgeräumt, vorsichtig auf den Bücherregalen Staub gewischt, dann war ich zur Schneiderin gefahren. Eigentlich hätte ich bei der Bibliothek vorbeigehen und mir nach langer Zeit wieder einmal die Neuerscheinungen ansehen sollen, doch Wera hatte den Termin festgesetzt, und danach mußte ich mich richten: Gute Schneiderinnen sind weitaus rarer als wir Ehe- und Hausfrauen. Ich war noch nicht dazu gekommen, den Mantel abzulegen, als Tatjana anrief; sie teilte mir, geheimnisvoll flüsternd, den Namen ihres neuen Freundes mit und bat mich um Rat wegen einer Schönheitsmaske. Während ich mich mit Tatjana unterhielt, wurde es dunkel, jetzt brauchte ich nur noch das Abendessen vorzubereiten, das Kleid mit einem Negligé zu vertauschen, es mir neben der Musiktruhe oder auf der Couch bequem zu machen und auf Sergej zu warten.

Ich las einen unlängst erschienenen Roman von Hesse, nebenher aber kreisten die Gedanken träge um meine Tochter, die während der Ferien bei meiner Mutter in Moskau war, und um meinen Mann, den ich heute schon drei-, viermal im Fernsehstudio angerufen und wegen irgendwelcher Lappalien vollgenölt hatte. Leise tickten Wecker und Tischuhr, und der Hausgeist schlief wahrscheinlich süß und sanft in seinem Nest hinter dem Schrank, als plötzlich ein Klingeln alarmierend und unheilverkündend die Stille zerriß. Man rief mich aus dem Krankenhaus an. Eine Mädchenstimme sagte kurz angebunden: »Ihr Mann hat gebeten, Sie zu benachrichtigen. Er liegt im Operationssaal. Beunruhigen Sie sich nicht!«

Ich kam kaum dazu, sie nach der Nummer des Krankenhauses zu fragen, und schon hatte sie den Hörer aufgeknallt. Gleich danach bekam ich auch noch einen Anraunzer – der Dispatcher der Taxivermittlung verstand den Namen unserer Straße nicht.

Erst als ich mich in fieberhafter Eile angezogen, die

Wohnungstür zugeschlossen hatte und in den Hof rannte, wunderte ich mich, daß der Telefonanruf mich getroffen hatte wie ein Wasserfall, der plötzlich zentnerschwer auf einen unerfahrenen Schwimmer herabstürzt. Als ich auf die Holzbank niedersank, wo gewöhnlich die alten Frauen aus unserem Aufgang sitzen und die Nachbarn durchhecheln, spürte ich, wie mir die Kräfte schwanden. Ich scharrte von den Seitenlehnen eine Handvoll Schnee zusammen und führte ihn zum Mund, in der Brust aber brannte es, als geränne dort das Blut, und Übelkeit stieg in der Kehle auf. Was ist los mit mir? Habe ich tatsächlich solche Angst um Sergej? Oder vielleicht um mich?

Bei Sergej bin ich geborgen wie hinter einer Mauer. Das behauptet er immer, und alle unsere Bekannten sind der gleichen Meinung. Schließlich glaube ich es selbst. Von welcher Seite man es auch betrachtet – ich habe eine glückliche Wahl getroffen. Ausgesprochen glücklich. Einfach ein Wunder.

Wo bleibt denn das Taxi so lange? Ich sah auf die Uhr – drei Minuten waren erst vergangen. Nicht möglich! Ich sprang auf und setzte mich wieder hin. Auf die Straße rennen und versuchen, ein Auto anzuhalten, war Unsinn – nicht eins würde stoppen. Folglich hieß es warten. Warten, bis die Situation begreiflich wurde und dadurch etwas von ihrem Schrecken verlor. Im Operationssaal ... Und wenn ... Nein, das darf mir nicht widerfahren. Ich darf nicht noch einmal Witwe werden. Nach allen Regeln der Gemeinheit kann *so etwas* nicht geschehen. Ein und dieselbe Stelle wird nicht zweimal von einer Granate getroffen.

Nein, nein, nicht daran denken! Und keinen Schrei in den Raum schicken – plötzlich materialisiert er sich dort in der Ferne und kehrt wie ein Bumerang als wirkliches Geschehnis zurück? Unsinn, sagte ich mir, es ist dumm, so zu denken, einfach dumm, aber wir alle wenden uns doch in solch einem schrecklichen Augenblick an einen, der stärker ist als wir, den man anflehen kann, beschwören.

Nein, nein, ich möchte nicht allein zurückbleiben, ich habe schon zuviel einsame Frauen gesehen, ich weiß, wie das ist: Gefällige Freundinnen bringen einen schon etwas kahlköpfigen Jessenin-Verehrer ins Haus, der mäklig seinen Tee trinkt, die Figur der Hausfrau begutachtet und in Gedanken die Quatratmeter ihres und seines Wohnraums überschlägt. Wenn die Freundinnen dich und den von ihnen Auserwählten dann einladen, im Familienkreis Neujahr oder ein anderes Fest zu feiern, verfolgen sie gespannt jede deiner und seiner Bewegungen. So was möchte ich nicht erleben. Und keine mitleidigen Blicke. Und keine Selbständigkeit. Es ist doch interessant: Da versuchen die Frauen mit aller Macht, selbständig zu werden, und dann weinen sich die Kämpferinnen an deiner Schulter aus oder hängen stundenlang am Telefon und bitten dich, sie mit ihrem Othello zu versöhnen, den sie sich für den anderen, der ihnen über war, angeschafft haben. Die Jahre vergehen, die Othellos lösen einander ab, und schließlich erscheint eine Heirat als lohnendes, aber schwer erreichbares Ziel. In der ganzen Zeit meines Familienlebens habe ich versucht, mich hinter Sergej zu verstecken und mich auf diese Weise gegen alles Unglück – eigenes und fremdes – abzuschirmen. Braucht ihr Ratschläge – bitte sehr! Rezepte für Küche und Kosmetik – gerne! Aber tretet mir nicht zu nahe und schüttet mir nicht euer Herz aus. Anfangs freilich habe ich alle möglichen Dummheiten begangen: Ich stiftete Frieden, fuhr umher, diente der Menschheit. Eine empfindsame und verletzliche junge Dame vom Filmstudio hatte ich sogar mal bei uns zu Hause aufgenommen. Vorübergehend. Ich kochte extra Süppchen für sie, zog ihr Morgenröcke und Nachthemden von mir an. So lange, bis Swetotschka anfing, auch noch bei meinem Mann Trost zu suchen. Nein, einen Skandal gab es nicht. Schließlich wollte ich den Klatschbasen auf der Bank vor dem Haus nicht noch ein paar genüßliche Minuten mehr bescheren! Ich packte akkurat ihre Fähnchen zusammen – Sergej war Gott sei Dank nicht zu Hause! – und stellte ihren Koffer dezent vor die Tür. Swetotschka sah auf meine Fingernägel, ich hatte sie gerade für die Maniküre wachsen lassen, und schwieg. Ihre Wimpern zuckten, die dünnen Finger zitterten, und das Gesicht war blaß, wodurch ihre Schönheit noch beseelter wirkte. Einen Augenblick schwankte ich: Und wenn es Liebe ist? Bin ich vielleicht schon so vertrocknet, daß ich die Regungen eines zärtlichen Frauenherzens nicht verstehe? Doch dann erinnerte ich mich an Ewka und versteinerte wieder, wurde wieder zur Matrone: Ewka erhältst du den Vater. Seitdem bringe ich keine Freundinnen mehr ins Haus. Eigentlich habe ich für Frauen nichts übrig, so seltsam das klingen mag. Schon seit der Zeit, als ich, durch die Bemühungen meiner Mutter am Institut für Filmkunst gelandet, mit Sirenen zusammentraf, die es an Grausamkeit mit jeder Tigerin aufnehmen konnten. Im Grunde wußte ich auch ohne sie, daß ich nicht an dem Platz war, wo ich der Gesellschaft am meisten nützen konnte. Aber auch unter ihnen gab es genug Unbegabte, und eine schlechte Schauspielerin ist meines Erachtens schlimmer als ein schlechter Filmkritiker. So schleppte ich mich denn von Studienjahr zu Studienjahr, meine Kommilitonen aber zuckten die Schultern und lachten, wenn ich Einstein und Eisenstein verwechselte. Allerdings ließ das Gekicher in den letzten Studienjahren nach: Erstens lernte ich wie besessen und zweitens war ein Helfer bei mir aufgetaucht.

Wieder pocht das Herz. Wie sehr ich mich auch bemühe zu vergessen – es ist vergebens!

Wann endlich kommt das Taxi? Immer dieses Theater bei uns: Du bittest, so schnell wie möglich ein Taxi zu schicken, und dann kommt es nach zwei Stunden! Mama hätte längst den ganzen Taxipark auf die Beine gebracht. Sie hätte schon den Direktor angerufen, und wenn er nicht im Dienst gewesen wäre, dann eben zu Hause. Für mich freilich würde sie keinen Finger rühren. Nicht, weil sie mich etwa nicht liebte, sondern aus Prinzip: Verlaß dich auf dich selbst, lerne, für dich und deine Familie einzutreten. Beim Institut für Filmkunst hatte sie sich allerdings nicht zurückhalten können, sie hatte an entsprechender Stelle Druck gemacht. Frauen bleiben eben Frauen, und Mama arbeitet im »Kosmetiksalon« – alle Regungen ihrer Seele werden von den anderen sofort verstanden und gern berücksichtigt. Mama wollte, daß ich glücklich bin. Und das Diplom ist eine wichtige Zutat zum Glück, jetzt bin ich mehr und mehr davon überzeugt. Doch es gab Zeiten, da wollte ich weder dieses Diplom noch das Glück, von dem Mama so träumte. Übrigens hat sie nie alles erfahren über jenes Jahr, als ihre geliebte, zärtliche Stella hungrig und schäbig angezogen herumlief, weil ich das ganze Geld und die Sachen, die sie und Vater mir aus dem Ausland schickten, und alles, was auf meinem Sparbuch war, in diesem einen Jahr, meinem einzigen Jahr, durchgebracht hatte.

Jurka Omeltschenko mit dem lockigen Haar und den weißen Zähnen, du Zigeuner, wie wir dich in der Studiengruppe nannten! Das einzige Foto, das mir von dir geblieben ist, gleicht so gar nicht dem Bild, das in mir lebt, weshalb ich es auch nie aus dem vergilbten Zeitungspapier auf dem Boden unseres alten Lederkoffers hervorhole, mit dem wir in jenem Jahr ganz Mittelasien, das Baltikum und die Solowki-Inseln bereist haben. Ich will nicht mehr an dich denken, Jurka, aus vielen Gründen, und auch deshalb nicht, weil dann immer wieder jene Tage und Monate in meiner Erinnerung auftauchen und ich in Fieberphantasien verfalle, mir selber nicht mehr glaube und mich frage: Ist das alles nicht ein Produkt deiner Einbildung? Gab es Jurka überhaupt? Hat es diese Wärme gegeben, die zwei Menschen umfing und als heiße, leuchtende und wohltätige Sonne im Gedächtnis geblieben ist, als ein Ruf ins Unbekannte, Unerreichbare.

Ich will nicht an dich zurückdenken, denn wäre jenes Jahr nicht gewesen, so lebte ich jetzt vielleicht unbeschwerter. Ich wüßte einfach nicht, daß es so etwas geben kann zwischen Mann und Frau, ich dächte, daß sie, Frau und Mann, vor allem Verbündete gegen das Leben sein müssen, damit es einen nicht zertreten kann. Ich würde wie Mama glauben, daß Kinder die einzige Rettung vor dem Alltag und vor der Eintönigkeit sind. Ich wäre sicherlich eine würdige Tochter meiner Mutter geworden, die übrigens bis zum heutigen Tag überzeugt ist, daß ich glücklich bin, und sich vor allen Leuten mit mir brüstet. Warum sollte sie auch nicht? Wir hatten in den ganzen zehn Ehejahren keinen Streit, jedenfalls keinen ernsthaften; kleine Streitereien kommen überall vor, die zählen nicht. Mein Mann sieht bestimmt besser aus als jeder andere im Studio, immer korrekt, tadellos gebügeltes Hemd; gehegt und gepflegt – nicht umsonst sitze ich zu Hause. Meine filmwissenschaftlichen Artikel sind, wie ich mir längst selbst eingestanden habe, ein Gemisch aus oberflächlichem Geschwätz und Fachterminologie, doch Mama sieht das nicht, sie sammelt meine Artikel und vertieft sich in sie wie in die ›Offenbarung des Johannes‹. Der erste, der mir die Wahrheit über meine Arbeit sagte, war Jurka, und er sagte es so, wie nur er allein es verstand – nicht beleidigend, sondern als überreiche er mir ein Geschenk: »Hör zu, mein Goldfisch, laß das Institut sausen! Du hast so viele Mädchenköpfe unglücklich gemacht, die unter deinen Händen wie Blumen hätten erblühen können – du bist die geborene Fee für hübsche Frisuren! Dein Talent wurde nicht in die richtigen Bahnen gelenkt!«

Er redete gewollt feierlich, wie manchmal in Büchern gesprochen wird, lächelte und sah mir in die Augen. Wir saßen damals in Vilnius im »Neringa« und hatten nur noch Geld für zwei Portionen Salat und zwei Kaffee, Jurka aber wischte lachend eine kleine Falte weg, die nicht von meiner Stirn weichen wollte. Es war ein regnerischer, ungemütlicher Vorfrühlingsabend, die kahlen Kastanienzweige bogen sich im Wind, an der Wand über Jurka tanzten und huschten Schatten, und ich dachte, daß ich mich am nächsten Tag unbedingt wieder in den Vorlesungen blicken lassen mußte, weil mein »Krankenschein« abgelaufen war und man mich aus dem Institut jagen konnte, wie vor kurzem Jurka. Aber während Jurkas Chef, ein weltbekannter Regisseur, wiederholt über ihn gesagt hatte, man müsse »solche Talente wie Omeltschenko erziehen«, und seine Worte jedesmal den gerechten Zorn des Rektorats von Jurka abwandten, konnte ich nicht auf eine Wiederaufnahme hoffen, und ich saß da wie versteinert.

»Nun lächle doch mal, mein Täubchen, meine Sulamith«, flüsterte er, »denk nicht an das schnöde Geld, heute abend auf dem Telegrafenamt werden sie uns bestimmt mit klingender Münze überschütten. Gestern habe ich Ljostschenko angerufen, er läßt uns nicht im Stich. Ich habe ihm mal aus der Patsche geholfen in Primorsk, als ihn eine Serviererin wegen ein paar Zehnrubelscheinen beinahe zu ihrem Mann gemacht hätte.«

Damals saßen wir zum erstenmal ohne eine Kopeke da,

ich war entsetzt über Jurkas Leichtsinn und bereute, mich in diese abenteuerliche Reise eingelassen zu haben (Mama hatte mir beigebracht, sorgsam mit Geld umzugehen, jeden Rubel zweimal umzudrehen), deshalb redete ich kaum mit Jurka, obwohl ich schon damals wußte: Wenn es ihm einfällt, in die Hölle zu gehen, folge ich ihm, und sitzen wir dann im Kessel, werde ich glücklich sein, wenn sein Lockenkopf aus dem brodelnden Pech herausschaut! Obwohl Jurka bestimmt einen Aufseher zum Hasardspiel oder zum Trinken verleiten und schließlich mit ihm Karten klopfen würde, während ich »durch Protektion« in aller Stille den Dreck aus den Ekken fegen oder das Abendbrot für sie zubereiten dürfte. Ich stieß seine Hand weg.

»Du möchtest also, daß ich vom Institut abgehe? Mama wird dich verwünschen und mich doch zurückbefördern. Ich habe noch anderthalb Jahre, du brauchst nicht mehr lange zu warten.«

In allen »nichtschöpferischen« Fächern hatte ich schon Einsen, aber die schöpferische Arbeit war trotzdem das Wichtigste, und obwohl man mich in den Seminaren immer öfter lobte, ahnte man im Studienjahr natürlich, daß es hier nicht ohne ihrer aller Liebling abgegangen war, die künftige Leuchte des Films, der in diesem Moment, als wenn nichts geschehen wäre, über mich geneigt wie die Glucke über ihr Küken, seine knochige Hand mit den schwarzen Fingernägeln glättend über meine Stirn führte und darauf bedacht war, daß der speckige blaue Ärmel seiner Jeansjacke mir nicht ins Auge kam. Am Zeigefinger trug er einen komischen Bernsteinring, dessen falsches Gold an vielen Stellen abgerieben und der ihm zu eng war und mir das Gesicht zerkratzte, aber ich sagte nichts. Seine Hand roch stark nach Tabak und ein wenig nach Bürokleister (wir kamen gerade vom Postamt), und ich hätte Jurkas magere Finger am liebsten gestreichelt und geküßt, doch ich schämte mich vor den Leuten (ein Offizier am Nebentisch ließ kein Auge von uns); außerdem wollte ich Jurka nicht zeigen, wieviel er mir bedeutete. (Warum hatte ich nur diese Angst? Wovor schämte ich mich? So hat er nicht die Wärme empfangen, die an jenem Abend für ihn bestimmt war, und so bewahre ich alle damals nicht ausgesprochenen Worte noch in mir). Er dagegen fürchtete überhaupt nicht, sich lächerlich zu machen, er tat stets das, was er wollte, und verstand nicht, alles im voraus zu berechnen, um später nicht hereinzufallen. Er erlegte sich keinen Zwang auf – selbst in kleinsten Kleinigkeiten nicht. Hat ihm nicht vielleicht deshalb das Leben so wenig Zeit gelassen, weil niemand solche königlichen Gaben – zu leben, wie man will – umsonst bekommt. Und Jurka hatte noch ein Talent, das so selten und spärlich verteilt und daher scheinbar nirgends mehr anzutreffen ist: das große, gefährliche Talent, auf die Herzen der Menschen einzuwirken. Wir haben uns daran gewöhnt, nach dem uns vorgegebenen Maß zu leben, und finden uns mit dem ab, was wir erhalten! Wo ich Jurka auch gehört habe – im Arbeiterwohnheim, auf Studentenbällen oder Partys –, ich spürte immer wieder, wie mich eine Woge emportrug, wie mir plötzlich der Atem stockte und sich die Tiefen des menschlichen Geistes, der Inspiration vor mir auftaten. Und den andern erging es ebenso. Jurka liebte Shakespeare und Puschkin, Dante und Goethe, manchmal wunderte ich mich, woher bei ihm, dem ehemaligen Kulturfunktionär vom Lande, diese, ich möchte nicht sagen »Begeisterung« kam, weil es nicht Begeisterung, nicht einmal Liebe war – wieder banale, kraftlose Worte! –, sondern ein Verschmelzen, quälend und glücklich zugleich. So verschmilzt ein genialer Musiker mit seinem Instrument, etwa der Orgel, indem er sich in diese Orgel verwandelt, sie zum Leben erweckt und ertönen läßt. Jurka war wie eine Orgel, würde ich sagen, wenn ich nicht fürchtete, zu schwülstig zu werden, eine Orgel, durch die die Natur sich selbst, ihr Streben nach Harmonie ausdrückt. Ich kenne mich nicht allzu gut in der Kunst aus, wie viele, die scheinbar mit ihr verbunden sind, und deshalb denke ich, daß Talent so etwas ist wie ein Instrument, durch das die Natur uns ihre Geheimnisse und Offenbarungen vermittelt. War es nicht die Natur, die der sechzehnjährigen Nadja Ruschewa die Hand führte, als sie ihre Illustrationen zu Bulgakows ›Meister und Margarita‹ schuf, Illustrationen, von denen es einem kalt über den Rücken läuft und sich die Haare sträuben. Oder, wenn alles nur die Arbeit entscheidet, woher hatte dann die andere Nadja, die Ballerina Pawlowa, mit sechzehn Jahren diese unwahrscheinliche Ausdruckskraft des Körpers? Nein, nein! Lacht nur, aber sie, die Natur ist es, die uns mit der unsterblichen Vollkommenheit ihrer Schöpfungen fasziniert.

Mein Gott, wovon spreche ich, woran denke ich, während mein Mann im Operationssaal liegt und ich nicht weiß, was mit ihm ist und ob ich auf das Taxi warten oder das erstbeste Auto anhalten soll. »Guten Abend, Herr Nachbar! Nein, nein, es ist nichts passiert. Ich warte nur auf ein Taxi.«

Schneeflocken tauen auf Gesicht und Händen. Wie feierlich er ist, der leichte Schneefall im Licht der Laternen! Die Natur feiert ihr Fest, und all unsere Freuden und Kümmernisse gehen sie nichts an. Glücklich, wer sich als Teil von ihr begreifen kann! Ich bin ein Stadtkind, und es wird mir vielleicht nie gelingen, mich eins mit der Umwelt zu fühlen, ich vergehe, wenn ich nicht die rettende Enge um mich spüre. Als ich einmal allein auf freiem Feld war, wäre ich fast gestorben vor Angst, am hellichten Tag, vor nichts und wieder nichts. Vielleicht rächt sich die Natur an uns: Unsere Muskeln sind schwach geworden, wir haben verlernt, normal zu gebären, und wenn es keine Ärzte gäbe ... Was mich betrifft, so bin ich manchmal neidisch, wenn ich den forschen Gang einer Frau sehe, der nicht durch hohe Absätze behindert wird, solche Frauen sieht man jetzt selten, sehr selten! Meine Ewaka eifert meinem Beispiel nach: Sie kennt schon die Parfümmarken, die Wirkung von »Londaton«-Haartönung und interessiert sich für die Geheimnisse des weiblichen Charmes. Eben in diesen »Geheimnissen« sehen die Freunde unserer Familie den Grund dafür, daß wir, wie sie meinen, eine so glückliche Ehe führen.

Früher wollten die Damen, mit denen ich bekannt war, immer wissen, wie ich es fertigbringe, daß Sergej nicht trinkt, nicht den Frauen nachläuft usw. Die Männer hingegen musterten mich und erklärten lauthals: »Man müßte ein Dummkopf sein, wenn man so einer Frau davonliefe!« Doch die Wahrheit liegt, wie mir scheint, woanders: Sergej machte Karriere; er stieg zügig und beharrlich auf, und dafür hätte er alle Frauen der Welt hingegeben. Ich war wohl gerade das »Milieu«, das zu einem Menschen wie ihm am besten paßte.

Hatte er wirklich alles einkalkuliert, ehe er sich mir im Fernsehstudio in der Schabolowka in Moskau näherte? Maria erzählte mir später, er habe vorher bei ihr Erkundigungen eingezogen: »Wer ist denn das Mädchen dort in der Ecke, das schon drei Stunden, ohne aufzublicken, über seinen Papieren sitzt?« Maria ist eine von den guten Seelen, die aus dem Leben ihrer nächsten Bekannten für niemanden ein Geheimnis machen, und brachte auch dem neuen Praktikanten Vertrauen entgegen. In fünf Minuten hatte sie alle wichtigen Etappen meines Lebens erzählt und natürlich mit dem romantischen Fluidum angefangen: »Vor drei Jahren ist ihr Bräutigam abgestürzt, die Ärmste.«

Drei Jahre Treue zu einem verunglückten Bräutigam – dieses Argument verlieh mir in jenen Jahren einen zusätzlichen Zauber, eine Art Heiligenschein. Damals bewahrte Mama mich davor, völlig herunterzukommen. Sie achtete darauf, daß ich nicht halbangezogen das Haus verließ oder etwa Essigessenz anstatt Wasser trank. Sie bügelte meine Blusen und Kleider und besorgte schicke Sachen für mich, die die anderen Mädchen in Begeisterung versetzten und meinen Schrank wieder füllten. Während ihrer Auslandsreise waren mir von meiner ganzen Garderobe nur ein Rock und eine Jacke geblieben, und das auch nur, weil man mich sonst nicht in die Vorlesungen gelassen hätte.

Mama kam zurück, als von Jurka nur noch Asche geblieben war, ein Häufchen Asche, die man seiner Tante in einer weißen Plastschatulle ausgehändigt hatte. Auf der Rückseite klebte ein Zettel mit der Adresse, und als ich die Schatulle nahm, hätte ich sie beinahe fallen lassen – sie roch nach demselben Bürokleister wie Jurkas Hand damals im »Neringa«, als ich so gern diese Hand und den komischen Ring geküßt hätte, mich aber vor dem Offizier genierte. Als die Tante und ich vom Krematorium kamen, setzten wir uns auf eine abgeblätterte grüne Bank, auf die die Tante vorsichtig die Schatulle stellte. Ich spürte, daß sie nicht wußte, wie sie sie halten und was sie damit machen sollte, und sagte plötzlich lachend: »Vielleicht sollten wir die Asche in den Wind streuen? Man weiß doch gar nicht, wessen Asche das ist, dieses Häufchen. Vielleicht war es Brennholz. Ob die auch Brennholz nehmen?« Die Tante kniff entsetzt die geröteten Greisinnenaugen zusammen, mit mir aber geschah etwas Wunderliches: Die Tage, die Minuten flogen wie Meteore vorbei, und jeder Tag, jede Minute schien zu schreien und mir jedes nicht ausgesprochene freundliche Wort, meine Vorsicht, meine Ängstlichkeit vorzuwerfen. Da ist Chiwa – die sonnendurchglühte Lehmwand der Moschee, der würzige Geruch des Grases und die Kühle der blaugemusterten Kacheln. Jurka und ich streiten uns.

Ich: »Wir haben doch Karten für morgen. Schließlich müssen wir noch bis Taschkent.«

Jurka: »Wir schaffen das, sag ich dir! Glaubst du mir etwa nicht? Wie können wir nach Hause fahren, ohne Samarkand gesehen zu haben? Ich schicke ein Telegramm an meine Tante.«

Ich: »Wir haben sie auch so schon tüchtig gerupft!« (Meine Stimme wird schrill, die Mädchen, die vorbeigehen, schielen interessiert zu uns herüber). »Wir kommen schon noch mal nach Samarkand! Hätten eher daran denken müssen. Woher sollen wir die dreißig Rubel für die Karten nehmen?«

Jurka überlegt nur eine Sekunde. Dann greift er nach meiner Tasche und holt das einzige hervor, was dort außer einer Thermosflasche noch verblieben ist: eine neue Mohairjacke, der letzte Modeschrei, Mama hat sie gerade erst aus dem Ausland geschickt (neunzig Rubel mindestens), und schon eilt er damit den Mädchen hinterher: »Mädchen, eure große Chance! Dreißig Rubel – und ganz Chiwa wird blaß vor Neid!«

Völlig versteinert sehe ich zu, wie ein nicht mehr junger dicker Mann über die Straße gerannt kommt, die eine Hand in die Jacke krallt und mit der anderen ungeschickt drei Zehnrubelscheine aus der Brieftasche zieht. Ich sehe zu, dann weine ich und schleudere meinem Jurka alles, was einem in solch einem Augenblick die von Sonne und Selbstmitleid erhitzte Phantasie eingeben kann, in das magere braungebrannte Gesicht: »Du Abenteurer! Du Gauner! Ich hab noch dieses eine Kleid hier! Und einen japanischen Büstenhalter, vielleicht verkaufst du die auch noch, ist doch Mangelware!«

Jurka zieht mich schweigend zum Busbahnhof – wohl um Karten zu kaufen, aber bei den letzten Worten lebt er auf, kleine Dämonen tanzen in seinen müden Augen. »Wozu in Teufels Namen brauchst du einen Büstenhalter? Du hast einen so schönen Busen.«

Die Hände der Tante zitterten, sie griff nach der Schatulle mit der Asche, mit dem Häufchen Asche – war das wirklich alles, was von Jurkas Lächeln, von seinem tapsigen, ein wenig laxen Gang, von seinen langen, feinfühligen Fingern, von der schmalen weißen Narbe blieb, die eine Halsoperation auf seiner gelben Haut zurückgelassen hatte? Von der ein wenig heiseren Stimme, mit der er auf meiner Seele spielte wie auf den Saiten einer Geige! Von dem schwarzen Haar, das sich über der Stirn wellte und nach den Auftritten in nassen Strähnen herunterhing! Ein Häufchen Asche! Es ist zu spät, mich für alle bösen Worte zu rechtfertigen, und ich kann auch die Ohrfeige in Chiwa nicht rückgängig machen, die ich ihm gleich neben dem Busbahnhof gab. Nicht eine einzige Minute kann ich jetzt noch ändern!

»Warum sehen Sie mich so an? Was soll mir *das hier*?!«

Die Frau ergriff die Schatulle, ihre Finger waren grob, auf dem Zeigefinger hatte sie eine gelbe Schwiele, wohl vom Messer, ich aber lachte weiter, in Lachsalven, die immer länger wurden, bis schließlich die purpurrote Sonne am Horizont über den ganzen Himmel zerfloß und sich auf mich stürzte. Ich suchte mich der Sonne zu erwehren, doch sie hielt mich an den Armen fest, drehte mich um, schüttelte mich.

Aus der Unfallstation wurde ich erst gegen Morgen entlassen, nachdem sie mir irgendwelche Spritzen verpaßt hatten, die mich stumpf und träge machten. Sie steckten mir eine Arbeitsbefreiung für eine ganze Woche in die Tasche. Ich ging durch die bekannten Straßen. Wieder war Vorfrühling, wie damals in Vilnius zitterten die kahlen Kastanienzweige vor Kälte, in den Grünanlagen waren verfaulte braune Blätter in Pfützen eingefroren, und nur die Sonne in den rosigen, hellblauen und grauen Wolken kam mir anders vor: fahl, irgendwie schwarz geworden und müde, und mir schien, daß es ihr schon über war, Jahrtausend für Jahrtausend schweigend auf die Menschen herniederzusehen, auf ihre Unruhe und Besessenheit, auf ihre verzweifelten Versuche, das Schicksal und die Verhältnisse zu bezwingen. Wozu war es nötig gewesen, daß Jurka starb und ich am Leben blieb? Wenn es Zufall war, wenn es ihm nicht bestimmt gewesen war, so früh zu sterben, wozu dann alle unsere Bestrebungen, das ganze mächtige Brodeln des Lebens?!

Jurka war abgestürzt, als er über die Brandleiter in ein Internatszimmer klettern wollte, in dem seine Kommilitonin, die unbegabte und meist Hosenrollen spielende Irena Slowutitsch wohnte. Irena hatte den Schlüssel verloren und Jurka um Hilfe gebeten. Er konnte keinem etwas abschlagen, und schon gar nicht Irena mit den naiven blauen Augen und der gut gemimten Hilflosigkeit. Ich schalte immer den Fernseher aus, wenn ich auf von ihr dargestellte Helden stoße, romantische naive Jünglinge, die zu spielen ihr mit jedem Jahr schwerer fällt. Eine romantische Ader hatte sie schon immer. Ihr gefiel Jurka in seinem bunten Satinhemd, das er extra gebügelt hatte, um auf Freikarten in den »Zeitgenossen« zu gehen, sie betrachtete ihn schwärmerisch, klatschte sogar in die Hände und rief ihm etwas zu, als er gerade von der Leiter herüberkletterte. Jurka blickte sich um, und seine Hand glitt von dem blechernen Fenstersims ab, die Hand, an der er den komischen Bernsteinring aus falschem Gold trug.

Dieser Ring hatte mich zuerst schrecklich geärgert, und ich versuchte immer wieder, ihn von Jurkas tabakgebeiztem Finger zu ziehen, besonders da der Stein mich drückte, wenn ich, auf dem Weg zu den Vorlesungen, neben Jurka hertrippelte und er meine Hand hielt. Aber einmal nachts, als es vor dem Fenster heulte und stürmte, ein Unwetter Regenschauer und Windböen gegen die Hauswand trieb und wir uns wie Kätzchen aneinanderschmiegten, erzählte er mir, wie man sie, Leningrader Kinder, während der Blockade über den Ladogasee evakuiert hatte. Es war bitterkalt, Bomben detonierten bald vor ihnen, bald neben ihnen. Eine schlug genau vor ihrem Lastwagen ein. Jurka saß neben der Erzieherin, an ihren

Ärmel geklammert; die Frau konnte ihn noch mit ihrem Körper schützen. Als man Jurka herauszog, wollte er die leblose Hand nicht loslassen, man mußte ihn mit Gewalt von der Toten trennen, aber der gelbe Bernsteinring blieb in seinen gekrallten Fingern. Ich fand es seltsam, daß Jurka darüber erst so spät, in einem Augenblick großer seelischer Nähe sprach, er, der so offen und freigebig in der Freundschaft war! Doch später wurde mir auch vieles andere verständlich: Was ihm teuer war, durfte weder Lob noch Tadel erfahren. Über mich wollte er von Fremden kein Wort hören; Richter und Angeklagter in unserem kleinen Königreich, fällte er seine Urteile über sich und über mich, und ich folgte ihm ergeben und war glücklich – immer, jeden Augenblick, obwohl ich nur sein Leben lebte, nur auf ihn hörte.

Bestimmt würden meine Freundinnen mich auslachen – solche Gedanken wären ihnen fremd: Das fehlte noch, wir kämpfen für unsere Emanzipation! Ältere Frauen dagegen wären sicher entsetzt gewesen, wenn sie unsere Gespräche gehört hätten (ich habe festgestellt, daß mit zunehmendem Alter der Drang, die Moral zu hüten, stärker wird). Zum Beispiel so eins:

Ich: »Sieh dir das an – wie ein Besen, das schmutzige Haar! Und dort, bei der Schwarzen, müßte man der Frisur etwas Schwung geben.«

Er: »Hör zu, ich sag dir allen Ernstes: Versteck dich nicht hinter der Filmwissenschaft, folge der Stimme deines Herzens! Wenn du willst, besuch Abendkurse. Ich hab gerade einen Zirkel gefunden, werde selbst zuverdienen und bin beschäftigt, so daß ...«

Ich: »Ich habe dir ein für allemal gesagt: Mama wird mir nie im Leben erlauben, das Studium aufzugeben. Und ich möchte auch nicht, daß deine Frau nur Friseuse ist.«

Er: »Wer hat dir denn gesagt, daß ich dich zur Frau nehme?«

Ich: »Warum solltest du mich nicht heiraten?«

Er: »Du paßt in sexueller Hinsicht nicht zu mir. Ich möchte, daß die Frau vor Leidenschaft bebt, wenn ich zu ihr komme, daß sie sich in mein Haar krallt. Du aber bist eine Spießbürgerin, hüllst dich ewig in irgendwelche Gewänder und Laken, dir fehlt die Natürlichkeit des gesunden, nicht von der Zivilisation verdorbenen Menschen.«

Ich: »Wüstling!«

Er: »Eher bist du verdorben, weil du weißt: Ein halbentblößter Körper erregt viel mehr als ein nackter. Phryne schämte sich nicht vor Praxiteles! Sie wußte, daß an einem gesunden Körper nichts Schändliches, Schmutziges ist.«

Ich: »Ich bin für dich weder eine Hetäre noch Phryne noch Gott sei Dank etwa deine Frau! Nackt werde ich vor dir sowieso nicht herumlaufen, mach dir keine Hoffnung!«

Er: »Als ob du nicht schon jetzt nackt herumliefst. Sieh deine Miniröcke, deine Blüschen, aus denen du förmlich herausfällst! Und vor mir schämst du dich mehr als vor den anderen? Wer ist also der Wüstling, sag! Schau, mit was für Augen dir diese jungen Handwerker folgen!«

Und obwohl Jurka schließlich, wie immer, das Gegenteil von dem zu beweisen suchte, womit er das Gespräch begonnen hatte, erreichte er sein Ziel: Meine Röcke wurden länger, die Blusenausschnitte kleiner, und die Männer schauten mir nicht mehr hinterher.

Einmal (wieder war es nachts, der schmale, durchsichtige junge Mond blickte ins Fenster, und die bläulichen Sternenstrahlen schienen die Scheibe zu durchdringen und funkelten auf den Sprüngen) lagen wir schlaflos und schweigend auf der Couch. Da begann Jurka zu sprechen. Ich entsinne mich, daß ich Angst hatte, mich zu rühren, denn ich wußte den Augenblick zu schätzen, wenn jemand sich dir anvertraut, sich selbst erkennt und sich dieses Erkennens freut. Wie nahe wir einander auch standen, in solchen Minuten spürten wir jedesmal, daß es für wirkliche, seelische Nähe keine Grenzen gibt. Damals sagte Jurka zu mir: »Denkst du, ich wäre ein Savonarola oder wollte eifersüchtig meine geheimen Schätze vor fremden Blicken hüten? Vielleicht kann ich dir das alles nicht bis ins letzte erklären, aber begreif doch, dein Dekolleté ist wie eine freiwillige Kapitulation. Wovor, fragst du? Vor etwas, was dir fremd ist. Sieh, wie du mit naiver Schamlosigkeit, ohne dir Gedanken darüber zu machen, alles Vorteilhafte an deiner Figur herausstreichst: Du betonst die Hüften, läßt die Knie frei. Unterbrich mich nicht, schlecht daran ist nur, daß du bezaubern willst, dir aber wirkliche, geistige, seelische Schönheit und Anmut bislang abgehen, obwohl das alles in dir ist, irgendwo tief verborgen – schließlich habe ich mich nicht in ein hübsches Püppchen verliebt! Deine eingebildete Freiheit von Konventionen ist doch nicht die Freiheit eines schönen, seiner Fesseln ledigen und, um in der Sprache der Priester zu reden, unschuldigen Körpers, sondern Sklaverei. Du besitzt nicht die Erhabenheit der Helleninnen, die nackt ins Stadion kamen, du hast nicht einmal die Einfachheit der Sportlerinnen der dreißiger Jahre, die stolz durch die Straßen marschierten. Unterbrich mich nicht, ich weiß, daß du nicht allein schuld daran bist. Jetzt ist für euch Frauen sozusagen das Goldene Zeitalter angebrochen. Geh, worin du willst und wie du willst. Aber diese Freiheit benutzt ihr dafür, noch schlimmere Sklavinnen zu werden – Sklavinnen von Mode und Konventionen. Sieh dich abends auf den Straßen um: Regimenter, Bataillone von Mannequins! Alle gleichfrisiert! Die gleiche Augenform! Aber du bist doch einmalig! Begreife endlich: Du bist *einmalig*! Und deine Stärke liegt darin, daß es eine wie dich nicht noch einmal auf der Welt gibt: Selbst wenn dir eine ähnlich sieht, so hat sie doch nicht dein Lächeln, und wenn auch ihr Lächeln deinem gleicht, wird sie sich doch nicht so verwirrt und schuldbewußt im Seminar umschauen wie du, wenn du den Stoff nicht vorbereitet hast.«

»Machst du dich auch noch lustig, ja? Du bist ein schrecklicher Individualist, Jurka.«

»Richtig, ich bin ein Individualist«, sagte er und wurde wieder ernst. »Tatsächlich ein schrecklicher Individualist. Ich hasse die Herden von Exkursionsteilnehmern, die gehorsam den Kopf von einem Gemälde zum anderen wenden. Ich hasse auf dem Bahnhof die leeren Kassenschalter für Sammelbestellungen und die stumpfsinnigen Schlangen von Einzelpersonen an den gewöhnlichen Kassen. Ich kann die Begrüßungsformeln der Jungen Pioniere nicht ausstehen, wenn die Kinder mit gekünstelter Stimme das Versprechen hersagen, fleißig zu lernen und sich gut zu führen, Versprechen, die Erwachsene für sie aufgeschrieben haben. Ich möchte nicht, daß du Produkt einer solchen ›Kultur‹ wirst – ein bißchen was von Puschkin, ein bißchen was von Gogol, mal was gehört von Márquez, Picasso, Dumas dem Jüngeren! Und ich möchte nicht, daß du eine Ästhetin wirst, die rein gar nichts von Joyce versteht, aber auf Intellektuellenpartys lieblich über ihn wispert und ihren Busen zur Schau stellt! Liebes, ich bitte dich, ich flehe dich an: Werde nicht so, denke nach, denke mehr nach! Vielleicht magst du es nicht mehr hören, aber ich möchte so gern, daß wir in uns selbst den wirklichen, vollkommenen Menschen schaffen, daß wir wissen, die Wahrheit liegt in uns selbst. Sieh mal, die Atmosphäre, in der du lebst, ist dir zuwider, und über die Wege und die Entwicklung des Films nachzudenken bringt dein wohlfrisiertes Köpfchen zur Verzweiflung. Willst du dieses Kreuz ein Leben lang tragen? Du kannst natürlich deinen Geschmack entwikkeln, aber hier ist großes Engagement nötig, und Engagement gehört nicht zu deinem und deiner Mutter Programm. Du kannst dich doch nicht zwingen, deine Arbeit zu lieben, an Liebe durch Zwang glaube ich nicht, und womit soll das alles enden?«

Es war das erste Mal, daß Jurka so lange sprach, ich aber, ich hörte anfangs atemlos zu, dann jedoch fing ich an, ihn leise abzuküssen. Zärtlichkeit überwältigte mich, ich berührte mit den Lippen seine Schläfe, die stachelige Wange; er stockte mitten im Wort und verstummte. Der Mond schimmerte silbern, im Zimmer wurde es hell, und als ich, ein wenig aufgerichtet, in Jurkas Gesicht blickte, war es traurig und ein bißchen spöttisch, und er hatte lila Schatten unter den Augen. Für einen Moment war es, als berührte mich etwas wie ein kalter Windhauch, doch ich schüttelte den Kopf, glitt von der Couch und zog ihn am Arm.

»Du denkst natürlich, daß du Perlen vor die Säue geworfen hast. Aber nein, ich verstehe alles, du hast recht, doch nun laß uns Tee trinken, mein Mund ist ganz trokken geworden von deinen ernsten Reden!«

Er kroch unlustig unter der Decke hervor und setzte sich auf. Nahm meine Hand, betastete meine Fingernägel (ich hatte sie gerade gut manikürt) und bat plötzlich sehr ernst und so, als redete er von etwas ganz Gewöhnlichem: »Stella, versprich mir ... Versprich mir, daß du kein Raubtier wirst.«

»Wa-as?« Ich war so verwundert, daß ich ihm meine Hand entzog, ihn an den Schultern packte und anstarrte. »Ein Raubtier? Was ist das für ein Beruf, Jurka? Machst du schon wieder deine Scherze?«

Kein Prediger hat je so vor seiner Gemeinde gestanden, wie er jetzt dastand – magere, behaarte Beine, blaue Turnhose, die ihm beinahe bis zu den Knien ging, und ich mußte lachen, während er mit derselben Stimme, mit derselben Intonation, traurig und gespannt, als lausche er auf etwas, das nur er allein vernahm, wiederholte: »Stella, werde nicht zum Raubtier!«

Ich zog ihn in die Küche, zündete den Brenner an, setzte den Teekessel auf und schwatzte unaufhörlich, als wollte ich mit Worten alles übertönen, was in seiner Stimme, in ihrem plötzlich fremden Klang mitschwang: »Gib dich keinen falschen Hoffnungen hin, ich werde zur Tigerin für alle, die ein Auge auf dich werfen. In tausend Stücke werde ich sie reißen. Du willst mich zwar nicht heiraten, trotzdem wirst du mein sein! Mein bis zum Tode!«

Spricht manchmal das Schicksal aus unserem Mund, als ahne und begreife nur die Seele das Unvermeidliche? Ich lachte bei meinen Worten, Jurka aber stellte die Tasse mit dem heißen Tee hin und erwiderte noch genauso gespannt (die lila Schatten waren beim grellen elektrischen Licht nicht von seinem Gesicht gewichen): »Ich glaube, so wird es kommen.«

Mein Gott, wie naiv und dumm ich damals war. Etwas Unbekanntes diktierte uns gleichsam das Urteil, ich hörte es und hörte es nicht, ich warf mit Worten um mich wie mit Glasperlen, und sie fielen, fielen in eine bodenlose Tiefe, um erst jetzt wieder aufzutauchen. Die ganzen drei Jahre der Trauer, in denen ich wie ein verwundetes Tier war, das nur seine Wunden leckt, und auch später erinnerte ich mich an jeden gemeinsam mit Jurka verlebten Augenblick immer nur optisch, in irgendwelchen Bildern, fast ohne Worte. Aber es hatte doch auch Worte gegeben! Ich sah die lila Schatten auf seinem unrasierten

Gesicht, erinnerte mich an das braune Teeblättchen im Mundwinkel, das ich mit einem Kuß fortnahm, an den geröteten Kreis auf dem Knie, wohin er seine Teetasse gestellt hatte, doch Worte hatte ich mir anscheinend nicht gemerkt. Nun zeigte sich, daß auch sie in mir gelebt hatten, wie sie in einem Papagei fortleben, der ganze Sätze hintereinander wiederholen kann, die sich ihm einmal mechanisch eingeprägt haben. Jetzt, da ich mich Satz für Satz erinnerte, begriff ich, worüber er damals mit mir gesprochen hatte, an jenem Abend, als die Strahlen der frostigen Sterne die gefrorenen Fensterscheiben zerkratzten! Ein Raubtier. Diese Worte hatte meine Schwiegermutter auch einmal über mich gesagt, ich aber hatte als Antwort gelacht. Sie war selbst alles andere als eine Heilige, und obwohl sie für Sergej zu allem bereit war, änderte das nichts am Sachverhalt.

Ich denke oft nach über die sogenannte »heilige« Mutterliebe. Wahrscheinlich hatte ich kein Glück, war mir doch die Selbstaufopferung meiner Mutter wie auch die meiner Schwiegermutter immer vorgekommen wie die Selbstaufopferung eines Gobseck, der seinen Reichtum hütet und verteidigt, als ginge es ums eigene Leben. So hatte es meine romantische Schwiegermutter fertiggebracht, eine junge Frau, die beinahe meinen künftigen Mann geheiratet hätte, aus ihrem Haus zu komplimentieren, nur weil sie keine glänzende Partie war. Und Mama? Was für einen Grabspruch verfaßte meine Mutter »diesem Gauner«, als sie in ihren dicksohligen italienischen Tretern vor dem leeren Schrank stand! Sie waren so fest, diese »Fundamente«, daß nicht nur der Anblick des leeren Schrankes, sondern auch ein Erdbeben Stärke zwölf ihre Trägerin keinesfalls umgeworfen hätte. Ich sehe sie wie heute: Sie war damals, vor zwölf Jahren, sechsundvierzig, aber sie hatte die Natur um mindestens zehn Jahre überlistet, vielleicht auch um mehr, denn zu dieser Zeit hatte sie einen eisernen Magen und die Figur einer Tanzpädagogin; sie stand fest auf ihren »Fundamenten«, und die Fransen ihrer hellbraunen Perücke verdeckten kleidsam ihre allzu stark gewölbte Stirn. Ich saß auf der Couch, betäubt von ihren Worten und dem Kofferberg, der fast die Hälfte des Zimmers einnahm, und spürte dumpf, wie mit jeder Salve ihrer schrillen, blechernen Stimme eine Erscheinung in abgetragenen blauen Jeans und mit gelben Raucherfingern aus dem Zimmer verdrängt wurde. Vielleicht ist es besser so, hämmerte es in den Schläfen. Ich wußte, daß es vergeblich war, Jurkas Erscheinung in unserer Wohnung festhalten zu wollen, er hätte sich hier nicht einleben können mit uns allen. Papa, der sich nach der Reise im Schlafzimmer ausruhte, hatte ihn schon von da vertrieben. Im Wohnzimmer hielten wir uns kaum auf. Dort herrschte eine Garnitur aus karelischer Birke, die Mama modernen polierten Möbeln vorzog. Hier, in der Küche, wo wir so gerne Tee getrunken hatten, wirtschaftete nun Mama. Die Wohnung hörte vor meinen Augen auf, *unser* Heim zu sein, sie wurde zu einer gewöhnlichen Moskauer Wohnung, in die jeder x-beliebige zu Besuch kommen konnte. Nach Jurkas Tod waren weder Nachbarn noch Bekannte hier gewesen – niemand, hier wohnte nur er. Und ich.

»Das war wirklich genial von mir«, sagte indes Mama, und ihre rosigen Wangen färbten sich dunkler vor Zorn. »Ich hatte mir geschworen, mich hier nicht einzumischen. Am Ende würdest du noch von zu Hause weglaufen. Ich tat, als wüßte ich nichts von diesem ...« (sie stockte und senkte sogar die Augen) »von deinem ...«

»Mama, nicht doch.« Ich blickte zu Boden, aber auch dort sah ich die weiße Plastschatulle, und die Erscheinung stand noch immer in der Tür, als zögere sie, hoffe noch auf etwas.

Mamas Stimme aber hämmerte mir im Kopf: »Alles ist so gekommen, wie ich geahnt habe. Er hat dich nicht geheiratet. Nun kannst du getrost an die Zukunft denken. Wenn ich nicht ... Aber ich habe auch schuld, warum mußte ich dorthin fahren, warum? Ich habe dich in diesem gefährlichen Alter allein gelassen. Und gerade an solche wie dich, mein liebes Mädchen, gerade an solche hängen sich doch die verschiedensten Gauner. O Gott, vergib mir, ich habe meine Zunge nicht im Zaum gehalten! Ich habe ihn wieder erwähnt, deinen Smoktunowski, von dem der ausgeräumte Schrank geblieben ist!«

Jurka war nicht mehr im Zimmer, und ich hatte keine Kraft aufzubegehren. Als Mama genug geredet hatte und endlich verstummte, begann sie mich eigenhändig auszuziehen; sie brachte mich ins Bett und rannte zu Vater, um sich mit ihm zu beraten, denn ich hatte mittlerweile 38,4 Fieber. Vater kam, murmelte etwas, legte mir die Hand auf die Stirn und kehrte zu seinen Zeitungen und seinen verantwortungsvollen Gedanken zurück, die so verantwortungsvoll waren, daß niemand von uns jemals etwas über sie erfuhr, und Mama blieb allein mit ihren Mutterpflichten, die immer schwerer wurden, da ich mehr und mehr versteinerte, bis ich schließlich in ein Nirwana versank, wo es weder Mama noch die Wohnung, noch Jurka gab – nichts, nur eine bodenlose graue Leere und Leichtigkeit. Ich hatte mir erst nach Mamas Rückkehr erlaubt schlappzumachen, und sie »hievte« mich mit einer Energie hoch, die jeden und vor allem mich hypnotisierte, so daß ich noch Monate danach gehorsam irgendwelche Tabletten schluckte, mir Spritzen geben ließ und – alle Prüfungen glücklich ablegte. Dann erholte ich mich in Sotschi, und ein halbes Jahr später begann ich im Fernsehstudio Schabolowka zu arbeiten, weil es in den Filmstudios auch ohne mich genügend Genies gab. Es schien, als hätte der Zufall Sergej und mich zusammengeführt, aber der Zufall kommt, wo man auf ihn wartet, und mein künftiger Mann erwartete von Moskau damals Wunder. Als dann der gesunde Menschenverstand siegte (Sergej hatte begriffen, daß er in Moskau nicht das erreichen würde, was er in Minsk erreichen könnte, und gab schließlich den Plan auf, in Moskau zu bleiben), war es bereits zu spät: Beide Mütter nahmen ihn so ins Gebet, daß er einfach nicht mehr zurückkonnte. Warum hätte Sergej auch Abstand nehmen sollen? Er stellte mich stolz seinen Freunden und Bekannten vor, und ich wurde dank der von Mama geerbten Fähigkeit, mich anzupassen, jedem Geschmack gerecht: dem bärtiger Intellektueller bis hin zu dem moderner, auf Film und Literatur machender junger Mädchenfrauen, die sich erstaunlich gut mit Mammon und Melpomene zu arrangieren wußten. Ich überstand das alles ohne große Schwierigkeiten. Zum erstenmal seit Jahren konnte ich mich wieder hinter einem starken Rücken verstecken (Mama zählte nicht), und ich spürte, daß ich ohne einen starken Rücken einfach nicht auskam. Zwar wußte ich immer, daß ich meinem Mann nur dann in die Hölle folgen würde, wenn alle anderen Wege versperrt wären – na und? Leben nicht viele so? Ein vernünftiges, ruhiges Leben – ist das denn so wenig?

Und trotzdem – woher kam dieses Schuldgefühl?

Der Schrei »Wofür?« ist ein blinder Schrei, den der Mensch dem im tiefsten Innern nistenden Entsetzen und der Nacht entgegenschleudert. Immer gibt es ein Wofür. Immer folgt der Schuld die Vergeltung.

Meine lieben, bequemen, unschuldigen Hypostasen – die gute Gattin, die fürsorgliche Mutter, die schöne Frau – warum weicht ihr jetzt wie unter einem mächtigen Druck vor mir zurück?

Von überallher folgen mir Augen: die Augen meiner lieben Mama, die Augen meiner Schwiegermutter, vor allem aber leuchten aus der weißen Dunkelheit im einsetzenden Schneefall Jurkas Augen.

»Stella, werde nicht zum Raubtier!« Warst du etwa ein Prophet, Jurka? Denn ein Raubtier ist nicht nur, wer den Nächsten zerreißt, ein Raubtier ist auch, wer zuläßt, daß zerrissen wird, wer auf Kosten fremden Fleisches lebt, wenn man es nur auf einem schönen – unbedingt schönen – Teller serviert.

Wenn Jurkas Tod die Vergeltung dafür war, daß er in Einklang mit seinem Herzen lebte – wie ich schon sagte, lebte er königlich (Ikarus nahm sich auch die Freiheit zu fliegen, er stieg auf und sah die Sonne aus der Nähe, doch das können sich nur wenige leisten) –, so kommt jetzt auch auf mich die Vergeltung zu – wofür? Dafür, daß ich nicht fliegen kann?

Nein, ich tauge nicht zu Heldentaten – ich gehöre nicht zu denen, die zur Sonne fliegen.

Aber jeder hat doch seinen Gipfel – bin ich hinaufgestiegen? Habe ich versucht, ihn zu ersteigen?

Nicht, daß ich wüßte.

Ich habe es wohl nie versucht.

Damals im Institut legte ich eine Prüfung in antiker Kunst ab. Mein Thema lautete: Nemesis – die Göttin der Rache. Oh, wie hat sie mit denen abgerechnet, die es gewagt haben, sich mit dem Schicksal zu messen! Prometheus, Sisyphus, der den Tod überlisten wollte; der vom

Schicksal einst begünstigte Polykrates. Und Krösus? Und Sisyphus' Bruder Salmoneus, der ein Gott sein wollte?

Strafst du, Nemesis, nicht auch jene, die keine Götter sein wollen?!

Wozu ist dem Menschen die riesige, mächtige Welt gegeben? Jeder Tag auf dieser Erde ist wie ein wundervolles, märchenhaftes Geschenk, mit dem wir nur nicht umzugehen wissen, weil man eines solchen Geschenkes würdig sein muß und keine Angst haben darf, sich in die Lüfte aufzuschwingen, nicht fürchten darf, sich die Flügel zu verbrennen.

Ich aber hatte sogar Angst, über das Einfachste nachzudenken, um dessentwillen der Mensch auf die Welt gekommen ist: das eigene Ich und die Welt zu verstehen, sie zu akzeptieren und sich vor ihr zu verneigen ...

Da kommt das Taxi. Wie lange habe ich gewartet? Wirklich nur zwanzig Minuten? Wahrhaftig. Sollte das ausreichen, ein Leben zu verändern?

Vielleicht ja. Nicht jeder hat das Glück, wenigstens zwanzig Minuten allein zu sein mit Nemesis!

Irina Tischtschenko
Die Plakatkleberin

Ihre Zeichnungen sind die Verkörperung von Dynamik. Die Mimik ihres Gesichtes ist die Bewegung selbst. Die langen Finger der Hand sind unruhig. Sie ist die beweglichste Person, die ich kenne. Sie ist seit ihrem 19. Lebensjahr gelähmt. Zu sehr liebte sie ihr Fahrzeug, ihr Pferd – das Moped, das sie sich für ihr erstes Gehalt gekauft hatte. Sie war Plakatkleberin. Diese menschenleeren und klaren Morgen, wenn du ganz allein bist mit deinen Phantasien. Bunte Plakate als Regenbogenflecken im Nebel. Das Städtchen liegt in einem Tal. Nebel sind in dem Tal häufiger. Also, sie liebte das Moped und die Zirkuskünstler, die gerade zu Gast sind in der Stadt; letztere sind gezeichnet, das Moped ist wirklich. Sie liebte es zu sehr, und einmal hat es ihr Vertrauen mißbraucht. Unabänderlich, für immer. Oder war der Grund dafür der Nebel? Nur ist in diesem Moment zum ersten Mal alles stehengeblieben. Alles, was lebte; alles, was in dieser unaufhörlichen Bewegung war; was sie erfreute; was notwendig war. Alles war stehengeblieben. Ihr Herz war stehengeblieben. Klinischer Tod. Das hat sie nun hinter sich. Und sie hat eine Wirbelsäulenoperation hinter sich. Aus dem Rückenmark hat man vorsichtig alle Knochensplitter herausgezogen. Aber die Wirbelsäule weigerte sich zu arbeiten, erstaunt, erfroren, verknöchert. So begann ihr Leben im Sessel. Alle Bewegung, die in ihrem Wesen lag, konzentrierte sich in den Augen. Sogar, wenn ihre Augen ununterbrochen in deine schauen, hat man den Eindruck, als würde sie sich auf Bewegung vorbereiten. Alle Emotionen, die man nur ausdrücken kann, drücken sie aus. Durch die Pupille steckt sie uns wie früher mit ihrer Bewegung an. Uns, die wir gehen können.

Und sie zeichnete Plakate:

Die Tauben flogen aus der Hand des Künstlers.
Es flogen die Hände des Pianisten,

es flogen die Augenlider der Zuschauer,
die atemlos dem Flug der Artisten folgen.
Es flog ein Flugzeug,
das sie in die nächste Stadt brachte,

wo man ihr immer wieder die Wiederholungsoperation verweigerte. Zu gefährlich.

Aber sie gab nicht auf.

Eine neue Sonne flog auf ihr Plakat.

Und in ihrem Sessel, wie der Kapitän auf dem Schiff, steuerte sie die Welt ihrer Phantasie. Früher hatte sie nicht gezeichnet; aber die Bewegung – ihr Wesen, ihre Grundlage – mußte sich auf etwas richten.

So wurden die Dynamik der Linien, das Spiel der Farben geboren. Und irgendwo, sich in ihrem Kopf verselbständigend, balancierten die Seiltänzer weiter, drehten sich die Ringe, sprangen die dressierten Hunde, fielen die Clowns in die Späne, flitzten die Kampfhähne vorbei, hantierten die Jongleure mit ihren Gegenständen, fletschten die Tiger die Zähne, galoppierten die Kunstreiterinnen und flog die berühmte Mutter mit ihrer Tochter auf dem Motorrad durch die Todeskurve ...

Jetzt bin ich Plakatkleberin geworden in unserem Städtchen. Ich bin öfter in dem Haus dieser Künstlerin, in dem etwas Explosives versteckt ist; und ab und zu verachte ich mich selbst für mein zu ruhiges, ausgeglichenes Leben. Vielleicht sollte ich mir ein Motorrad kaufen? ...

SOFIA SOKOLOWA
Fliegende Saurier

Ein kleines Männchen hing an einer Reißzwecke und lächelte.

Das Lächeln ging schräg von oben nach unten.

Es schien, daß das Männlein gerade deshalb so fröhlich war, weil es so ungewöhnlich hing. Das Blatt, auf das das Männlein aufgeklebt war, hieß Collage.

Am Anfang hing es gerade und war sicher festgemacht an der Wand, an zwei Reißzwecken.

Mit der Zeit ist eine Reißzwecke heruntergefallen und verlorengegangen. Und so blieb das Männlein schief hängen. Die Collage hat Serjoscha gemacht.

Er hatte aus Papier ein rotes Dreieck und ein gelbes Viereck ausgeschnitten und das auf dickes, festes Papier geklebt. Und so entstand ein Haus. An dem Haus erschien bald ein schwarzer Schornstein. Aus dem Schornstein kam schwarzer, mit dem Bleistift gemalter Rauch.

Dann kam das Männlein und schließlich die Sterne. Die Sterne kamen groß und rund wie Kugeln und genauso bunt: rot, gelb, blau. Sie rollten von oben nach unten und stießen mit dem Dach des Hauses zusammen.

Wenn sie zusammenstießen, war deutlich ein Laut zu hören: bing-bong. Aber aus irgendeinem Grund hörte niemand außer Serjoscha, wie die Sterne fielen. Er aber hörte es ganz klar: bing-bong.

Daneben hing die Sonne.

Sie hatte zwei Augen und einen roten, fröhlichen Mund. Die Sonne lächelte.

Über ihr als Streifen der blaue Himmel. Das Männlein reichte mit seinem Kopf an die Sterne.

Es war in einen Kaftan mit gelben Knöpfen gekleidet. Eine Hand hatte es zu dem Häuschen hingestreckt, als ob es Gäste einladen wolle: wer will, kann in mein Haus kommen.

Es selbst konnte nicht hineingehen; das Häuschen war viel zu klein.

Daneben hing Afrika: blaue Palmen auf rotem Blatt.

Zwischen den blauen Palmen spazierten die Löwen und Tiger hin und her.

Genau die gleichen, wie im Zoo.

Nur echte.

Es ist wahr, niemand hat sie je gesehen, sogar Serjoscha nicht. Aber das kommt daher, daß sie sich tagsüber im Gebüsch verstecken. Auf die Jagd gehen sie nur abends, wenn alle schlafen.

Nach Afrika ging Serjoscha zusammen mit der Mutter. Wenn die Mutter Serjoscha aus dem Kindergarten abholte, fragte sie immer:

»Nun Serjoscha, wie ist es? Wohin gehen wir heute?«

Und Serjoscha antwortete unverändert: »Nach Afrika – wie immer.«

Afrika lag hinter dem Haus.

Es war ein großes Land, mit ganz vielen wuchernden Brennesseln, Kletten und Disteln.

Unter den Füßen raschelten die abgefallenen Blätter. Dort versteckten sich die Boas und die anderen Schlangen.

Einmal hat er sogar eine Königspythonschlange gesehen, sie hing von einem Baum herab.

Wirklich, als Serjoscha näher kam, hat die Pythonschlange sich schnell in einen Zweig verwandelt. Aber das war nur aus Furcht, damit Serjoscha sie nicht nahm und nach Hause trug.

Danach, als Serjoscha sich wieder entfernte, hat sie sich beruhigt und ist aufs neue eine Pythonschlange geworden.

Aber das Wichtigste: in Afrika gab es fliegende Saurier.

Diese vorzeitlichen Saurier waren überall schon lange ausgestorben. Sie hielten sich nur noch bei Serjoscha in Afrika. Daß sie ausgestorben sind, hatte Serjoscha von der Mutter erfahren.

Die Mutter arbeitete in einem Institut, wo man Tiere ausstopfte.

Einmal hatte sie ihm ein großes Buch mit vielen bunten Bildern mitgebracht. Auf einem Bild war ein großer Vogel gezeichnet, ähnlich einer Fledermaus, nur mit einem langen Schnabel wie bei einem Reiher, mit großen spitzen Zähnen. Serjoscha guckte mit Staunen das Bild an. –

»Was für ein interessanter Vogel! Ich habe so einen noch nie gesehen, nicht einmal im Zoo.«

»Das sind fliegende Saurier«, erklärte die Mutter, »die sind seit langem ausgestorben.«

»Wie kommt es, daß so große interessante Vögel alle sterben?« Serjoscha weinte beinahe. »Kann es sein, daß vielleicht noch einer lebt? Ich würde so gerne mal einen sehen.« Serjoscha blickte fragend auf die Mutter. Sie lächelte: »Weißt du, laß uns einfach spielen. Überall sind sie ausgestorben – und nur in unserem Afrika leben sie noch. Und wir werden auf sie Jagd machen.« –

Wirklich, es war nicht so einfach, auf sie Jagd zu machen.

Denn das waren keine wirklichen Saurier, das waren einfach Spatzen. Und wenn Serjoscha aus dem Gebüsch herauslief, flogen sie auf.

Aber man kann sagen, es war sehr schön, mit Mama zu spielen.

Mama war dunkelhäutig mit langen Zöpfen. Ihre Haare rochen immer nach Blumen.

Einmal fragte Serjoscha: »Mama, warum riechen deine Haare immer so schön wie Blumen?«

Mama lachte: »Nicht schön, sondern gut. Und sie riechen nicht nach Blumen, sondern nach Shampoo.«

Mama war so dunkel, daß alle Leute um sie herum dachten, sie sei gerade aus dem Süden gekommen und hätte dort nichts anderes gemacht, als in der Sonne zu liegen.

Und einmal kamen sie aus dem Kino, und da kam auch ein Onkel, der es nicht aushalten konnte, ohne zu fragen: »Kommen Sie gerade aus dem Süden?«

Mama lächelte: »Ich komme gerade aus Afrika.« Der Onkel guckte erstaunt und fragte dann vorsichtig:

»Und was haben Sie da gemacht?«

Mama antwortete ruhig:

»Ich habe Löwen gejagt.«

Der Onkel fragte dann nicht mehr und ging schnell weiter.

Mama hat noch lange gelacht. Auf die Jagd wurde noch der Kater Vaska mitgenommen.

Er jagte wie ein richtiger Kater, und als die fliegenden

Saurier auf der Lichtung landeten, drückte er sich fest an die Erde, und seine Augen funkelten.

Aber in Wirklichkeit war er kein Kater.

Er war ein Prinz, der vom bösen Zauberer in einen Kater verwandelt worden war.

Aber er selbst wußte davon nichts.

Und überhaupt wußte davon niemand außer Serjoscha. Es war sein Geheimnis. Nur Mama hatte er einmal davon erzählt.

Mama hatte überlegt und gesagt:

»Er tut mir leid, der Vaska. Aber weißt du, ich habe in alten Büchern gelesen, daß es da ein Gras gibt, mit dem jeder Zauber wieder aufgehoben werden kann. Wenn wir am Sonntag aufs Land fahren, dann können wir danach suchen.«

Aber am Sonntag konnten sie nicht wegfahren. Am Sonntag kam Papa von der Dienstreise. Papa kam ins Zimmer und sagte sofort:

»Was ist das für ein Quatsch? Was habt ihr da an der Wand hängen? Das ist doch geschmacklos.«

»Aber warum muß es unbedingt schmecken? Man ißt doch keine Collage! Die gibt es einfach, weil sie schön sind.«

Papa riß alles runter und warf es in den Mülleimer.

Afrika verschwand, es verschwand das Männlein, und die Sterne hörten auf herunterzufallen.

Serjoscha wurde sehr, sehr traurig. Er war dem Weinen nahe.

»Sei nicht traurig, Kleiner«, beruhigte ihn Papa, »ich werde dir lieber einen Panzer zum Aufziehen kaufen.«

Es wird keine Schlangen mehr geben, keine Löwen, keine fliegenden Saurier, leb wohl, Afrika!

Maria Palm
Per aspera ad astra

Mein Gott, mein Gott, was soll ich machen? Wie aus dem langweiligen Kreis der Kinder, Väter, Mütter, Großmütter entkommen? ... Sehen Sie, ich bin eine schrecklich emanzipierte Person und sogar in gewisser Weise Anhängerin des Matriarchats. Ich muß freilich einschränken, daß ich einen nüchternen Verstand habe und mir gut die Folgen eines solchen Regimes vorstelle, wenn es errichtet ist: Da Intuition und Phantasie die Frau lenken, kann sie die Welt aus den Angeln heben, ohne dafür einen festen Stützpunkt zu benutzen. Was mich betrifft, so werde ich nicht die Erde aus den Angeln heben, sondern die Grundpfeiler meiner tugendhaften und respektablen Familie. Meine Eltern sind alt wie die Welt. Sie leben im neunzehnten Jahrhundert, verständigen sich in der Sprache Dostojewskis und Tschechows – ich bin schon etwas gegenwärtiger und spreche die Sprache des Äsop*, so daß wir nicht zu einem gegenseitigen Verstehen finden. Es begann damit, daß ich mich sinnlos verliebte, und einen Monat nach dem Ereignis trug ich diese freudige Nachricht, wie es sich für eine gehorsame Tochter ziemt, in den Schoß der Familie. Aus Mamas Augen sprangen Tränen, rein wie Quellwasser, Papa streckte pathetisch die Hand aus und sprach einige unzusammenhängende Worte. Den Sinn dieses Sturms in den elterlichen Seelen verstand ich nicht, aber auf jeden Fall berührte ich dieses Thema nie wieder.

Wir fuhren fort zu leben, wie wir gelebt hatten, sahen uns jeden Tag, saßen keusch Knie an Knie auf meinem engen Sofa, und erörterten Probleme des Feudalismus, Rassismus, der Apartheid, was denn »comme il faut« sei, Poesie (von der er überhaupt nichts verstand), die kosmische Phantastik in Rechenmaschinen (wovon ich überhaupt nichts verstand): über den Korridor flanierten die Eltern, das Telefon klingelte (man vermutete in unserer

* geläufiger Ausdruck im Russischen; Fabelsprache, die Dinge indirekt ausdrückt (Anm. d. Übers.)

Wohnung eine Wäscherei, einen Laden oder eine Entbindungsanstalt), hinter der Wand ertönten falsche, aber bravouröse Töne eines Flügels, in der Küche brüllte der zweijährige Neffe, bedrückt nur von ihn allein beherrschenden Sorgen, und oben röhrte mit heiserem Baß ein Tonband, und irgendein Enthusiast spielte auf der Trompete die Hymne der Sowjetunion. Das war nicht »comme il faut«. Auf dem schmalen Sofa wurde das Leben Stunde um Stunde, Minute um Minute krampfartig enger. Wir träumten heimlich von einer unbekannten Zeit, in der wir Hand in Hand am Ufer eines übertrieben blauen Meeres spazierengingen und uns zu Hause gefrorene Bananen mit Schokolade und – oh, wie das Wasser im Munde zusammenläuft – Avocados erwarteten. Die Zukunft funkelte vor dem Sofa auf, allmählich in einen dunklen Traum zusammenfließend, der an nicht durchgerührten Grießbrei erinnerte. Hinter dem Fenster regnete es, Geld war keins da, Arbeit auch nicht. Ich begriff gut, wie man die Sache auch drehte und wendete, ich konnte nur noch den Dichter Chlebnikow zitieren: »Dyr bul schtschir ...« (»Das Loch war da ...«); die Liebe – ach, die Liebe – wuchs ungeduldig, bis es ihr auf dem verhaßten Sofa unerträglich eng wurde, und leise kroch sie in alle Spalten und Sprünge des elterlichen Hauses. Die Gedanken zerflogen wie in einer Zentrifuge, und wenn sie sich konzentrierten, dann ausschließlich auf die folgenden drei Punkte: seine Arbeit, meine Arbeit, unsere Wohnung.

Betreff Punkt eins war alles trübselig, weil mein Freund nicht für diese Welt geschaffen war. Er hatte das Unglück, als Jude geboren zu sein (es ist im übrigen nicht unsere Sache zu beurteilen, wer mehr Glück in diesem Leben hat). Dieses große Volk hatte es in einigen Jahrhunderten fertiggebracht, sich derart die Mißgunst eines anderen nicht weniger großen Volkes zuzuziehen, daß man ihn aus patriotischen Beweggründen nicht anstellte, um den Fußboden in einem öffentlichen Verwaltungsgebäude zu putzen, als Bademeister nahm man ihn nicht, da begann er als Lastenträger zu arbeiten, aber dabei knirschte sein Rückgrat derart, daß er tatsächlich riskierte, sich das Kreuz zu brechen.

Betreff Punkt zwei war alles genauso trübselig, aber

auch komisch. Ich ging zwei Wege. Der erste – von den Eltern geerbte – war der Weg des Edelmuts und der Selbstlosigkeit, des Dienstes am Menschen. Ich wollte als Nachtschwester arbeiten, ohne den Händen Ruhe zu gönnen. Das Krankenhaus öffnete gastfreundlich seine Pforten, und schon nahm mich die Administration in ihre eiserne Umarmung. Zahlreiche Leitende und deren Vertreter machten nach allen Kräften Reklame, versuchten neue Jungkader heranzuziehen. Es ergab sich ein bestürzendes Bild: sieben Nächte à 12 Stunden im Monat für die fabelhafte Summe von 35 Rubeln. Stützte sich doch alles darauf, daß ich mich beim besten Willen nicht für weniger als 100 Rubel im Monat verkaufen konnte. Der alleroberste und allerdickste von allen Leitenden fragte mich mißtrauisch, als er die Verwirrung in meinem Gesicht bemerkte, wobei er den Schnurrbart kaute, ob ich verheiratet sei; da meine Lage unsicher und unbestimmt war, antwortete ich: nein, aber ich stoppte die schon fast zu meiner förmlichen Anstellung erhobene Hand der Administration dadurch, daß mir plötzlich einfiel, daß ich ein Papier, das absolut notwendig war, zu Hause vergessen hatte; ich versicherte den Anwesenden hoch und heilig, daß ich morgen kommen würde und, schmählich zurückweichend, lief ich davon. Mein Enthusiasmus war erkaltet, das Opfer mißlungen, und ich fühlte mich elend – und mit schlechtem Gewissen fuhr ich fort, als Schwarzfahrer die öffentlichen Verkehrsmittel zu benutzen, die Kontrolleure anzulächeln und zu beteuern, daß »je n'ai pas d'argent«. Die Kontrolleure entschuldigten sich für die Belästigung, und ich, indem ich endlich erlebte, was das ist, die Unantastbarkeit der Persönlichkeit, verabschiedete sie gnädig.

Mein zweiter Weg war mit Hindernissen übersät, aber zu den Sternen führte er nicht. Die Sache war die, daß außer der Sprache des Äsop noch zwei weitere Sprachen zu meiner Verfügung standen: die russische und die englische, die erste bringt mich bis Kiew, die zweite – offensichtlich – weiter, und in Erwartung dessen benutze ich die englische zu utilitaristischen Zwecken. Ein bestimmter Teil der Bevölkerung hatte sich die Aufgabe gestellt, zweisprachig zu werden. Einige wollen die rätselhafte

Seele eines fremden Volkes erfassen, einige wollen selbst Teil dieser Seele werden, und in himmelblauen Träumen sehen sie himmelblaue Plymouth. Das alles ist auf unmittelbarste Weise mit dem Problem der Geldbeschaffung verbunden. Meine Methode ist folgende: Ich gehe zu irgendwelchen Bekannten und fange an, mich heftig anzupreisen: »Meine Großmutter ist Engländerin! Ich kenne die Sprache von der Wiege her! Ich garantiere, daß Sie nach neun Monaten sprechen können! Mehr noch, Sie denken und träumen nur noch in Englisch! Eine Verbindung von Oxforder Aussprache mit dem Slang von Soho! Lesen Sie die Meister des Worts im Original!« Wenn das nicht wirkt, muß man auf einen gedämpften Ton übergehen: Ich sage beschwörend, daß ich freilich an das andere Ende der Stadt fahren kann, daß ich wie alle Geld nehme aber dafür eine halbe Stunde länger unterrichte, daß Lehrbücher nicht nötig sind – ich habe welche, und Wörterbücher sind auch nicht nötig – ich stelle sie zur Verfügung, nebenbei erkläre ich mich einverstanden, auf das Kind aufzupassen, den Hund spazierenzuführen und die achtzigjährige Großmutter zu unterrichten. Ausgepreßt wie eine Zitrone kehre ich siegreich nach Hause zurück, aber dann klingelt das Telefon, und es wird klar, daß die Großmutter endgültig ertaubt ist, man nichts tun will; und – da hab ich's – das mit solcher Mühe errichtete Gebäude geht zum Teufel.

Eine weitere Quelle von Einkünften ist das Schreibmaschineschreiben. Ich mache das mit Enthusiasmus, aber nur mit einem Finger. Ich denke, die Leute, denen ich meine Dienste anbot, weinten lauthals über meine Arbeit – ich bin ein expansiver Mensch, deshalb macht es mir nichts aus, eine Zeile oder einen Absatz auszulassen.

Es gibt noch ein letztes Verfahren – in meinem Jahrhundert hat es allerdings noch keinen Erfolg gebracht: man sucht eine alleinstehende, wünschenswerterweise kranke alte Frau und umgibt sie von allen Seiten mit Fürsorge – man putzt die Fenster, die Fußböden, geht mit dem Einkaufsnetz alle in der Nähe liegenden Läden ab. Für diese Verdienste gibt es dann eine bestimmte Belohnung. Das Unglück ist, daß die alten Frauen mißtrauisch, selbständig und knauserig geworden sind: selbst wenn du sie an der Hand nimmst und versuchst, ihnen über die Straße zu helfen, reißen sie sich erschreckt los und werfen sich ohne deine Hilfe unter die erstbeste Trambahn. Was Baby-sitting betrifft, so erwähnt man das besser gar nicht erst, denn welche Eltern vertrauen irgend jemandem ihren Sproß an, und wenn sie ihn anvertrauen, dann geben sie für den ganzen Abend einen Rubel – ich danke ergebenst, ich führe lieber den Hund aus.

Somit – um wieder auf meine traurige Geschichte überzugehen – war unsere finanzielle Lage, milde gesprochen, unerfreulich. Ich nahm meinen Mut zusammen und beschloß, auf den Straßen zu singen, aber als ich einen Milizionär sah, verschlug es mir plötzlich die Stimme.

Jugend ist Jugend – voll von Optimismus! Indem wir entschieden, daß sich auf die eine oder andere rätselhafte Weise Geld finden wird, schickten wir uns an, eine Wohnung zu mieten. Die Suche war lang und qualvoll. In den ersten drei Wochen sagten die Leute, an die wir uns wandten, bekümmert: »Wo wart Ihr vor zwei Tagen? Eben erst haben wir eine herrliche Wohnung weggegeben.« Irgend jemand versprach Hilfe, irgend jemand wollte hundert Rubel, irgend jemand schlug vor, bei einem »what's her name«-Tantchen zu wohnen – wir wehrten uns standhaft, mäkelten herum, taten so, als ob hundert Rubel in der hinteren Tasche steckten, bis schließlich in meiner Wohnung das Telefon klingelte und eine außergewöhnlich angenehme männliche Stimme in den Hörer sprach: »Guten Tag, Sie kennen mich nicht, ich heiße Mischa, es ist wegen einer Wohnung.« Ich küßte laut den Hörer, und, um mich vor Erschütterungen der Eltern zu hüten, fing ich mit meiner blumigen Sprache an, die Bedingungen des Geschäfts zu klären. Die Wohnung hatte zwei Zimmer und kostete vierzig Rubel. Es erwies sich dann freilich, daß außer Wänden und dem Boden in der Wohnung überhaupt nichts war. Mischa erklärte lange, daß das sagenhaft billig wäre, daß er ganz einfach ein sehr guter Freund von irgend jemand sei – und ich spürte, daß ich selbst bereit war, ein sehr guter Freund des uneigennützigen Mischa zu werden.

Wir fahren – fahren – ein Hof – ein Lift – eine Tür – ... Es stellt sich als klare Lüge heraus, daß in der Wohnung nichts sei – dort waren Staub, Zeitungsausschnitte an den Wänden, Hanteln, Scheuerlappen, aus der Tür herausgeschlagenes Glas und ein fremdes Möbelstück, das man in keinem Falle anrühren durfte. Die Wohnung schien eine wilde und unberührte Insel zu sein, aber ich hätte mich nie entschlossen, dort wie Freitag die Spur eines nackten Fußes zu hinterlassen.

Für den Anfang, im Namen der Emanzipation, wischte der mir vom Schicksal Bestimmte den Fußboden. Dann die Wanne. Dann die Küche. Dann brachte er Blumen (ich vermute, daß er das einzige Blumenbeet des ganzen Viertels abgepflückt hat) und stellte sie in eine schmutzige Flasche. Auf der Insel war es ruhig und sonnig, es blieb nur noch, rechtzeitig unterzutauchen, ins sittenstrenge neunzehnte Jahrhundert. Mein Gott, laß uns nicht untergehen! ...

Zwischen mir und den Eltern öffnete sich ein Abgrund. Das Anathema ertönte eindeutig und unumstößlich. Anfangs versuchte ich noch eine Attacke auf die Rute, aber sie aus dem Haus zu nehmen, erwies sich als unmöglich. Über mich selbst erfuhr ich eine Menge interessanter Dinge – ich hörte von meiner zugrundegerichteten Jugend und Zukunft, von einem verhängnisvollen Schritt, von männlichem Egoismus, von Sonjetschka Marmeladowa*, von weiblichem Stolz, von der Vergänglichkeit alles Irdischen und davon, daß das Paradies in der Hütte liege – Schlummersprüche für Kinder. Das Schuldgefühl verließ mich eine ganze Nacht nicht, aber am Morgen, nachdem ich den Eltern die Variante einer Entführung im Husarenstil à la Neunzehntes Jahrhundert – mit Schlitten, Bärenfellen, Hochzeit im abgelegenen Dörfchen – angeboten hatte, und nachdem ich die verächtliche Weigerung, mir den Segen zu geben, gehört hatte, beruhigte ich mich. Meine Eltern kamen offensichtlich nicht aus dem Husarenmilieu, und meine romantische Ader reicht für alle vorausgegangenen Generationen. Was es da für eine Sonjetschka gab, was für eine Vergänglichkeit – Irdisches – soll es doch aus den Nähten platzen, mit Tata-

* Heldin in Dostojewskis ›Schuld und Sühne‹; junge Prostituierte, die Raskolnikow in die Verbannung folgt (Anm. d. Übers.)

rata zusammenfallen – ich werde auf meiner Insel sitzen, an das ausschweifende Neunzehnte Jahrhundert denken und von Bananen mit Schokolade träumen – und das langt für unser Jahrhundert.

Nachwort

Die vorliegende Sammlung stellt einen Versuch dar, mit Hilfe von literarischen Texten ein Bild vom Leben und Denken der Frauen in der Sowjetunion von 1917 bis in die achtziger Jahre zu entwerfen. Wie auch immer man die Frage nach einer weiblichen Literatur oder Frauenliteratur beantworten will, es besteht wohl kein Zweifel daran, daß Frauen selbst am ehrlichsten und am genauesten über Frauen schreiben können. Deshalb stammen alle Beiträge des Bandes von Frauen.

Offen und genau zu schreiben und keine Scheu davor zu haben, persönliche und gesellschaftliche Konflikte literarisch zu gestalten, war in der Sowjetunion sicherlich schwieriger als anderswo. Dort wurde in den dreißiger Jahren der Begriff des »sozialistischen Realismus« geschaffen, der von der Literatur Parteilichkeit fordert und sie dem politischen Zweck unterordnet, dort gab es in den fünfziger Jahren eine »Theorie der Konfliktlosigkeit«, durch die jede literarische Darstellung von Konflikten oder überhaupt von negativen Erscheinungen ausgeschlossen werden sollte. Nach der Stalin-Ära und dem 20. Parteitag 1956 wurde von Chruschtschow eine Periode der Liberalisierung eingeleitet, das sogenannte »Tauwetter«. Nach dem Sturz Chruschtschows 1964 folgte wieder eine Periode restriktiver Kulturpolitik. 1985 wurde Michail Gorbatschow Generalsekretär der KPdSU und leitete die Perestrojka ein, den Umbau der Sowjetgesellschaft, zu dessen Merkmalen auch die Aufhebung der Zensur gehörte.

Alle Beiträge dieser Sammlung sind in der Sowjetunion entstanden. Ziel der Auswahl ist eine möglichst vielfältige literarische Darstellung der Sicht von innen. Fast alle Autorinnen haben ihr ganzes Leben in der Sowjetunion verbracht oder leben heute noch dort. Einige haben in der Stalin-Zeit schwere Verfolgungen und persönliche Verluste erlitten, andere sind später massiver Kritik und Diskriminierung ausgesetzt gewesen. Wenn diese Frauen es wagten, an den bestehenden Verhältnissen Kritik zu üben oder, wie Lydia Tschukowskaja es ausdrückt, die Wahrheit zu sagen, so taten sie das, um diese Verhältnisse zum Besseren zu ändern. Die Forderung nach Parteilichkeit erfüllen sie alle insofern, als sie für und nicht gegen ihr Land schreiben.

Neben der Frage nach der Offenheit stellt sich noch eine weitere, ebenfalls systembedingte Frage, nämlich ob es in der Sowjetunion überhaupt frauenspezifische Positionen oder Probleme gibt. Für sozialistische Theoretikerinnen wie Clara Zetkin ist die Unterdrückung der Frau ein Nebenwiderspruch, der sich aus der Unterdrückung der Arbeiterklasse ableitet. Infolgedessen müßte mit der Befreiung der Arbeiterklasse auch dieses Problem behoben sein. Tatsächlich ist es offiziell seit der Revolution, mit der das Frauenwahlrecht eingeführt wurde, nicht mehr vorhanden. Das Recht auf Arbeit gilt als wesentlicher Bestandteil der Gleichberechtigung. Über neunzig Prozent der Frauen sind berufstätig und stellen insgesamt mehr als die Hälfte der Arbeitskräfte. Für die Kinderbetreuung und -erziehung sorgt der Staat. Man kennt die Bilder von den Bauarbeiterinnen und Traktorfahrerinnen. Der Begriff Feminismus war bis in die achtziger Jahre in der Sowjetunion unbekannt oder wurde bestenfalls als Phänomen des Westens verstanden.

Trotzdem gibt es in der Sowjetunion heute Gruppen von Frauen, die sich zusammentun, weil sie auf Sexismus und Diskriminierung aufmerksam machen wollen. Trotzdem sind in den entscheidenden politischen Positionen nur Männer zu sehen. Trotzdem wird die Literatur in der Sowjetunion, wenn man den westlichen Publikationen darüber trauen kann, mehr oder weniger nur von Männern geschrieben. Das von Wolfgang Kasack 1976 herausgegebene ›Lexikon der russischen Literatur ab 1917‹ zum Beispiel enthält laut Vorwort »495 russisch schreibende Autoren, bei denen der Schwerpunkt des literarischen Schaffens nach 1917 liegt«. Von diesen 495 Autoren sind ganze 36 weiblichen Geschlechts. Durch den 1986 erschienenen Ergänzungsband, der prozentual mehr Namen von Autorinnen enthält, wird dieses Zahlenverhältnis zwar etwas modifiziert, aber die Diskrepanz zwischen der Anzahl der genannten männlichen und weiblichen Autoren bleibt gewaltig. Es stellt sich also auch die Frage, warum selbst in der Sowjetunion so wenig Frauen schreiben oder jedenfalls publizieren.

Vielleicht gibt das berühmte Buch ›Woche um Woche‹ von Natalja Baranskaja (Erstveröffentlichung 1969 in ›Nowyj Mir‹), aus dem in diese Sammlung der Ausschnitt ›Montag‹ aufgenommen ist, darauf eine Antwort. Es handelt vom Alltag einer jungen Frau, die an einem wissenschaftlichen Institut arbeitet und Kinder und einen Ehemann hat. Nach der Lektüre dieser Geschichten über ein Leben voll Hektik und in ständiger Eile, die akuten Bedürfnisse von Arbeit und Familie zu erfüllen, könnte man vermuten, daß die Frauen in der Sowjetunion deshalb so wenig schreiben, weil sie keine Zeit dazu haben. Ebenso selbstverständlich, wie sie einen Beruf ausüben, wird ihnen offenbar weiterhin die volle Verantwortung für die Organisation des Haushalts und der Kinderbetreuung überlassen. Im Westen kennt man das auch. Man nennt es Doppelbelastung.

Die Beiträge sind nach dem Geburtsjahr der Autorinnen, soweit es festgestellt werden konnte, chronologisch geordnet. Die Geburtsjahre der Autorinnen der letzten drei Texte sind nicht bekannt. Sie sind, da es auch inhaltlich begründbar schien, an den Schluß gestellt. Die Namen sind nach der phonetischen oder nach der gebräuchlichsten Schreibweise geschrieben. Die Auswahl enthält größtenteils abgeschlossene Texte. Allerdings konnte auf Ausschnitte nicht ganz verzichtet werden. Die Erzählung oder Kurzgeschichte spielt in der sowjetischen Literatur bis in die neueste Zeit keine große Rolle. Die bevorzugten Gattungen sind neben der Lyrik und dem Versepos der Roman oder der Kurzroman, die »Powest«, eine epische Form zwischen Roman und Erzählung.

Am Anfang steht Alexandra Kollontai mit einem ihrer berühmten Texte zur sexuellen Emanzipation der Frau und am Ende die unbekannte Maria Palm mit einem sehr zeitgenössischen »Essay«. Alexandra Kollontais Erzählung ›Die Liebe der drei Generationen‹ (1925) beschreibt am Beispiel von Großmutter, Mutter und Enkelin drei weibliche Lebenswege vor, während und nach der Revolution. Alle drei Frauen nehmen an der politischen Umwälzung und der Neugestaltung Rußlands aktiv teil, aber die Art, wie sie ihr Privatleben gestalten, unterscheidet sich und spiegelt die historische Entwicklung wider. Gegenüber dieser mit erzieherischem Anspruch formulierten Erzählung nimmt sich Maria Palms ›Per aspera ad astra‹ (1979) sehr privat und sehr individuell aus. Eine junge Frau verliebt sich, will mit ihrem Freund zusammenziehen und sucht Arbeit. Ironisch und distanziert – man könnte es »cool« nennen – entwirft sie ein Bild ihres Lebens und ihrer Träume. Scheinbar beiläufig tritt der Alltag hervor mit seiner Wohnungsnot und seinen Generationskonflikten.

Dieser Text kommt aus einer Gruppe der jungen sowjetischen Frauenbewegung wie auch ›Die Plakatkleberin‹ (1979) von Irina Tischtschenko und die ›Fliegenden Saurier‹ (1979) von Sofia Sokolowa. In beiden kleinen Skizzen geht es um Träume, die auch Fluchtversuche sind. Die Plakatkleberin hat sich diesen Beruf aus Bewunderung für eine behinderte Künstlerin ausgesucht. Die fliegenden Saurier tragen eine Mutter und ihren kleinen Sohn auf dem Heimweg vom Kindergarten hinaus nach Afrika. Der Vater kann dem Kind nur Panzer als Spielzeug anbieten.

Ein Jahr jünger als Alexandra Kollontai ist Olga Forsch. Ihre heitere Geschichte vom ›Weltbad‹ (1925), das vor der Revolution noch ›Hofbad‹ hieß, schildert eine Vorstadt-Idylle, in der die älteren Frauen dominieren. Im Leben der Weißnäherin Klawdia in der Erzählung ›Eigentum‹ (1933) von Lydia Sejfullina gibt es nur die Wahl zwischen völliger Armut und dem Leben in Abhängigkeit von einer egoistischen Gönnerin. Nach der Revolution und bereits mehr als vierzig Jahre alt erkennt Klawdia, daß das von dieser Frau ererbte Eigentum mit ihrem eigenen Leben erkauft war. Vera Inber zeigt in der Erzählung ›Meine Tochter‹ (1930) einen Familienkonflikt auf, dessen Verlauf durch die politischen Veränderungen bestimmt war. Der Vater bleibt im Pariser Exil, die Mutter kehrt mit ihrem Kind nach der Revolution nach Rußland zurück. Sie arbeitet als Journalistin für den jungen Sowjetstaat. Die halbwüchsige Tochter fühlt sich einsam und vernachlässigt und entscheidet sich dafür, beim Vater in Paris zu leben.

Die Stalin-Ära und ihre Säuberungskampagnen, denen besonders viele Intellektuelle als »Vaterlandsverräter« zum Opfer fielen, ist ein schweres Erbe auch für die russische Literatur. Vier Beiträge der Sammlung befassen sich mit dieser Epoche. Eines des bewegendsten lyrischen Dokumente ist der Gedichtzyklus ›Requiem‹ (1935–1940) von Anna Achmatowa. Eine Frau, die schon ihren Mann verloren hat, klagt um den inhaftierten Sohn. In den Versen von Olga Berggolz (1956) werden die Ängste und die Schmach dieser Zeit artikuliert. Lydia Tschukowskaja schildert in dem 1939/40 entstandenen Roman ›Ein leeres Haus‹ die Erfahrungen einer Frau in mittleren Jahren in dieser Zeit. Olga hat einen Beruf, einen Sohn, den sie liebt, und ist ganz zufrieden mit sich und der Welt. Als sie von den ersten Verhaftungen hört, ist sie überzeugt, daß die Betroffenen es verdienen. Das ändert sich, als auch ihr Sohn eines Tages verhaftet wird. Jewgenia Ginsburg hat ihre persönlichen Erfahrungen in Haft und Lager in einem ausführlichen Lebensbericht festgehalten. Aus beiden Werken wurden Ausschnitte ausgewählt, die zeigen, wie die betroffenen Frauen sich seelisch mit dieser Bedrohung auseinandergesetzt haben. Auch Margarita Aliger beschäftigt sich in ihrem Gedicht mit der Vergangenheit (›Die Rechnung der Vergangenheit‹, 1970). Es handelt vom Krieg nach innen und nach außen, und sie hält die Rechnung für bezahlt, jedenfalls was sie persönlich angeht.

Eine ganz andere Perspektive eröffnet die Geschichte von dem Mädchen mit dem Spitznamen »Eidechse« aus Galina Nikolajewas Roman ›Ernte‹ (1950), einem für die Nachkriegszeit typischen und damals auch offiziell gewürdigten Werk. Auf der einen Seite wird die erfolgreiche Aufbauarbeit im Kolchos geschildert, bei der sich die Heldin auszeichnet, die zugleich auch tüchtige Hausfrau und Mutter ist. Auf der anderen Seite steht die Entfremdung von ihrem Mann, gegen die sie sich zur Wehr setzt, und ihr Anspruch auf Selbstbestimmung. Auch in Frida Wigdorowas Buch ›Meine Schulklasse‹ (1949) geht es um eine berufstätige Frau. Eine Lehrerin erzählt in einzelnen

Episoden über ihre Arbeit in der Klasse und die Probleme und Anliegen ihrer Schüler. Vor dem Hintergrund des Zweiten Weltkrieges und der Folgezeit versuchen die Lehrerinnen mit Gerechtigkeitssinn und psychologischem Taktgefühl, ihrer pädagogischen Aufgabe gerecht zu werden. Im Lehrberuf sind heute in der Sowjetunion zu mehr als fünfzig Prozent Frauen beschäftigt.

Aus neuerer und neuester Zeit stammen die Erzählungen von Vizma Belševica, Ljudmila Petruschewskaja und Wolha Ipatawa. Die schrulligen Schwestern in Vizma Belševicas Erzählung ›Nur wegen der verrückten Pauline‹ (1979) wollen unbedingt einen möglichst prachtvollen Sarg und ein luxuriöses Leichengewand haben. Beim Kampf um die nötigen Grundstoffe lassen sie sich von niemandem behindern. So entsteht eine kuriose und eigenwillige Altersgeschichte. Ljudmila Petruschewskajas ›Netze und Fallen‹ (1972) ist die Geschichte eines jungen Mädchens, das ein uneheliches Kind zur Welt bringen wird, und stellt zugleich eine bittere Kritik an traditionellen Vorstellungen dar, von denen sie sich abhängig fühlt. In der Erzählung ›Zwanzig Minuten mit Nemesis‹ (1979) von Wolha Ipatawa erinnert sich eine nicht berufstätige, privilegierte Ehefrau an die unglückliche Liebe ihrer Jugend und stellt fest, daß sie es zu nichts weiter als zur perfekten Gattin gebracht hat.

Das ›Märchen vom Regen‹ (1964) von Bella Achmadulina schließlich wurde wegen seiner Schönheit, seiner Klugheit und seiner kreativen Fülle in diese Sammlung aufgenommen – und als hervorragendes Beispiel für die Gestaltungskraft sowjetischer Lyrikerinnen.

Auf den obligatorischen Hinweis, daß diese Auswahl unvollständig ist, möchte ich nicht verzichten, sondern die Unvollständigkeit sogar besonders hervorheben. Offenbar sind Frauen eine Minderheit unter den Schriftstellern der Sowjetunion, aber sie verdienen im Westen dennoch mehr Interesse, als ihnen bisher zugebilligt wurde. Das zu beweisen, leistet der Band hoffentlich einen kleinen Beitrag – wie auch zur Vertiefung der Erkenntnis, daß es mehr Gemeinsamkeiten als Unterschiede gibt. Und da nun bis jetzt keine Generalsekretärin der KPdSU oder gar eine russische Staatspräsidentin existiert, soll noch einmal Michail Gorbatschow zitiert werden: »Es darf vergessene Namen und weiße Flecken weder in der Geschichte noch in der Literatur geben.«

Andrea Wörle

Autorinnen

BELLA ACHMADULINA, geboren 1937 in Moskau, wo sie heute noch lebt, studierte am Gorki-Institut für Literatur und veröffentlichte bereits während des Studiums ihre ersten Gedichte in Zeitungen und Zeitschriften. Das Gedicht ›Märchen vom Regen‹, nachgedichtet v. Ilse Tschörtner-Krätzig, ist entnommen aus ›Musikstunden‹, 1974, und erscheint hier mit freundlicher Genehmigung des Verlags Volk und Welt, Berlin/DDR.

ANNA ACHMATOWA, geboren 1889 bei Odessa, gestorben 1966 bei Moskau. Sie studierte Jura und Philologie und gehört zusammen mit ihrem Mann Nikolaj Gumiljow (der 1921 als Konterrevolutionär hingerichtet wurde) ab 1910 zu der Lyrikergruppe der Akmeisten. Gegenüber der Revolution war sie kritisch eingestellt, blieb aber in Rußland. Bis 1922 veröffentlichte sie sehr erfolgreiche Gedichtbände, danach erst wieder ab 1940. 1946 wurde sie das Opfer einer Kampagne zur Verschärfung der Politik im geistigen Bereich. Es folgte der Ausschluß aus dem sowjetischen Schriftstellerverband. Nach dem 20. Parteikongreß 1956, auf dem Chruschtschow die Entstalinisierung einleitete, wurde sie rehabilitiert. Ab 1959 erschienen mehrere Gedichtsammlungen. Sie gilt als eine der bedeutendsten russischen Lyrikerinnen des 20. Jahrhunderts. Der Zyklus ›Requiem‹ entstand 1957 und wurde 1963 von Ludolf Müller ins Deutsche übertragen. Er ist entnommen aus ›Im Spiegelland. Ausgewählte Gedichte‹, hrsg. v. Efim Etkind, München 1982, und erscheint hier mit freundlicher Genehmigung des R. Piper Verlags, München.

MARGARITA ALIGER, geboren 1915 in Odessa, studierte am Gorki-Institut für Literatur und veröffentlichte ab 1933 Gedichte. 1942 wurde sie in die KP aufgenommen, im selben Jahr erhielt sie für ihr Versepos ›Zoja‹ auf eine gefallene Partisanin den Stalin-Preis. 1954 setzte sie sich auf dem 2. Kongreß des Schriftstellerverbandes für eine liberalere Politik ein. Später gehörte sie zum Präsidium des Schriftstellerverbandes. Ab 1958 unternahm sie zahlreiche Auslandsreisen. Das Gedicht ›Die Rechnung der Vergangenheit‹ (dt. v. Kay Borowsky) wurde entnommen aus ›Russische Lyrik. Gedichte aus drei Jahrhunderten‹, ausgew. u. eingel. v. Efim Etkind, München 1981, und erscheint hier mit freundlicher Genehmigung des Verlags R. Piper, München.

Natalja Baranskaja wurde 1911 in St. Petersburg geboren, studierte Philologie, arbeitete in Literatur-Museen. Die Episode ›Montag‹ ist entnommen aus ›Woche um Woche. Frauen in der Sowjetunion‹, dt. v. Aggy Jais und Ingrid Tinzmann, (Sammlung Luchterhand 268) Hermann Luchterhand Verlag, Darmstadt 1979, und erscheint hier mit freundlicher Genehmigung des Luchterhand-Literaturverlags, Frankfurt.

Vizma Belševica, 1931 in Riga geboren, war nach ihrer Ausbildung als Setzerin in einer Zeitschriftenredaktion tätig und absolvierte ein Studium am Moskauer Literaturinstitut. Seit 1955 veröffentlicht sie Gedichte und Erzählungen. Sie lebt in Riga. Die Erzählung ›Nur wegen der verrückten Pauline‹, dt. v. Welta Ehlert, ist entnommen aus ›Erlesenes 6. Novellen aus Estland, Lettland, Litauen‹, Berlin/DDR 1983, und erscheint hier mit freundlicher Genehmigung des Verlags Volk und Welt, Berlin/DDR.

Olga Berggolz wurde 1910 in St. Petersburg geboren und starb 1975 in Leningrad. Von 1925 an gehörte sie zu der literarischen Gruppe »Smena« wie auch ihr erster Mann Boris Kornilow, der 1938 liquidiert wurde. Sie war als Journalistin in Kasachstan und Leningrad tätig, veröffentlichte bis 1932 Kinderbücher und Reportagen und danach erste Gedichtbände. 1937 wurde sie aus der KP ausgeschlossen, 1939 rehabilitiert. Während der Blockade von Leningrad war sie beim Rundfunk tätig und verfaßte Gedichte über das Schicksal der Eingeschlossenen. Ihr zweiter Mann gehörte zu den Hungertoten. Für ihr Versepos ›Pervorossijski‹ erhielt sie 1950 den Stalin-Preis. Während der Tauwetterperiode setzte sie sich für eine liberalere Politik ein. Das Gedicht ›Nein, nicht aus unseren armen Büchern‹, dt. v. Kay Borowsky, wurde entnommen aus ›Russische Lyrik. Gedichte aus drei Jahrhunderten‹, ausgew. u. eingel. v. Efim Etkind, München 1981, und erscheint hier mit freundlicher Genehmigung des Verlags R. Piper, München.

Olga Forsch wurde 1873 in Gunib (Dagestan) geboren und starb 1961 in Leningrad. Sie war Zeichenlehrerin und veröffentlichte zunächst unter verschiedenen Pseudonymen. 1924/25 erschien ihr erster von mehreren historischen Romanen. In zwei ihrer Romane, ›Zeitgenossen‹ (1931) und ›Symbolisten‹ (1933), befaßt sie sich mit ihrer eigenen Zeit. Sie wurde dafür kritisiert und wandte sich wieder historischen Themen zu. Die Erzählung ›Das Weltbad‹, dt. v. Wilhelm Plackmeyer, wurde entnommen aus ›Frühe sowjetische Prosa 1918–1941‹, Berlin 1978, und erscheint hier mit freundlicher Genehmigung des Aufbau-Verlags, Berlin und Weimar.

Jewgenia Ginsburg wurde um 1896 geboren und starb 1977 in Moskau. Mit ihrem Mann gehörte sie zu den ersten Komsomolzen und KP-Mitgliedern, die nach der Revolution im Gebiet der Tataren um Kasan eingesetzt wurden. Sie war als Lehrerin, Journalistin und Geschichtsdozentin an der Universität Kasan tätig. 1937 wurde sie des Terrorismus bezichtigt und nach zweijähriger Haft in einem Moskauer Gefängnis nach Sibirien deportiert. In der Verbannung lebte sie einige Zeit mit ihrem Sohn, dem späteren Schriftsteller Wassilij Aksjonow, zusammen. Ihr Mann und ihr zweiter Sohn kamen um. 1956 wurde sie rehabilitiert. Der vorliegende Ausschnitt ›Tuchatschewskij und andere‹ ist entnommen aus ihren 1967 fertiggestellten Lebenserinnerungen, dt. v. Swetlana Geier unter dem Titel ›Marschroute des Lebens‹, Neuausgabe München 1986, und erscheint hier mit freundlicher Genehmigung des Verlags R. Piper, München.

Vera Inber wurde 1890 in Odessa geboren und starb 1972 in Leningrad. 1910 bis 1914 lebte sie in Paris, wo sie einen Gedichtband veröffentlichte, während der Revolution war sie in Moskau, während des Bürgerkriegs in Odessa. Später arbeitete sie als Journalistin mehrfach wieder im Ausland. 1938 erschien ihre erste Verserzählung, 1943 wurde sie in die KP aufgenommen, 1945 erhielt sie den Stalin-Preis. Sie erlebte die Blockade von Leningrad mit. Nach dem Krieg lebte sie in Moskau. Die Erzählung ›Meine Tochter‹, dt. v. D. Pittel, ist entnommen aus ›Platz an der Sonne und andere Novellen‹, Bermann-Fischer Verlag, Stockholm 1947, und erscheint hier mit freundlicher Genehmigung des S. Fischer Verlags, Frankfurt.

Wolha Ipatawa wurde 1945 in Nowogródko geboren, war als Lehrerin und als Journalistin bei Rundfunk und Fernsehen tätig. Sie absolvierte ein Fernstudium an der Philologischen Fakultät der Universität Minsk, war am Moskauer Literaturinstitut und ist heute Leiterin der Abteilung Kultur bei der Zeitschrift ›Belarus‹ in Minsk. Die Erzählung ›Zwanzig Minuten mit Nemesis‹, dt. von Brigitta Schröder, ist entnommen aus ›Erlesenes 5. Neue Namen aus zehn Sowjetrepubliken‹, Berlin 1982, und erscheint hier mit freundlicher Genehmigung des Verlags Volk und Welt, Berlin/DDR.

Alexandra Kollontai wurde 1872 in St. Petersburg geboren und starb 1952 in Moskau. Sie studierte in Zürich Volkswirtschaft und schloß sich 1899 den Marxisten an. Ab 1915 gehörte sie dem bolschewistischen Flügel der KP an. Sie wurde als Rednerin und Publizistin von Lenin geschätzt und war in der ersten Sowjetregierung 1917 Volkskommissarin für soziale Fürsorge. Sie veröffentlichte Erinnerungen und mehrere Erzählungen und wurde später wegen ihres Kampfes für die sexuelle Emanzipation der Frau kritisiert. Ihre Prosa wurde nach 1927 in der Sowjetunion nicht mehr nachgedruckt. Der Band ›Die Liebe der Arbeitsbienen‹ (deutsche Erstveröffentlichung unter dem Titel ›Wege der Liebe‹ 1925 im Malik-Verlag, Berlin) wurde in sieben Sprachen übersetzt. Die Erzählung ›Die Liebe der drei Generationen‹, dt. v. Etta Federn Kohlhaas, ist der Neuausgabe von ›Wege der Liebe‹, Basel/Frankfurt 1972, 1980, entnommen und erscheint hier mit freundlicher Genehmigung des Verlags Stroemfeld/Roter Stern, Basel/Frankfurt.

Galina Nikolajewa wurde 1911 in Usmanka (Gouvernement Tomsk) geboren und starb 1963 in Moskau. Sie studierte Medizin in Gorki, war danach dort an der Hochschule tätig und 1942–1945 Militärärztin im Wolgagebiet und im Nordkaukasus. 1939 publizierte sie erste Gedichte und lebte von 1945 an als Journalistin und Schriftstellerin in Moskau. Sie gehörte bis zu ihrem Tod dem Präsidium des sowjetischen Schriftstellerverbandes an. Ihr erster Roman ›Shatwa‹ kam 1950 heraus und wurde mit dem Stalin-Preis ausgezeichnet. 1953 erschien in der Übersetzung von Otto Braun unter dem Titel ›Ernte‹ die deutsche Ausgabe, woraus der vorliegende Ausschnitt ›Die Eidechse‹ entnommen ist, im Verlag Kultur und Fortschritt, Berlin/DDR.

Maria Palm: Der Essay ›Per aspera ad astra‹ ist entnommen aus ›Die Frau und Rußland. Almanach von Frauen für Frauen No. 1. Texte aus dem Almanach No. 2 Rossijanka. Zeitschrift Marija No. 1‹, München 1980, und erscheint hier mit freundlicher Genehmigung des Verlags Frauenoffensive, München. Der Beitrag der Autorin, über die sonst keine Informationen vorliegen, wurde in der Sowjetunion in dem ›Almanach No. 2 Rossijanka‹ abgedruckt.

Ljudmila Petruschewskaja wurde 1938 in Moskau geboren. Sie absolvierte die journalistische Fakultät der Lomonossow-Universität und arbeitete danach als Journalistin für Rundfunk, Fernsehen und Zeitungen, unter anderem für die Literaturzeitschrift ›Nowyj Mir‹. Seit 1968 veröffentlicht sie Erzählungen und Dramen. Die Erzählung ›Netze und Fallen‹, dt. v. Renate Landa, wurde entnommen aus ›Musikstunden. Erzählungen und Dramen‹, Berlin/DDR 1985, und erscheint hier mit freundlicher Genehmigung des Verlags Volk und Welt, Berlin/DDR.

Lydia Sejfullina wurde 1889 in Warlamowo (Gouvernement Orenburg) geboren und starb 1954 in Moskau. Sie war die Tochter eines orthodoxen Priesters tatarischer Herkunft und bis zur Revolution unter anderem als Lehrerin und Bibliothekarin tätig. 1917–1919 war sie Mitglied der Sozialrevolutionären Partei, später arbeitete sie für ein Kindertheater und war in der Redaktion des Staatsverlages in Nowosibirsk. Damals erschienen ihre ersten Erzählungen, durch die sie rasch bekannt wurde. In den dreißiger Jahren zog sie sich aus der Literatur zurück. Die Erzählung ›Eigentum‹ ist entnommen aus ›Das Herz auf der Zunge und andere Erzählungen‹, Verlag Kultur und Fortschritt, Berlin/DDR 1959.

Sofia Sokolowa ist Physikerin und Autorin von Novellen, Erzählungen und Theaterstücken. Sie lebt in Leningrad. Die Erzählung ›Fliegende Saurier‹ ist entnommen aus ›Die Frau und Rußland‹ (siehe auch Maria Palm), war zuerst enthalten im Almanach No. 1 und erscheint hier mit freundlicher Genehmigung des Verlags Frauenoffensive, München.

Irina Tischtschenko: Die Erzählung ›Die Plakatkleberin‹ ist entnommen aus ›Die Frau und Rußland‹ (siehe auch Maria Palm), war enthalten im ›Almanach No. 1‹ und erscheint hier mit freundlicher Genehmigung des Verlags Frauenoffensive, München.

Lydia Tschukowskaja wurde 1907 in Helsingfors geboren, studierte in Leningrad Philologie und war als Redakteurin in Kinderbuchverlagen tätig. 1928 veröffentlichte sie ihre erste Erzählung. Ihr Mann fiel dem Terror der Stalinzeit zum Opfer. 1974 wurde sie aus dem Schriftstellerverband ausgeschlossen. Sie lebt in Moskau. Der vorliegende Ausschnitt ›Ein leeres Haus‹ ist entnommen aus dem Roman gleichen Titels, dt. v. Eva Mathay, Zürich 1967, und erscheint hier mit freundlicher Genehmigung des Diogenes Verlags, Zürich.

Frida Wigdorowa wurde 1915 in Orscha (Gouvernement Mogiljew) geboren und starb 1965 in Moskau. Sie studierte Pädagogik in Moskau und war als Lehrerin für russische Literatur und Sprache tätig, daneben auch als Journalistin und Schriftstellerin. Ihr erstes Buch hatte den Titel ›Moj Klass‹ und erschien 1949. Der vorliegende Ausschnitt ist entnommen aus der deutschen Ausgabe ›Meine Schulklasse. Aufzeichnungen einer Lehrerin‹, dt. v. Josi v. Koskull, Verlag Rütten und Loening, Berlin 1951, und erscheint hier mit freundlicher Genehmigung des Aufbau-Verlags, Berlin und Weimar.

Julja Wosnessenskaja wurde 1940 geboren, lebte als Malerin und Dichterin in Leningrad, wo sie zur inoffiziellen Kulturbewegung gehörte, wurde 1976 verhaftet und zu fünf Jahren Exil verurteilt und 1980 zusammen mit ihren beiden Söhnen ausgebürgert. Sie gründete den ersten unabhängigen Frauenclub in der Sowjetunion. Der ›Brief aus Nowosibirsk‹ ist entnommen aus ›Die Frau und Rußland‹ (siehe auch Maria Palm), war zuerst enthalten im ›Almanach No. 1‹ und erscheint hier mit freundlicher Genehmigung des Verlags Frauenoffensive, München.

Marlen Haushofer im dtv

Foto: Peter J. Kahrl, Etscheid

Begegnung mit dem Fremden

Siebenundzwanzig zwischen 1947 und 1958 entstandene Erzählungen. dtv 11205

Die Frau mit den interessanten Träumen

Zwanzig Kurzgeschichten aus dem Frühwerk der großen österreichischen Erzählerin. dtv 11206

Bartls Abenteuer

Kaum stubenrein, wird der kleine Kater Bartl von der Mutter getrennt und muß sich in seinem neuen Zuhause einrichten. Zögernd beginnt er die Welt zu erkunden, besteht Abenteuer und Gefahren, erleidet Niederlagen und feiert Triumphe, wird der Held der Katzenwelt und in der Familie die »Hauptperson«.
dtv 11235 / dtv großdruck 25054

Wir töten Stella
und andere Erzählungen

»Marlen Haushofer schreibt über die abgeschatteten Seiten unseres Ichs, aber sie tut es ohne Anklage, Schadenfreude und Moralisierung.« (Hessische Allgemeine) dtv 11293

Schreckliche Treue. Erzählungen

»... Sie beschreibt nicht nur Frauenschicksale im Sinne des heutigen Feminismus, sie nimmt sich auch der oft übersehenen Emanzipation der Männer an ...« (Geno Hartlaub) dtv 11294

Die Tapetentür

Eine berufstätige junge Frau lebt allein in der Großstadt. Sie hat einige Affären, deren immer gleicher Ablauf sie langweilt. Die Distanz zur Umwelt wächst, begleitet von einem Gefühl der Leere und Verlorenheit. Als sie sich leidenschaftlich in einen Mann verliebt, schwanger wird und auch heiratet, scheint die Flucht in ein »normales« Leben gelungen ... dtv 11361

Die Wand

Eine Frau wacht eines Morgens in einer Hütte in den Bergen auf und findet sich, allein mit ein paar Tieren, in einem Stück Natur eingeschlossen von einer unüberwindbaren gläsernen Wand, hinter der offenbar keine Menschheit mehr existiert. Aber sie will und kann weiterleben. Dieser Roman ist Marlen Haushofers Hauptwerk.
dtv 11403 (Juli 1991)

Isabella Nadolny im dtv

Ein Baum wächst übers Dach

Ein Sommerhaus an einem der oberbayrischen Seen zu besitzen – wer würde nicht davon träumen? Für die Familie der jungen Isabella wurde dieser Traum in den dreißiger Jahren wahr. Doch wer hätte zum Zeitpunkt der Planung und des Baus daran gedacht, daß dieses kleine Holzhäuschen eines Tages eine schicksalhafte Rolle im Leben seiner Besitzer spielen würde? dtv 1531

Seehamer Tagebuch

Heiter-ironisch erzählt die Autorin in diesem unkonventionellen Tagebuch vom Einzug des ersten Fernsehers in die ländliche Idylle des Seehamer Holzhäuschen, von einer Mittelmeerkreuzfahrt, von Putzfrauen und Handwerkern. Erinnerungen an den Vater werden lebendig, an viele kleine Begebenheiten und Erlebnisse. dtv 1665

Vergangen wie ein Rauch
Geschichte einer Familie

Als einfacher Handwerker aus dem Rheinland ist er einst zu Fuß nach Rußland gewandert und hat es dort zum Tuchfabrikanten gebracht, in dessen Haus Großfürsten und Handelsherren, der deutsche Kaiser und der russische Zar zu Gast waren: Napoleon Peltzer, der Urgroßvater des Kindes, das ahnungslos die Portraits und Fotographien betrachtet, die in der Wohnung in München hängen. dtv 10133

Durch fremde Fenster
Bilder und Begegnungen

Treffsicher und liebevoll schildert Isabella Nadolny Menschen, denen sie begegnete und die sie bewundert. »Alltägliche Leute? Sie sind alle etwas Besonderes, denn sie haben ihre Merkwürdigkeiten und ihre Schicksale – man braucht nur hinzuschauen und hinzuhören, so wie es Isabella Nadolny mit Anmut und Empfindsamkeit hier tut.« (Frankfurter Allgemeine Zeitung) dtv 11159

Providence und zurück

»Zuhause ist kein Ort, zuhause ist ein Mensch, sagt der Spruch, und es ist wahr. Hier in diesem Sommerhaus war kein Zuhause mehr seit Michaels Tod...« In ihrer Verzweiflung über den plötzlichen Tod ihres Mannes folgt Isabella Nadolny einer Einladung in die Staaten. Von New York über Boston bis Florida führt sie diese Reise zurück zu sich selbst. dtv 11392

Das neueste Emma-Buch
Herausgegeben von Alice Schwarzer
dtv

Die Frau in der römischen Antike
Von Dacre Balsdon
dtv
Geschichte

Gisela Brinker-Gabler
Karola Ludwig
Angela Wöffen
Lexikon deutschsprachiger Schriftstellerinnen 1800–1945
dtv